浙江省哲学社会科学规划后期资助课题
"校企协同促进高职毕业生就业力提升"（25HQZZ045YB）

校企协同
提升高职毕业生就业力

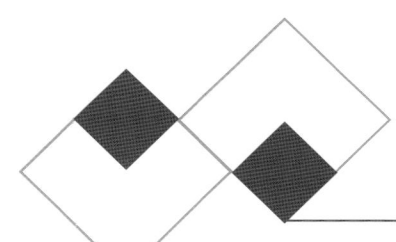

黄翔 著

中国社会科学出版社

图书在版编目（CIP）数据

校企协同提升高职毕业生就业力 / 黄翔著. -- 北京：中国社会科学出版社，2025. 4. -- ISBN 978-7-5227-4864-1

Ⅰ. G717.38

中国国家版本馆 CIP 数据核字第 20251VT711 号

出 版 人	赵剑英
责任编辑	王　曦
责任校对	阎红蕾
责任印制	戴　宽
出　　版	中国社会科学出版社
社　　址	北京鼓楼西大街甲 158 号
邮　　编	100720
网　　址	http://www.csspw.cn
发 行 部	010-84083685
门 市 部	010-84029450
经　　销	新华书店及其他书店
印刷装订	北京君升印刷有限公司
版　　次	2025 年 4 月第 1 版
印　　次	2025 年 4 月第 1 次印刷
开　　本	710×1000　1/16
印　　张	14.75
字　　数	236 千字
定　　价	88.00 元

凡购买中国社会科学出版社图书，如有质量问题请与本社营销中心联系调换
电话：010-84083683
版权所有　侵权必究

前　言

新一代战略性新兴产业快速发展，对人才的能力结构提出新的要求。从产教供求来看，中国高等职业教育进入了提质培优的新阶段，高职毕业生供给规模持续扩大，就业竞争愈发激烈。如何有效贯通毕业生在校期间习得技能与劳动力市场需求之间的对接，一直是高职院校教育实践改革的核心议题，更是全社会关注的焦点。本书旨在分析高职毕业生就业力的结构，研究就业力发展的现状和就业力发展的影响因素，探究如何实施有效的校企协同育人推进毕业生就业力发展，以期获得较好的就业结果。本书采用2019年北京大学"全国高校毕业生就业状况调查"和浙江大学"全国高职院校教师教学发展指数"研究数据，结合2020年中国高等教育博览会"校企合作　双百计划"中的20所高职院校典型案例和ZJZJD案例，使用了因子分析、方差分析、多元线性回归、二元logistic回归、案例分析等多种实证研究方法，试图共同回答研究问题。以此，考察了高职毕业生就业力的结构，分析了基于院校特征、人口统计学特征、家庭背景、人力资本的就业力发展现状；围绕以工作任务为导向的院校培养及学生参与，分析了两者对毕业生就业力发展的影响及就业力发展对就业类型、就业起薪和就业满意度的影响；并进一步聚焦校企协同育人促进就业力发展的路径，为实现毕业生高质量就业和推进高职院校内涵建设提出可供参考的建议。

本书将高职毕业生就业力划分为职业技能、软技能和基础技能三个维度，将院校培养分解为专业性教育、可迁移性教育和教学资源支持三个取向，凸显高职技能型人才培育的目标。本书主要结论如下：

第一，高职毕业生整体上已具备工作岗位所需的知识，并掌握实践任务的工作能力和学习能力，但还需加强跨组织、跨专业所需的通用能力和管理能力；资源环境学科大类毕业生的整体就业力发展较好，财经商贸大类毕业生的职业技能和电子制造大类毕业生的基础技能有待进一步提升；男性毕业生的职业技能和基础技能发展更好，以及学习成绩为前50%的毕业生就业力提升更明显；省会城市与直辖市家庭毕业生的软技能发展和乡镇家庭毕业生的基础技能发展更好。

第二，相较于非国家示范性高职院校，国家示范性高职院校在专业性教育和教学资源支持上有着更为明显的优势，毕业生对院校培养水平评价更高；国家示范校毕业生更多来自农村，男性占比更高，在学习、社团活动方面的投入比非国家示范校毕业生更多，学习主动性更强，由此体现出更好的软技能和综合能力。

第三，国家示范校和非国家示范校的毕业生综合能力发展与专业性教育、可迁移性教育和教学资源支持息息相关。专业性教育更多地发展了职业技能和基础技能，教学资源支持更多是促进了职业技能和软技能的提升，可迁移性教育则更多地发展了基础技能。国家示范校毕业生的学生参与促进就业力发展比非国家示范校毕业生的影响程度更大，示范校毕业生的学业性参与更多地作用于综合能力、软技能和职业技能的发展，社会性参与更多地表现在综合能力、职业技能和基础技能的提升。

第四，高职毕业生就业力发展对就业结果的影响。毕业生就业力发展越好并不能增加其单位就业的概率；国家示范校毕业生的职业技能和基础技能发展越好，就业起薪越高，并体现一定的院校作用、城乡作用差异和职业代际传递；毕业生的职业技能、软技能和基础技能发展越好，就业满意度越高，同时体现一定程度的院校作用和职业代际传递。

第五，校企协同育人促进毕业生就业力发展，并进一步影响就业结果。借助区域优势产业，校企合力发展核心专业群，共建的混合所有制产业学院弥补了单靠院校力量开展产教融合项目成效的不足；打造高素质专兼职教学创新团队，依托信息技术，实施更优质的实践指导与技术服务，将课堂学习与企业实践相融合，增强毕业生就业力，输出技能型人才；全学程育人是高等职业教育践行立德树人的路径，校园文化与企业文化的互通、互融，能增强高职毕业生的职业荣誉感和综合职业素养；以岗为帆、以课为舟，以赛促学、以证促业，实施"岗—课—

赛—证"融通人才培育，进一步推进内涵建设，助力毕业生高质量就业。

在研究结论的基础上，本书认为高职毕业生要积极参与基于工作过程的综合性项目实践，用企业标准、岗位规范促进自身的工作适应与职业发展；要树立正确的职业目标，参与适宜的学业性投入和社会性投入，综合发展就业力；要充分利用校内外实习、实训资源，实现"做中学"，加强跨学科、跨专业的知识与技能应用。高职院校与企业"双主体"要开展以毕业生就业力发展为导向的校企协同育人，以市场需求指导人才培养方案的制定、实施与反馈，特别是非国家示范校需进一步挖掘院校优势与特色，吸引学生更多地参与和投入；要进一步加强从校内实训、校外实践延伸至就业指导过程中企业的主体地位，实现在校上课与企业实践之间的灵活转换，贯通毕业生习得技能与市场需求的对接；要强化师资队伍培育，使之成为推进高职院校内涵建设的有力抓手，落实校企协同育人成效；要加强政—校—企三方的通力合作，合理配置国家示范校与非国家示范校的院校建设资源，为不同类型高职院校毕业生提供更有针对性、更为公平的就业支持，保证毕业生高质量就业。

目　　录

第一章　导论 ·· 1
　　第一节　以提升质量为核心的高职教育发展新阶段 ············· 2
　　第二节　从就业质量现状反思就业难现实 ······················· 4
　　第三节　校企协同育人助力高质量就业 ························· 7
　　第四节　作为生力军该如何发力 ································ 10

第二章　架构就业力发展的理论模型 ··· 14
　　第一节　能力本位职业教育理论与工作本位学习理论 ········· 14
　　第二节　人力资本理论与社会资本理论 ························ 21
　　第三节　高等教育影响力理论与学生参与理论 ················· 27
　　第四节　理论模型如何指导现实问题的解决 ··················· 33

第三章　学界对就业力发展的理性回应 ······································· 37
　　第一节　就业力的内涵与结构 ··································· 37
　　第二节　就业力发展的影响因素 ································ 44
　　第三节　校企协同育人与就业力发展 ··························· 51
　　第四节　就业力发展对就业结果的影响 ························ 57

第四章　什么影响了高职毕业生就业力的发展 ······························ 63
　　第一节　影响因子的发现 ··· 63
　　第二节　高职毕业生就业力发展的差异 ························ 97

第三节　就业力发展的影响因素识别……………………… 100
　　第四节　不同院校类型的相关因素差异……………………… 102
　　第五节　不同院校培养的关键作用……………………… 109

第五章　毕业生视角的学以致用评估……………………… 126
　　第一节　就业力发展对就业类型的影响……………………… 129
　　第二节　就业力发展对就业起薪的影响……………………… 135
　　第三节　就业力发展对就业满意度的影响……………………… 144

第六章　校企协同促进就业力提升机制分析……………………… 153
　　第一节　产教融合示范项目……………………………………… 155
　　第二节　毕业生实现高质量就业的路径……………………… 161
　　第三节　案例的印证与赋能……………………………………… 173

结　语……………………………………………………………… 185
　　第一节　研究收获………………………………………………… 185
　　第二节　创新分析………………………………………………… 188
　　第三节　政校企做什么？………………………………………… 190
　　第四节　对毕业生说的话………………………………………… 194
　　第五节　未来值得关注什么？…………………………………… 195

附　录……………………………………………………………… 197

参考文献…………………………………………………………… 210

后　记……………………………………………………………… 225

第一章　导论

一所优质的高校，应能培育高质量就业的毕业生，更能为全面建成社会主义现代化强国提供有力的人才支持。在这样的高校中，毕业生的成长与成才主要取决于学校的培养与毕业生的努力等因素，而非家庭背景等先赋性因素。在传统民众眼中，职业教育一直被认为是"非优等生"的选择，职业院校毕业生甚至会被贴上"廉价蓝领"的标签。2019年，中国职业教育迎来新的重大发展机遇，以产教融合为特色的高等职业教育应担当起国家教育改革的使命。同时，中国经济发展进入提质增效升级的新阶段，产业结构的改善和产业素质与效率的提高必将改变就业结构与方向，对人力资源开发提出新的要求。

中国高等职业教育经历了学科初创、快速发展、内涵发展三个阶段[1]。根据教育部公布的数据，2022年高职（高专）院校已达1489所，专任教师64万人[2]；普通和职业本专科毕业生967万人，其中专科494万人[3]，已逐步建立起较为完善的现代职业教育体系。同时，教育部、财政部于2019年12月公布的中国特色高水平高等职业学校和专业建设单位名单[4]，舞起了"双高计划"发展新时代职业教育的"龙头"，将

---

[1] 匡瑛、石伟平：《改革开放40年职业技术教育学科发展的回顾与思考》，《教育研究》2018年第10期。

[2] 《各级各类学校数、教职工、专任教师情况》，http：//www.moe.gov.cn/jyb_sjzl/moe_560/2022/quanguo/202401/t20240110_1099540.html，访问时间：2024年3月5日。

[3] 《各级各类学历教育学生情况》，http：//www.moe.gov.cn/jyb_sjzl/moe_560/s7567/201309/t20130904_156896.html，访问时间：2024年3月8日。

[4] 《中国特色高职教育发展的方位、方向与方略》，http：//www.moe.gov.cn/jyb_xwfb/xw_zt/moe_357/jyzt_2019n/2019_zt8/zjjd/2019 04/t20190424_379347.html，访问时间：2023年8月19日。

有计划地提升高职院校专业群建设水平、产教融合深度和社会服务能力等。2021年3月人力资源社会保障部会同国家市场监督管理总局、国家统计局向社会正式发布了第四批18个新职业[1]，向跨界的高等职业教育发出了"邀请"。特别是产业数字化发展催生"新业态"，为求职者提供更充分和高质量的就业。唯有时刻聚焦毕业生就业力发展，推进高职产教融合、校企合作，德技并修的高职人才培养才能实现，才能赋予战略性新兴产业、未来产业发展新动能。

第一节　以提升质量为核心的高职教育发展新阶段

中国高等职业教育从2003年起，由规模扩张发展逐步转向全面提高教学质量发展，9月，教育部成立了高职高专院校人才培养工作水平评估委员会[2]。2004年教育部颁发了《教育部等七部委关于进一步加强职业教育工作的若干意见》将重点放在职业教育的就业导向，以增强职业教育人才培养的针对性和适应性为标志，高等职业教育的发展逐渐进入内涵发展时期[3]。

1991年，《国务院关于大力发展职业技术教育的决定》首次提出"产教结合、工学结合"。2005年，《国务院关于大力发展职业教育的决定》明确提出要把以课堂和学校为中心的人才培养方式改革为以学校和企业、课堂和工厂交替进行的模式，切实增强毕业生的实际操作能力[4]。2006年，教育部和财政部联合推出"国家示范性高等职业院校建设计划"[5]。

---

① 《人力资源社会保障部、国家市场监督管理总局、国家统计局联合发布集成电路工程技术人员等18个新职业》，https：//www.mohrss.gov.cn/xxgk2020/fdzdgknr/zcjd/zcjdwz/202103/t20210318_411356.html，访问时间：2025年1月2日。
② 《关于开展高职高专院校人才培养工作水平评估试点工作的通知》，http：//www.moe.gov.cn/srcsite/A08/s7056/200302/t20030212_124423.html，访问时间：2023年6月9日。
③ 《教育部等七部委关于进一步加强职业教育工作的若干意见》，http：//www.gov.cn/ztzl/content_370852.htm，访问时间：2023年9月21日。
④ 《国务院关于大力发展职业教育的决定》，http：//www.gov.cn/zhengce/content/2008-03/28/content_5549.htm，访问时间：2023年9月21日。
⑤ 《教育部、财政部关于实施国家示范性高等职业院校建设计划加快高等职业教育改革与发展的意见》，http：//www.moe.gov.cn/srcsite/A07/moe_737/s3876_qt/200611/t20061103_109728.html，访问时间：2023年5月9日。

同时，为培养千百万高素质技能型专门人才，教育部提出全面提高高等职业教育教学质量的九大措施："深刻认识高等职业教育全面提高教学质量的重要性和紧迫性；加强素质教育，强化职业道德，明确培养目标；服务区域经济和社会发展，以就业为导向，加快专业改革与建设；加大课程建设与改革的力度，增强毕业生的职业能力；大力推行工学结合，突出实践能力培养，改革人才培养模式；校企合作，加强实训、实习基地建设；注重教师队伍的'双师'结构，改革人事分配和管理制度，加强专兼结合的专业教学团队建设；加强教学评估，完善教学质量保障体系；切实加强领导，规范管理，保证高等职业教育持续健康发展"等①，切实为高职教育内涵发展指明了方向。随后，2010年8月，为继续推进"国家示范性高等职业院校建设计划"，不断推进合作办学、合作育人、合作就业、合作发展，新增100所左右骨干高职院校②。2015年的《高等职业教育创新发展行动计划（2015—2018年）》提出建设200所优质院校的目标，为高职立起改革发展的"新标杆"③。之后印发的《关于深化人才发展体制机制改革的意见》进一步明确要"建立产教融合、校企合作的技术技能人才培养模式"，培育一大批推动中国智造与中国创造的高素质劳动者④。《国务院办公厅关于深化产教融合的若干意见》中也首次明确了深化产教融合的内部框架和内涵特质，强调发挥企业在人才培养中的主体作用的重要性⑤。

2019年，"双高计划"集中力量建设50所高水平高职学校和150

---

① 《关于全面提高高等职业教育教学质量的若干意见》，http://www.moe.gov.cn/srcsite/A07/s7055/200611/t20061116_79649.html，访问时间：2024年12月27日。
② 《教育部 财政部关于进一步推进"国家示范性高等职业院校建设计划"实施工作的通知》，http://www.gov.cn/gongbao/content/2010/content_1758221.htm，访问时间：2023年7月9日。
③ 《高等职业教育创新发展行动计划（2015—2018年）项目认定结果的通知》，http://www.moe.gov.cn/srcsite/A07/moe_737/s3876_cxfz/201907/t20190717_390953.html，访问时间：2024年3月11日。
④ 《中共中央印发〈关于深化人才发展体制机制改革的意见〉》，http://www.gov.cn/xinwen/2016-03/21/content_5056113.htm，访问时间：2023年9月21日。
⑤ 《国务院办公厅关于深化产教融合的若干意见》，http://www.gov.cn/zhengce/content/2017-12/19/content_5248564.htm，访问时间：2023年9月21日。

个高水平专业群，打造技术技能人才培养高地和技术技能创新服务平台①。首批"双高计划"建设包括56所高水平学校（A档10所、B档20所、C档26所）和141所高水平专业群高校（A档26所、B档59所、C档56所）。从产业布局来看，专业群核心专业所属专业大类比例分布中，排名前三位的分别是装备制造大类（22.30%）、交通运输大类（12.58%）、电子信息大类（11.04%）；整体数据显示面向战略性新兴产业的专业群有113个、现代服务业的专业群有112个、先进制造业的专业群有100个、现代农业的专业群有32个以及其他专业群有32个②。

就业是国家经济繁荣发展的关键指标。"十四五"时期要积极实施人力资本跃升计划，强化培育技能型人力资本。高职毕业生就业质量一直是全社会关注的焦点。上海市教育科学研究院和麦可思研究院共同编制的《2019中国高等职业教育质量年度报告》完善了毕业生成长成才、学校办学实力、发展环境、国际影响力和服务贡献力组成的"五维质量观"。报告显示，高职毕业生半年后就业率持续稳定在92%，毕业三年后月收入增幅达到76.2%，高职教育对于扩大就业与促进学生发展的作用日益显现，但又面临着资源"摊薄"、改革发展配套政策不足及服务能力亟待提升等挑战③。

第二节　从就业质量现状反思就业难现实

目前中国大学生就业市场存在用人单位"招聘难"和毕业生"就业难"并存的现象，随着高等职业教育重要性的愈发凸显，国家高度重视就业问题。2019年《政府工作报告》计划高职扩招100万人，

---

① 《中国特色高职教育发展的方位、方向与方略》，http：//www.moe.gov.cn/jyb_xwfb/xw_zt/moe_357/jyzt_2019n/2019_zt8/zjjd/201904/t20190424_379347.html，访问时间：2023年8月19日。

② 《教育部、财政部关于公布中国特色高水平高职学校和专业建设计划建设单位名单的通知》，http：//www.moe.gov.cn/srcsite/A07/moe_737/s3876_qt/201912/t20191213_411947.html，访问时间：2023年9月12日。

③ 《2019年中国高等职业教育质量年度报告发布会在京召开》，https：//www.tech.net.cn/news/show-66627.html，访问时间：2023年9月12日。

2020—2021年继续扩招200万人①，2021年《政府工作报告》提出"完成职业技能提升和高职扩招三年行动目标"的要求，增强职业技术教育适应性②，揭示了在保证质量型扩招的前提下，高职教育正面临巨大的发展机遇与挑战。2006年的《关于全面提高高等职业教育教学质量的若干意见》指出："要高度重视学生的职业道德教育和法制教育，重视培养学生的诚信品质、敬业精神和责任意识、遵纪守法意识，培养出一批高素质的技能人才"，"要针对高等职业院校学生的特点，培养学生的社会适应性，教育学生树立终身学习理念，提高学习能力，学会交流沟通和团队协作，提高学生的实践能力、创造能力、就业能力和创业能力，培养德智体美全面发展的社会主义建设者和接班人"③。可以发现，教育主管部门已将"职业道德""敬业精神""适应能力""学习能力""团队协作""创新能力"等作为人才培养质量的重要组成部分，同时这些能力和素质正好是就业力的核心组成部分。

宏观上影响毕业生劳动力供给的因素主要有就业期望、就业准备和求职行为④。其中就业准备是学生在校期间积累的知识水平、专业素养、人际交往等以顺利获取职业并实现职业发展的能力。麦可思研究院发布的《2019年中国高职高专生就业报告》，即就业蓝皮书，是对高职高专院校毕业半年后（2018届）、三年后（2015届）和十年后（2008届）的毕业生开展的跟踪调查⑤。报告显示：68%的2018届毕业生在民营企业就业，特别是东部地区毕业生服务地方经济比例达到70%，

---

① 《教育部：高职扩招工作进展较顺利，多举措保障质量型扩招》，http：//www.moe.gov.cn/fbh/live/2020/52735/mtbd/202012/t20201209_504269.html，访问时间：2023年9月12日。

② 《教育部办公厅等六部门关于做好2021年高职扩招专项工作的通知》，http：//www.moe.gov.cn/srcsite/A07/moe_737/s3876_qt/202106/t20210628_540801.html，访问时间：2024年3月5日。

③ 《关于全面提高高等职业教育教学质量的若干意见》，http：//www.moe.gov.cn/srcsite/A07/s7055/200611/t2006 1116_79649.html，访问时间：2024年12月27日。

④ 张鑫、秦颖、窦伟：《硕士研究生就业能力的影响因素分析——以中国农业大学信电学院为例》，《高教学刊》2021年第8期。

⑤ 王伯庆、马妍主编：《2019年中国高职高专生就业报告》，社会科学文献出版社2019年版。

高于中西部就业的64%；现代服务业对高职高专毕业生的吸纳程度持续上升，2018届达到61.3%，其中医疗和社会护理服务业的就业量最大，教育业与信息传输、软件和信息技术服务业的比例上升较为明显；2015届毕业生三年内自主创业比例为8.4%，呈上升趋势，显示创新创业教育开展应重点面向"新零售"等新兴领域；同时，工程、商科教育需进一步提升人才培养与产业发展要求间的匹配度，加强师生互动交流和实习实践成效。高校毕业生就业难、收入低等问题成为日益严峻的现实，较高的就业率也难以掩盖高职毕业生的就业质量问题，如较低的收入、较低的对口就业率、较高的离职率等。有一半的2015届高职高专毕业生在毕业三年内转换了行业，其中艺术设计传媒大类、旅游大类毕业生的行业转换率最高（均为61%），医药卫生大类转换率最低（27%），就业数据反映出高职毕业生就业难的现实。

基于毕业生视角，《2019年中国高职高专生就业报告》从多个角度分析了中国高职毕业生的就业力问题。从就业满意度来看，2018届毕业生的就业满意度为65%，"收入低"（67%）和"发展空间不够"（53%）成为毕业生就业不满意的主要原因。从职业发展来看，2015届毕业生毕业三年后的工作与专业相关度为56%，有32%的毕业生毕业三年后获得1次晋升，有11%获得3次及以上的晋升；同时，2018届毕业生选择与专业无关工作的主要原因是"专业工作不符合自己的职业期待"（32%）和"迫于现实先就业再择业"（26%）；毕业生毕业半年内离职的人群有99%是"主动离职"，且主要原因为"薪资福利偏低"（48%）与"个人发展空间不够"（44%）。从未就业来看，2018届处于未就业状态的毕业生（8.0）中有44%为"待定族"，2015届毕业生毕业半年后未就业人群三年后就业的用人单位类型主要集中在"民营企业/个体"（66%）。

《2023年中国高职生就业报告》[①]揭示了2022届高职毕业生月收入为4595元，较2021届增长了2%；且超八成高职生起薪在6000元以下，起薪增幅较上一届（2021届起薪增幅为6%）下降了67%；2019—

---

① 麦可思研究院主编：《2023年中国高职生就业报告》，社会科学文献出版社2023年版。

2022届，应届毕业生起薪平均增幅（高职：3%）明显低于2015—2018届的平均增幅（高职：6%）。该书显示，信息传输、软件和信息技术服务业，以及运输业继续领跑高职生行业薪酬榜，2022届为5524元，从月收入增长最快的五大行业类来看，化工、机械等工业领域月收入增长明显。对比2018届高职毕业生月收入排名前三位的"空中乘务""铁道工程技术""软件技术"专业，2022届高职毕业生月收入较高的专业是"铁道工程技术""铁道交通运营管理""铁道机车"，而与计算机相关的曾经的高薪专业退出前10位。

基于市场视角，CBI（Confederation of British Industry，英国工业联合会）针对英国就业市场190000名雇主开展了"教育与技能调研"（Education and Skills Survey）①，发现大多数雇主希望维持或增加在未来一年投资于对其员工进行的培训，并在招募年轻人时，更重视他们"广泛的性格、行为和特质"。换言之，雇主招募员工的关键不仅仅是资质，具备"就业力"或"工作准备能力"仍然是重中之重。40%的雇主表示对学校毕业生的"广泛的性格、行为和特质"不满意，例如创造性、原创性、问题解决能力等，以及33%的雇主对"具备相关工作经验"表示"不满意"或"非常不满意"。目前来看，不管是毕业生视角，抑或市场视角，毕业生就业既无法实现自身职业期待，也未能达到劳动力市场的职业与能力需求，就业力仍有很大提升空间。

第三节 校企协同育人助力高质量就业

从劳动力市场的角度来看，良好质量的高等教育促使毕业生具备一定的就业力，以获得良好的工作②。劳动力市场对毕业生的国际视野、外语能力、财经素养能力、计算机能力、复杂问题解决能力、创新能力等"软能力"需求不断提升，高校应聚焦培养毕业生的学习力和职场

---

① CBI/NUS, "Working Towards Your Future: Making the Most of Your Time in Higher Education," The Voice of Business, (March 2011), https://www.ucd.ie/t4cms/cdc_academics_cbi-nus-employability.pdf.

② Peter T. Knight, "Complexity and Curriculum: A Process Approach to Curriculum-Making", Teaching in Higher Education, Vol. 6, No. 3, 2001, pp. 369-381.

胜任力①。产教融合就是一种有效的途径。一方面，从企业角度能扩大就业创业能力，服务国家经济转型升级；另一方面，从学校角度能提高教育质量，培育经济发展新动能②，落实毕业生高质量就业。同时，高等职业教育高质量发展的关键在于产教融合校企合作的专业（群）建设，通过实现产业发展与专业（群）设置、职业标准与课程内容、生产过程与教学过程、产业资格证书与学历证书、企业文化与校园文化、终身教育与职业教育六个方面的融合，能切实达到教育与经济统筹发展、提高人才培养质量的目标③。

"十三五"时期特别是2019年以来，中国职业教育改革成效显著，高职教育吸引力稳步提升。《2020中国职业教育质量年度报告》④显示，为适应区域经济社会发展需求，各省份不断优化调整职教区域布局结构，2015—2019年，中国高职专科学校增加82所，高职专科学生增加232.1万人。在国家政策的大力扶持下，院校资源投入、经费保障及师资队伍等方面发展势头良好，基于产教融合的教育教学改革全面展开。截至2020年10月，全国有3万多家企业参与约1500个职教集团的组建，覆盖70%的职业院校；教育部先后布局了558个现代学徒试点及92个职业技能等级证书试点，推进"校企双元育人"；装备制造、交通运输和电子信息等18个高职专业大类253个专业群的立项，紧紧契合国家重大战略发展；校企合作开发的课程与教材国家级资源库共建设了6000余门标准化课程并衍生13万门个性化课程（截至2019年年底），持续推进"三全育人"建设。由此，2019年，中国高职专科学校国（境）外技能大赛获奖数量达到1791项，年增长率达54.80%；5年来毕业生半年就业率均在90%左右，就业满意率始终保持在93%以上；民营企业和个体工商户在就业单位类型中的占比最多，约为41.64%，且毕业生自主创业比例约为2%，服务经济社会发展成效显著。

---

① 岳昌君、夏洁、邱文琪：《2019年全国高校毕业生就业状况实证研究》，《华东师范大学学报》（教育科学版）2020年第4期。

② 季瑶娴：《高职院校产教融合"三链合一"人才培养模式探索——以浙江商业职业技术学院为例》，《职教论坛》2020年第1期。

③ 杨文通、吴玫、谢钰石、杨婷婷：《高质量发展背景下贵州高职院校构建"五位一体"的产教融合校企合作平台之思考》，《佳木斯职业学院学报》2020年第6期。

④ https://www.tech.net.cn/news/show-93870.html，访问时间：2023年9月21日。

《2023中国职业教育质量年度报告》①从人才培养、服务贡献、文化传承、国际合作、产教融合五个方面对2022年职教改革发展进行了客观呈现。指出2022年职业学校立足产业办校，着力推动办学机制的多元互动，产教资源由分工合作转向互融互通，育人模式转向个性化培养，双师评价转向校企双向认定，助力改革重心由"教育"转向"产教"，人才培养供给侧与产业需求侧匹配度进一步提高。

德国DHBW大学（巴登符腾堡州立双元制大学）校企合作教育②的成功，依赖于学校与超过10000家公司合作共建的协同育人体系。工学结合教学实践中，学生直接受雇于公司并给予报酬（月付），其主要特征与合作教育系统模型相似。在"学习内容"方面，"工学结合研究"（research in work-integrated learning）与"专业学术识别"（academic recognition）被视为校企合作成功的关键因素，以此"获取实践经验"（achieving practical experience）；在"学习环境"（learning environment）方面，"学生薪酬"（remuneration of students）、"雇用合同"（contracts of employment）、"企业角色"（the role of industry）"就业力与工作安全"（employability and job security）是校企合作育人体系所关注的重要特征。德国DHBW大学在学位项目的决策和塑造中，视企业为一个平等的伙伴，确保学习成果适应当地产业发展的需要；并向学生提供在校上课与企业工作之间的灵活转换，使理论知识的获取与实践技能的习得紧密结合，最终实现近90%的毕业生与知名企业签订了永久就业合同，就业结果令人满意③。

当前，以数字经济等为代表的新经济已然成为重要的增长引擎，对高职毕业生的能力结构提出新的要求。高职院校应厘清毕业生就业力的

---

① 《〈2023中国职业教育质量年度报告〉发布》，http://www-chinazy-org-443.webvpn.sxu.edu.cn/info/1006/15503.htm，访问时间：2024年3月5日。

② Thomas Groenewald, Maureen Drysdale, Caitlin Chiupka and Nancy Johnston, "Towards a Definition and Models of Practice for Cooperative and Work Integrated Learning", *International Handbook for Cooperative and Work-Integrated Education*, *World Association for Cooperative Education*, Edition 2, Chapter 2, 2011, pp. 17-24.

③ Karin Reinhard, Anna Pogrzeba, Rosemary Townsend, Carver Albertus Pop, "A Comparative Study of Cooperative Education and Work-Integrated Learning in Germany, South Africa, and Namibia", *Asia-Pacific Journal of Cooperative Education*, Vol. 17, No. 3, 2016, pp. 249-263.

内涵、就业力发展的影响因素，站在实现毕业生高质量就业的视角，推进高职教育内涵发展，并寻找高职高质量发展的突破口，有效深化产教融合，加强校企合作，致力于输出新兴领域的新人才，服务国家战略发展目标，本书正是在这一背景下展开的。

第四节　作为生力军该如何发力

一　研究问题是什么

党的十九大报告指出"就业是最大的民生"[①]。对于高职院校而言，毕业生是高技能人才的代表，在推动国家产业发展中发挥着重要作用。从学习者到职业者身份的转变是毕业生个体发展的关键时期，能否顺利就业以及能否高质量就业直接影响着毕业生的职业持续与发展，更是实现中国优质人力资源配置的重要支撑。

教育部《关于全面提高高等职业教育教学质量的若干意见》[②] 中提出"服务区域经济和社会发展，以就业为导向，加快专业改革与建设"。高职教育有着与普通本科教育不同的属性，如职业属性、跨界属性和实践属性。职业属性是以毕业生的职业能力、实践能力培养为核心，跨界属性聚焦的是产教融合，实践属性则是侧重技能的习得与技术的创新。高等职业教育发展应与区域经济发展紧密结合，以此回应毕业生与职业结合的问题，并提供"就业为导向、职业为载体、学生全面发展"的聚焦知识、技能、素养培育的综合职业能力教育。

作为院校培养最重要的教学资源，教师是增强高职毕业生就业力的关键。《关于全面提高高等职业教育教学质量的若干意见》中明确提出要"加强专兼结合的专业教学团队建设"，学校的老师和企业的导师都是带领高职毕业生掌握专业知识的关键人群，课堂亦是高职毕业生习得技能的关键场所，这里的课堂可以是学校、企业等。为实现高职毕业生

[①] 习近平：《决胜全面建成小康社会　夺取新时代中国特色社会主义伟大胜利——在中国共产党第十九次全国代表大会上的报告》，人民出版社2017年版，第46页。

[②] 《关于全面提高高等职业教育教学质量的若干意见》，http://www.moe.gov.cn/srcsite/A07/s7055/200611/t20061116_79649.html，2024年12月27日。

在技能应用中掌握知识，基于工作过程的项目化学习实践与师生互动是最有效的教学形式，更是高职产教融合最直接的实现路径。在此，教师的教学水平、专业知识和技能水平、就业指导能力、人格特质、职业素养等影响毕业生的成长与成才；毕业生具备的综合职业能力水平，即就业力水平影响自身就业质量。

较强的就业力以扎实的专业知识、熟练的专业技能和规范的职业素养为基石，能够提高毕业生与职业的匹配度，提高就业满意度。欠佳的就业力源于高职毕业生所具备的知识、技能、素养与产业、企业需求的不匹配，无法满足用人单位的实际岗位预期，降低毕业生与劳动力市场的匹配。由此，发展就业力是促进高职毕业生就业及提高就业质量的关键。

本书的研究问题是如何界定中国高等职业院校毕业生的就业力，哪些因素影响就业力的发展，以及就业力发展如何影响就业结果，并进一步聚焦高职校企协同育人，探明校企协同育人促进就业力发展及实现高质量就业的路径。具体的研究问题包含四个方面：

第一，高职毕业生就业力的结构及现状。就业力的本质是自我实现的能力。本书关注的是高职毕业生在劳动力市场上生存和可持续发展的能力，是知识、技能、素养的综合。以往研究从专业知识技能、职业适应能力、个性特质等多个角度，探索了高校毕业生就业力的结构。在借鉴之前研究的基础上，本书围绕高职教育特色、立足调查问卷数据，进一步探究高职毕业生就业力的结构，并分析中国高职毕业生就业力的现状。

第二，高职毕业生就业力发展的影响因素。基于能力本位职业教育理论、人力资本理论、社会资本理论、高等院校影响力理论、学生参与理论等，从院校培养、人力资本、家庭背景三个方面识别其是否影响了高职毕业生就业力的发展，以期进一步聚焦院校产教融合的现状。

第三，高职毕业生就业力发展对就业结果的影响。就业力与就业结果并不是一种单向、静态的关系，随着职业的发展，更好的就业结果能反向促进毕业生（职业者）就业力的发展，就业力与就业结果是相生相长、螺旋上升的关系。本书将探究高职毕业生就业力发展对其就业类型、就业起薪和就业满意度的影响。

第四，校企协同育人有效促进毕业生就业力发展及实现高质量就业的路径。理论上，深化产教融合能推进高职教育高质量发展，影响高职毕业生就业力发展。本书使用全国范围的大规模就业调查数据和全国产教融合案例，结合定量分析和案例分析，在能力本位职业教育理论和工作本位学习理论的指导下，聚焦校企协同育人，挖掘具备高职特色的毕业生就业力发展及实现高质量就业的实施路径。

二 研究意义何在

研究意义主要包含理论意义和实践意义。理论意义主要集中在三个方面：首先，有助于与国外实证经验做对比，检验、丰富并发展高职毕业生就业力发展的相关理论。其次，在新兴产业急需高质量复合型技术技能人才的背景下，产教融合实践对毕业生就业力发展的作用大小及变化趋势值得关注。通过研究具体实施层面的校企协同育人对毕业生就业力发展的内在机制及路径，可以更好地理解高职教育，尤其是"双高"背景下高职院校如何实现内涵建设。最后，本书从高职毕业生就业力发展的影响因素入手，探讨就业力发展对就业类型、就业起薪及就业满意度的作用，透视校企协同育人视角的高职毕业生就业力发展的逻辑和机制，保障高质量就业。

高职毕业生就业质量及就业结果是检验高职教育质量的重要标准。基于对高职毕业生就业力的内涵与结构的分析，理解其职教性、跨界性、实践性的体现需结合产业、行业、企业的要求，产教融合是反映这三者与职业教育融合发展的程度。改革开放 40 多年来，中国职业教育产教融合政策的发展经历了初步探索、多样化创新及不断深化三个重要阶段，逐步探索出校企协同、工学合作、订单式培养等多元主体参与的产教融合人才培养模式，构成教育、人才、产业与创新等主体对象的链条化发展[1]。但由于产业系统与教育系统在运行机制、发展策略、行动准则、改革方式及主体构成上存在矛盾[2]，在对接两者融合发展时，易出现"一头热"的失衡局面；同时由于缺少联动机制，往往出现"两

---

[1] 祁占勇、王羽菲：《改革开放40年来我国职业教育产教融合政策的变迁与展望》，《中国高教研究》2018年第5期。

[2] 庄西真：《产教融合的内在矛盾与解决策略》，《中国高教研究》2018年第9期。

张皮"现象,即流于形式或无法有效落地实施,高职院校培养与企业真实需求存在不匹配的现象。在这种背景下,本书的实践意义主要表现为以下三个方面:一是,有助于了解中国高职毕业生就业力的内涵及影响因素。相比国外较为丰富的就业力方面的研究,该研究既从理论思辨层面,又从实证研究角度厘清高职毕业生就业力发展的核心动力,为有效开展基于校企协同育人的高职教学改革指明了方向。二是,从毕业生视角"倒逼"校企协同育人改革是产业系统与教育系统共育优质人才的有效途径,既能帮助毕业生实现自身职业生涯可持续发展,又能为产业、企业践行社会责任添砖加瓦。三是,从就业结果视角研究高职毕业生就业力发展,可以为教育改革政策制定提供参考。高职教育离不开劳动力市场,产业系统与教育系统间、企业与学校间的要素流动等将呈现新的需求,意味着高职教育改革政策与实施也将随之有所变革。

第二章　架构就业力发展的理论模型

教育经济学与社会学的研究范畴里，许多理论都可以用于解释高校毕业生就业力的发展以及毕业生就业结果，它们受毕业生个体、学校、家庭、劳动力市场、社会经济环境等多种因素的影响。在高职教学实践过程中，深化产教融合是提升教学质量、夯实毕业生就业力发展的突破口。根据本书的研究问题，本章将分析能力本位职业教育理论和工作本位学习理论对高职产教融合实践的指导，梳理分析人力资本理论、社会资本理论、高等教育影响力理论与学生参与理论，为实证研究提供理论支撑。

第一节　能力本位职业教育理论与工作本位学习理论

一　能力本位职业教育理论

"能力"一词有不少相对应的英语表述，如 ability、power、competence、capability 等，由于侧重点的不同，对能力的解析也存在差别。能力本位教育理论是在布鲁姆（Bloom B.）的"掌握性学习""目标分类理论"等基础上，融合斯金纳（Skinner B. F.）的"程序学习"以及波帕姆（Popham）的"标准参照测验"等理论开发的一种新型教育理论。起初将能力本位职业教育的关注点放在确定从事某种特定行业或工作所需的能力，强调完成自身工作的能力教育。20 世纪 80 年代后，该理论逐渐关注一般或广泛技能的培养，并不完全对应于将来从事的职业所对应的能力，这些能力又被称为"软技能"；90 年代开始，欧洲部分国家出现了综合能力导向说，强调学习者的社会交际能力、适应能力、思维能力、创造能力等，关注毕业生如何有效应对复杂多变的就业环境，适应不同工作环境的能力。

职业教育是与劳动力市场联系最为紧密、最为直接的教育。能力本位职业教育思潮始于20世纪60年代，经过近三十年的探索，英国、德国、澳大利亚、加拿大等国家先后构建起国家范畴的、以能力为本位的职业教育与培训体系（Competency-based Education and Training）。以加拿大的"基于职业综合能力的教育模式"（Competency-based Education Model，CBEM）、德国的"双元制"以及澳大利亚的"技术与继续教育模式"（Technical and Further Education，TAFE）为主要代表，发现国家政策的支持与完善的法制、重视课程与行业和企业的充分融合提升课程的实用性、"双师型"教师的教学实践让毕业生学以致用是国外高职教育综合能力培养成功的三方面因素。

中国职业教育基于自身特殊的国情和独特的教育思想，20世纪90年代初以来，专家学者主要提出了"人格本位论""素质本位论""以人为本论"三种职业教育课程理论（表2-1）。

表2-1　　　　　　　　三种职业教育课程理论

理论	代表人物	解析
人格本位论	邓志伟[1]	认为从能力本位论走向人格本位论是历史发展的必然
	马庆发[2]	认为能力本位论忽略了人类品质、内在精神的培养，"知识社会"促使普通教育和职业教育培养目标的"重心"转向"人格本位"
素质本位论	解延年[3]	以职业素养为基础，以职业能力为核心，以职业技能为重点的全面素质教育或素质培养
	周明星[4]	广义上为以培养学生学会认知、做事和生存等综合素养的职业教育模式；狭义上则要求加强弹性素质的培养，着眼于个人的可持续发展

---

[1] 邓志伟：《21世纪世界职业教育的方向——兼对能力本位的职教体系的质疑》，《外国教育资料》1998年第1期。

[2] 马庆发：《当代职业教育新论》，上海教育出版社2002年版。

[3] 解延年：《素质本位职业教育——我国职业教育走向21世纪的战略抉择》，《教育改革》1998年第2期。

[4] 周明星：《论职业教育的出发点问题——兼评职业教育的三种基本理念》，《职业技术教育》2003年第25期。

续表

理论	代表人物	解析
以人为本论	钱景舫[①]	职业技术教育是为了满足人格层次的需要。要改善办学体制，满足多样化需求；以课程改革为核心，积极发挥学习者的主动性和创造性；积极开展职业指导工作三方面改革

资料来源：笔者归纳整理。

基于合理借鉴能力本位课程理论并将重心转向关注人本身，应是职业教育课程改革的重点。姜大源提出的"以人为本、全面发展"的能力观强调获得专业能力、方法能力和社会能力，最终实现人本化的人格力量生成[②]。因此，未来的职业能力研究应进行双向扩展，既关注价值观、人的潜能或本质，又关注职业专业性能力研究，拓展职业能力的深度与宽度。高等职业教育旨在培养服务区域发展的技术技能人才，注重毕业生实践能力的养成，在人才培养过程中应以职业需求为导向、以产学结合为路径，促成高校人才输出与就业力市场需求的衔接，使毕业生能胜任岗位工作并实现职业发展。

二 工作本位学习理论

产教融合是人才供给侧和产业需求侧结构要素的全方位融合，涉及宏观层面——学科专业结构与产业结构的适应、中观层面——校企双方的深度合作、微观层面——教学过程与生产过程的一体化等多维层面、立体结构的问题[③]。产教融合人才培养模式借鉴了杜威的"干中学"（Learning by Doing）和德国的"双元制"（German Dual System）教育模式。由于关注点不同，不同的研究者结合不同的理论对产教融合进行了研究，从整体宏观层面逐步走向微观。归纳起来主要包含六个理论研究视角（见表2-2），分别是教育生态学理论、社会伙伴关系理论、利益相关者理论、资源依赖理论、三重螺旋创新理论以及工作本位学习理

---

① 钱景舫：《以人为本——职业技术教育的一个新视角》，《职教通讯》1998年第10期。
② 姜大源：《基于全面发展的能力观》，《中国职业技术教育》2005年第22期。
③ 《国务院办公厅关于深化产教融合的若干意见》，http://www.gov.cn/zhengce/content/2017-12/19/content_5248564.htm，访问时间：2023年9月21日。

论，并解析了六个理论研究视角的内涵。

表 2-2　不同理论研究视角的产教融合内涵解析

研究视角	理论要义	内涵解析
教育生态学理论 （20 世纪 70 年代）	强调各种教育机构之间及与整个社会之间的联系是不断进行能量、物质、信息交流	关键词：相互作用与动态平衡 解析：聚焦人的全面发展，探索符合区域经济发展，与生态相适应的产教融合持续发展体系
社会伙伴关系理论 （20 世纪下半叶）	强调社会伙伴之间的相互尊重、信任与互动，通过平等对话、多元参与，实现社会伙伴关系的稳定性与长期性	关键词：多主体参与协作 解析：产教融合是跨界整合行为，由多方参与主体和多元利益诉求构成，需建立互惠共赢、共同治理的关系[①]
利益相关者理论 （20 世纪 60 年代）	强调基于公平、开放、共享的利益分配机制，创建组织所有利益相关者共通共治的平衡结构	关键词：权责分配与利益共赢 解析：高职产教融合要合理界定各利益相关者的权利和责任边界，满足各相关主体的利益诉求[②]
资源依赖理论 （20 世纪 60 年代）	强调任何组织都需要与环境中的其他组织进行交流而得以生存	关键词：资源的依赖、互补与共生 解析：高职院校和企业都要化解资源短板，以人之"长"补己之"短"，充分发挥企业主体作用，提升资源整合和生产能力
三重螺旋创新理论 （20 世纪 50 年代）	强调将大学、政府和企业融为一体，协同迈入螺旋创新通道	关键词：分工合作与网状创新 解析：要剖析"教育教学""生产应用""科技研发"要素间的融合逻辑，构建知识、人才和平台三条螺旋线互动共振
工作本位学习理论 （20 世纪中后期）	强调学习过程的工作本位实践，是深层学习、自主学习、经验学习及行动学习等的实践活动，追求知识全面性和可迁移性	关键词：产教一体与理实结合 解析：要合理配置资源，打通企业实习、实训与学校教育的壁垒，以产业企业需求指导教学实践，实现校企协同育人

资料来源：笔者归纳整理。

不管是教育学理论抑或经济学、组织学、社会学理论，学者研究的共通性在于把产教融合视为国家产业转型升级和经济社会发展的重要推

[①] 杨丽波、李欣：《社会共生视域下职业教育社会伙伴关系发展研究》，《河北师范大学学报》（教育科学版）2013 年第 1 期。

[②] 邵坚钢：《基于利益相关者理论的职业教育产教融合路径探析》，《教育与职业》2017 年第 2 期。

手。在产业领域与教育领域的互动中,平衡好多方利益相关者的诉求,推进资源共享,促成产业创新链和教育人才链的交织融合。正如孙善学给产教融合理论下的定义,"是研究职业教育系统与产业系统关系的理论,为产教双方共同构建职业教育教学模式、制度和机制,开展职业人才培养实践提供了基础"[①]。它包括五个子理论(表2-3),分别是目的论、标准论、教学论、治理论和系统论,明确了在保持产与教各自独立的基础上相互融合、彼此依存。

表2-3   教育系统与产业系统关系理论分解

理论	核心观点
目的论	职业教育是以满足产业用人需求为主导的产教一体的人才培养活动
标准论	职业教育的标准与内容来自实际职业活动的产教一体的相关规范、要求和任务
教学论	职业教育教学课程、教学组织模式具有教育与产业合作的特点
治理论	以教育界、产业界为主体,政府、学校、社会、行业、企业等利益相关方协同治理
系统论	职业教育系统及其子系统的有效运行自始至终离不开产教融合

资料来源:孙善学:《产教融合的理论内涵与实践要点》,《中国职业技术教育》2017年第34期。

新时代,产教融合被赋予了新的内涵。然而,产业系统与教育系统存在矛盾与差别,需要在产权保护、风险分担、点面合作、问题导向和互益组织五个关键点上取得突破(图2-1),解决这些矛盾,实现产教融合理想图景[②]。

工作本位学习(Work-based Learning)是20世纪90年代以来学徒制发展而在西方兴起的主要学习形式[③],强调情境对学习的影响,是德国、澳大利亚、美国、英国等国家的高等教育和职业教育相关政策和理论中的核心词,其合作关系(partnership)、灵活性(flexibility)、相关

[①] 孙善学:《产教融合的理论内涵与实践要点》,《中国职业技术教育》2017年第34期。
[②] 庄西真:《产教融合的内在矛盾与解决策略》,《中国高教研究》2018年第9期。
[③] 徐国庆:《职业教育课程的普通论与专业论》,《华东师范大学学报》(教育科学版)2008年第3期。

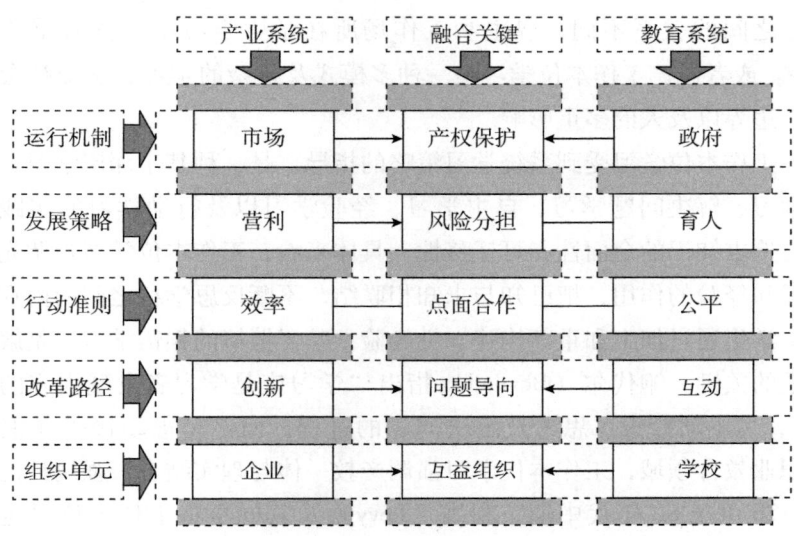

图 2-1 产教融合的五个内在矛盾及解决的关键点

资料来源：庄西真：《产教融合的内在矛盾与解决策略》，《中国高教研究》2018 年第 9 期。

性（relevance）和认证（accreditation）是理解工作本位学习的关键①。工作本位学习，即为了工作进行的独立学习活动，不仅在工业教育、职业教育界有广泛的应用，且渗透至其他领域②。有些人可能会认为工作本位学习仅是指实习或学徒制，其实不然，它包括一系列和工作相关的经验，且大量的经验可以来自学校之外的场所。工作本位学习强调学习者在真实工作场所进行的以获得职业能力为目标的学习。为考虑学习者和组织发展的需求，学习者（雇员）、雇主和高校三者协商并支持学习，是工作本位学习一个重要的特征③。因此，与以往强调的学习者与

---

① Fiona Reeve, Jim Gallacher and Robert Ingram, "A Comparative Study of Work-Based Learning within Higher Nationals in Scotland and Foundation Degrees in England: Contrast, Complexity, Continuity", *Journal of Education and Work*, Vol. 20, No. 4, September 2007.
② 高洁：《工作本位学习理论的系统分析》，《职教论坛》2005 年第 21 期。
③ Kim Manley, Angie Titchen and Sally Elizabeth Hardy, "Work-Based Learning in the Context of Contemporary Health Care Education and Practice: A Concept Analysis", *Practice Development in Health Care*, Vol. 8, No. 2, June 2009, pp. 87-127.

院校之间的关系不同，雇主和工作场所在学生学习中发挥着重要作用[1]。或者说，工作本位学习是一种多模式及复杂的学习，它受社会情境、边界以及人的多重影响。

工作本位学习受到系统学习策略的指导，是一种基于深层学习、发现学习、解决问题学习、自主学习、经验学习以及行动学习的实践活动，追求知识的全面性和可迁移性。具体来看，工作本位学习强调先前学习和经验的作用，把已知与未知相联结，不断反思学科之间的内在联系。学生通过加工和重新构建知觉经验，基于情境的顿悟学习，是解决问题的关键。鲍代尔（Boydell）指出"学习应是学习者发现内容的过程"，是主动探索、思考及解决问题的过程，而不是被动接受知识[2]。在职业教育领域，工作本位学习强调产教一体与理实结合，强调技能培养。20 世纪 80 年代中期，利维（Levy）及其同事将工作本位界定为"学习和工作角色相联系"的学习，明确工作场所学习、在岗训练、脱产学习机会三个核心要素的交互及定位；布伦南（Brennan）和利特尔（Little）归纳了体验导向（experience-led）的工作本位学习组织形式，包含如短暂接触工作场所、短期工作场所学习计划、三明治式实习安排、轮流安排实习顺序、基于就业环境的学习课程等[3]。西格雷福斯（Seagraves）等学者认为工作本位学习分为为工作而学习（learning for work）、在工作中学习（learning at work）和通过工作来学习（learning through work）三个方面，将在岗实践和学校学习紧密结合起来[4]。

工作本位学习理论的基本观念适用于产教融合的微观层面，基于校企双方的深度合作，直接指导解决教学过程与生产过程的一体化等多维层面、立体结构的问题。校企双方通过分析工作过程、剖解典型工作任

---

[1] Tehmina N. Basit, Alan Eardley, Rosemary Borup, Hanifa Shah, Kim Slack and Amanda Hughes, "Higher Education Institutions and Work-Based Learning in the UK: Employer Engagement within a Tripartite Relationship", *Higher Education*, Vol. 70, No. 6, March 2015, pp. 1003-1015.

[2] Tom Boydell, *Experiential Learning*, *Manchester Monograph* 5, University of Manchester Press, 1976.

[3] Brenda Margaret Little and John Brennan, *A Review of Work Based Learning in Higher Education*. London: Centre for Higher Education Research and Information, 1996.

[4] Liz Seagraves, Mike Osborne, Peter Neal, Richard Dockrell, Christina Hartshorn and Alison Boyd, *Learning in Smaller Companies (LISC) Final Report*. University of Stirling: Educational Policy and Development, 1996.

务、归类知识和技能,并将工作内容转化为学习内容,由此设置课程学习目标、设计教学情境,最终构建专业课程体系。为保证学生知识的获得与实际应用相适应,工作本位学习开展基于工作情境的课程行动学习,通过创设问题、组织讨论、合作学习,使学生及同伴在实践中达成一致的行动看法,解决特定的复杂问题。可见,工作本位学习关注学生的学习过程、学习内容、学习参与和学习自我反省,并加强生师、生生交流以及互动评价,以此促进学生解决真实工作情境问题的必备实践能力的提高。基于工作的学习体验帮助学习者发展自身的软技能,拓宽他们的专业网络,并更好地评估他们对某一职业的能力和兴趣[1]。开发高质量的工作本位学习项目需要注重融合相关课程、整合职业相关的活动、采用真实的评价工具、联合教师计划/指导的时间以及灵活的安排等等。

因此,实践导向的工作本位学习是高职院校深化产教融合、实现校企协同育人的关键路径选择。随着企业在校企合作中主体地位的加强以及学生的"学"在实践参与过程中的强调,高职院校应把握好与企业深度合作的教育机会,基于工作现场真实项目的技能培养,准确定位学生的学习目标、突破专业(群)知识的重难点、抓取适切的学习内容、选择高效的学习路径、配置合理的学习资源、实施精准的学习评价,为国家战略实施及产业升级提供高质量的人才支持和技能支撑。

第二节 人力资本理论与社会资本理论

一 人力资本理论

人力资本理论起源于18世纪,亚当·史密斯(Smith)[2]以及阿尔

---

[1] M. Felicity Rogers-Chapman and Linda Darling-Hammond, "Preparing 21st Century Citizens: The Role of Work-Based Learning in Linked Learning," Stanford Center for Opportunity Policy in Education, August 2013, https: //edpolicy. stanford. edu/sites/default/files/publications/preparing-21st-century-citizens-role-work-based-learning-linked-learning. pdf.

[2] Adam Smith, *An Inquiry into the Nature and Causes of the Wealth of Nations*, University of Chicago Press, 1977.

弗雷德·马歇尔（Marshall）① 相继提出为获得才能、知识及经验而受教育是一种最有价值的投资。继而肯尼斯·约瑟夫·阿罗（Arrow）②、加里·斯坦利·贝克尔（Becker）③ 以及雅各布·明塞尔（Mincer）④ 的研究证明了教育及培训方面的投资对个人收入分配及经济增长的影响，现代人力资本理论框架基本形成。人力资本的概念及理论一直活跃在教育经济学领域。

宇泽弘文（Uzawa Hirofumi）⑤ 和保罗·罗默（Romer）⑥ 分别建立了人力资本增长模型和新增长理论，进入了当代人力资本理论时期。然而，20世纪70年代，人力资本理论受到迈克尔·斯宾塞（Spence）筛选理论（Screening Hypothesis）的挑战，该理论认为学校是最好的能力信号机制，但未必说明求职者工作能力高是学校教育的结果⑦。同时，伴随着新制度经济学的兴起，用来解释报酬差异、劳动力流动困难、失业、种族或性别歧视等经济现象的劳动力市场分割理论（Segmented Labor Markets）逐渐形成⑧⑨，批判和继承了传统人力资本理论。人力资本理论起初只是关注单维的认知能力，研究人力资本对宏观经济、微观个人的价值，随着毕业生就业形势日益严峻，该理论不断加入新的元

---

① ［英］马歇尔：《经济学原理》，朱志泰、陈良璧译，商务印书馆2019年版。

② Kenneth J. Arrow, "Economic Welfare and the Allocation of Resources for Invention", in Universities-National Bureau Committee for Economic Research, Committee on Economic Growth of the Social Science Research Council, eds. *The Rate and Direction of Inventive Activity: Economic and Social Factors*, Princeton University Press, 1962, pp. 609-626.

③ Gary Stanley Becker, *Human Capital: A Theoretical and Empirical Analysis, with Special Reference to Education*. Second Edition, University of Chicago Press, 1975.

④ Jacob Mincer, "Human Capital Responses to Technological Change in the Labor Market", *Social Science Electronic Publishing*, Vol. 31, No. 3, 1989, pp. 200-202.

⑤ Uzawa Hirofumi, "Optimum Technical Change in An Aggregative Model of Economic Growth", *International Economic Review*, Vol. 6, No. 1, January 1965, pp. 18-31.

⑥ Paul M. Romer, "Increasing Returns and Long-Run Growth", *Journal of Political Economy*, Vol. 94, No. 5, October 1986, pp. 1002-1037.

⑦ Michael Spence, "Job Market Signaling", *Quarterly Journal of Economics*, Vol. 87, No. 3, August 1973, pp. 355-374.

⑧ Peter B. Doeringer and Michael J. Piore, *Internal Labor Markets and Manpower Analysis*. Lexington, MA: Heath Publishing, 1971.

⑨ Michael Reich, David M. Gordon and Richard C. Edwards, "Dual Labor Markets: A Theory of Labor Market Segmentation", *American Economic Review*, Vo. 63, No. 2, May 1973, pp. 359-365.

素。由此，到20世纪90年代，新人力资本理论的代表者默里·巴里克（Barrick）[①] 以及詹姆斯·赫克曼和尤娜·鲁宾斯坦（Heckman & Rubinstein）[②] 关注多维能力的发展，使人力资本更为具体化、数量化和精细化，特别是从理论与实证层面研究非认知能力对个人成就的影响。新人力资本理论提出人力资本的核心应是个体的能力，它与知识、技能等的获得息息相关，并通过自身的才能转化为人力资本收益。

关于人力资本的测量维度及对高校毕业生就业力及就业结果的积极影响，学者进行了大量的研究。有的将学习成绩、奖学金等级及职业资格证书、党员或干部身份、辅修或双学位经历、兼职经历等作为衡量大学生人力资本的因素[③]；有的将工作能力、学历层次、专业、相关实习和工作经历、应聘技巧、学习成绩、学校名气和地位、学校或教师评价、学生干部或党员身份等因素纳入人力资本范畴[④]。同时，人力资本在质量和数量水平上的差异会体现毕业生就业能力的差异。研究指出，毕业生的学科门类、学历层次、成绩排名、资格证书以及实习经历等因素都对毕业生就业产生显著影响[⑤][⑥][⑦]。即人力资本是影响毕业生求职结果、起薪和工作满意度的重要因素[⑧]，且人力资本储备越好的毕业生，

[①] Murry R. Barrick and Michael K. Mount, "Autonomy as a Moderator of the Relationships Between the Big Five Personality Dimensions and Job Performance", *Journal of Applied Psychology*, Vol. 78, No. 1, February 1993, pp. 111–118.

[②] James J. Heckman and Yona Rubinstein, "The Importance of Noncognitive Skills: Lessons from the GED Testing Program", *American Economic Review*, Vol. 91, No. 2, May 2001, pp. 145–149.

[③] 岳昌君、文东茅、丁小浩：《求职与起薪：高校毕业生就业竞争力的实证分析》，《管理世界》2004年第11期。

[④] 马莉萍、丁小浩：《高校毕业求职中人力资本与社会关系作用感知的研究》，《清华大学教育研究》2010年第1期。

[⑤] 岳昌君、文东茅、丁小浩：《求职与起薪：高校毕业生就业竞争力的实证分析》，《管理世界》2004年第11期。

[⑥] 闵维方、丁小浩、文东茅、岳昌君：《2005年高校毕业生就业状况的调查分析》，《高等教育研究》2006年第1期。

[⑦] 邓峰、孙百才：《高校扩招后的毕业生就业影响因素的变动趋势研究：2003—2011》，《北京师范大学学报》（社会科学版）2014年第2期。

[⑧] 岳昌君、杨中超：《我国高校毕业生的就业结果及其影响因素研究——基于2011年全国高校抽样调查数据的实证分析》，《高等教育研究》2012年第4期。

越倾向于选择资源含量和社会地位较高的单位就业①。

由此,人力资本的投入能够影响毕业生认知能力与非认知能力的获得及发展,并转化为人力资本收益,影响毕业生的就业结果。毕业生在接受院校培养的过程中,是否会因为人力资本的不同影响自身主动参与实践活动的程度,使得就业力得以不同程度的提升,值得进一步的分析。同时,为回应对人力资本理论的扩展,一些社会学家开始将社会联系及人际互动纳入资本的范畴,逐渐架构"社会资本"的概念及理论。

二 社会资本理论

20世纪70年代后期,经济学家洛瑞(Loury)从社会结构资源对经济活动产生影响的视角首次提出了社会资本的概念,随后法国社会学家布迪厄(Bourdieu)对社会资本进行了系统分析,历经几十年的发展,社会资本理论逐步应用到就业领域的研究,并且在大学生就业领域得到广泛应用。

作为资源说的代表,布迪厄视社会资本为行动者在行动中获取和使用的潜入在社会网络中的资源②;林南则提出社会资本命题、地位强度命题和弱关系强度命题,指出社会网络中获得的优质嵌入型社会资源有助于更好地位的获得③。也有学者从能力的角度理解社会资本,如亚历山德罗·波茨④(Alejandro Portes)和罗纳德·伯特⑤(Ronald S. Burt)认为社会资本是个体动员稀有资源的能力。马克·格兰诺维特(Granovetter)⑥对"社会资本"进行概念化界定,但学术界未形成

---

① 李黎明、张顺国:《影响高校大学生职业选择的因素分析 基于社会资本和人力资本的双重考察》,《社会》2008年第2期。
② Pierre Bourdieu, "The Forms of Capital", in Richardson, J., ed. *Handbook of Theory and Research for the Sociology of Education*, New York: Greenwood Press, 1986, pp. 241-258.
③ [美] 林南:《社会资本——关于社会结构与行动的理论》,张磊译,上海人民出版社2004年版。
④ Alejandro Portes, "Social Capital: Its Origins and Applications in Modern Sociology", *Annual Review of Sociology*, Vol. 24, pp. 1-24.
⑤ Ronald S. Burt, *Structural Holes: The Social Structure of Competition*, London: Harvard University Press, 1992, p. 313.
⑥ Mark Granovetter, "Economic Action and Social Structure: The Problem of Embeddedness", *American Journal of Sociology*, Vol. 91, No. 3, November 1985, pp. 481-510.

统一概念，其中具有代表性的定义有：社会资本是个体（包括个人和组织）之间的联系或网络[①][②]；社会资本是个人拥有的以社会结构资源为特征的资本财产[③][④]；作为社会组织的特征，信任、规范和网络等社会资本能够推动社会效率的提升[⑤]；社会资本包括宏观、中观以及微观三个分析层面，等等。他们的共性都是把社会资本理解为一种社会网络关系，以此获得理想的预期收益。在此，社会资本对个体行为的影响主要体现为三个特征：一是基于社会网络关系，社会资本可直接通过占有和获取资源产生利益；二是为实现预期目标，社会资本可与其他形式的资本进行转换，是动态的；三是社会资本具有增值属性，可储备可持续。联合国开发计划署（United Nations Development Programme，UNDP）将社会资本界定为一种自觉形成的社会规则，体现在人与人之间的关系中。

关于社会资本对高校毕业生就业结果的积极影响得到一些学者的研究证实。有学者指出家庭的社会资本水平越高，高校毕业生对起薪的预期更高，更愿意在企业就业，且由于个体信心更强而更有可能推迟就业[⑥]。同时，家庭所在地、父母受教育年限、父母职业类型、家庭经济收入和家庭社会关系均会对毕业生的就业落实、就业起薪和就业满意度产生显著影响[⑦]。对大学毕业生而言，独生子女的高比重导致父母的强关系对毕业生就业产生显著影响[⑧]。从所动用的社会关系的强弱来看，弱关系对毕业生的职业声望有积极作用，强关系则能提升毕业生的收入

[①] Ronald S. Burt, *Structural Holes：The Social Structure of Competition*, London：Harvard University Press, 1992, p. 313.

[②] 张其仔：《社会资本论——社会资本与经济增长》，社会科学文献出版社1997年版。

[③] Pierre Bourdieu, "The Forms of Capital", in Richardson, J., ed. *Handbook of Theory and Research for the Sociology of Education*, New York：Greenwood Press, 1986, pp. 241-258.

[④] James S. Coleman, "Social Capital in the Creation of Human Capital", *American Journal of Sociology*, Vol. 94, No. 5, 1988, pp. 95-120.

[⑤] Robert D. Putman, "The Prosperous Community：Social Capital and Public Life", *The American Prospect*, Vol. 4, No. 13, March 1993, pp. 35-42.

[⑥] 阎凤桥、毛丹：《影响高校毕业生就业的社会资本因素分析》，《复旦教育论坛》2008年第4期。

[⑦] 岳昌君、白一平：《2017年全国高校毕业生就业状况实证研究》，《华东师范大学学报》（教育科学版）2018年第5期。

[⑧] 边燕杰、张顺：《社会网络与劳动力市场》，社会科学文献出版社2017年版。

水平①。现实中，毕业生会更多地利用父母和其他家庭成员的社会关系来提高自己的就业质量。总体来看社会资本的数量和质量增长对就业质量增长会有正面的影响，恰当地使用社会资本很可能对高校毕业生的求职结果具有帮助作用。

人力资本和社会资本的关系与内涵一直是学界讨论的焦点。有学者认为人力资本和社会资本不是孤立存在的，两者共同发挥作用②。人力资本是指个体在知识、技能及培训方面的投资，社会资本则关注社会关系的投资，以此借助他人的能力与资源达到预定目标③。基于此，大量实证研究都结合人力资本和社会资本进行分析。发现处于"优势"群体，即社会关系网络更为优越的毕业生认为人力资本与社会资本的相对重要性比"弱势"群体里的毕业生要强④。然而，随着人力资本存量的增加，社会资本对就业的边际作用持续减弱⑤；有学者发现，人力资本与社会资本互为补充，且可以互相转化，家庭广泛的社会联系有助于毕业生个体获得更优质的教育、培训机会，受过更好教育及培训的毕业生个体更倾向于在资源丰富的社会层级流动。可见，关于人力资本和社会资本对高校毕业生的就业力及就业结果的作用还有待进一步的研究论证。

本书认为，毕业生个体在接受高等职业教育过程中积累了人力资本，其认知能力和非认知能力在人力资本范畴中同样重要。不同类型的院校培养对毕业生就业力的提升存在差异，且社会资本对毕业生的就业力、就业结果及就业质量产生影响。由此，通过实证分析得出高职毕业生就业力发展的现状及问题，进而倒逼高职产教融合改革。

---

① 丁小浩：《人力资本与社会关系网络对高校毕业生工作找寻的影响》，《北大教育经济研究》（电子季刊）2004 年第 3 期。

② James S. Coleman, "Social Capital in the Creation of Human Capital", *American Journal of Sociology*, Vol. 94, No. 5, 1988, pp. 95-120.

③ ［美］林南：《社会资本——关于社会结构与行动的理论》，张磊译，上海人民出版社 2004 年版。

④ 丁小浩：《人力资本与社会关系网络对高校毕业生工作找寻的影响》，《北大教育经济研究》（电子季刊）2004 年第 3 期。

⑤ 徐晓军：《论社会资本的运作空间》，《华中师范大学学报》（人文社会科学版）2003 年第 2 期。

第三节　高等教育影响力理论与学生参与理论

随着全球化进程的深入，劳动力市场对毕业生就业能力的要求越来越高，特别是高等职业院校，一直以来面临教学内容与就业市场需求之间的匹配度或适切性考验。同时，高等职业教育的大众化发展，毕业生特质、能力出现多样化趋势及学业能力和学习兴趣的下滑，迫使高等职业院校进行教学改革，关注质量，提高运作效率。

一　高等教育影响力理论

20世纪50年代末期开始，到70年代，美国涌现出一大批高等教育影响力的研究（图2-2）。

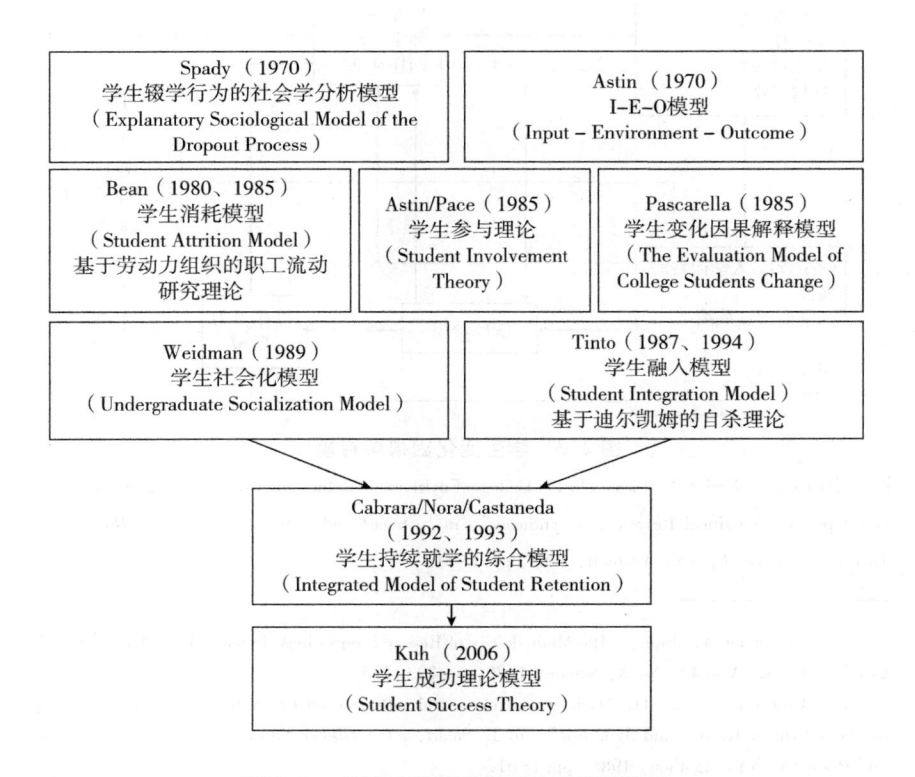

```
┌─────────────────────────────┐         ┌─────────────────────────────┐
│   Spady（1970）             │         │   Astin（1970）             │
│   学生辍学行为的社会学分析模型 │         │   I-E-O模型                 │
│ (Explanatory Sociological   │         │ (Input-Environment-Outcome) │
│   Model of the Dropout      │         │                             │
│         Process)            │         │                             │
└─────────────────────────────┘         └─────────────────────────────┘

┌───────────────────────┐  ┌──────────────────┐  ┌──────────────────────┐
│ Bean（1980、1985）    │  │ Astin/Pace（1985）│  │ Pascarella（1985）  │
│ 学生消耗模型          │  │ 学生参与理论      │  │ 学生变化因果解释模型 │
│(Student Attrition     │  │(Student          │  │(The Evaluation Model │
│   Model)              │  │ Involvement      │  │ of College Students  │
│ 基于劳动力组织的职工流动│  │  Theory)         │  │     Change)          │
│   研究理论            │  │                  │  │                      │
└───────────────────────┘  └──────────────────┘  └──────────────────────┘

┌─────────────────────────────┐         ┌─────────────────────────────┐
│   Weidman（1989）           │         │   Tinto（1987、1994）       │
│   学生社会化模型            │         │   学生融入模型              │
│ (Undergraduate              │         │ (Student Integration Model) │
│  Socialization Model)       │         │   基于迪尔凯姆的自杀理论    │
└─────────────────────────────┘         └─────────────────────────────┘

             ┌────────────────────────────────────┐
             │   Cabrara/Nora/Castaneda           │
             │   （1992、1993）                   │
             │   学生持续就学的综合模型            │
             │ (Integrated Model of Student       │
             │          Retention)                │
             └────────────────────────────────────┘

                   ┌──────────────────────┐
                   │   Kuh（2006）        │
                   │   学生成功理论模型   │
                   │ (Student Success     │
                   │     Theory)          │
                   └──────────────────────┘
```

图2-2　高等教育影响力理论的发展路径

I-E-O 模型将投入（Input）要素理解为学生进入高等教育机构前所具备的个人特征，包括人口统计学特征、家庭背景、教育期望、学术资质、社会经历等，会直接且通过环境要素间接影响产出要素；环境（Environment）要素指学生在高校就读期间所历经的多种体验，包括院校特征、师资队伍、教学课程、学生资助、学生参与等；学生成就（Outcome）要素指学生通过高等教育所获得的认知性与情感性能力，包括毕业后的性格、知识、技能、态度、价值观、信念及行为等[①]。

学生变化因果解释模型将高等院校的机构与组织特征和教育环境要素相结合（图2-3），用以解释高校学生的学业、认知和非认知性能力成就的影响机制研究[②]，强调需关注高校成功教学实践（Good Teaching Practice）对学生学业成就的作用[③]。

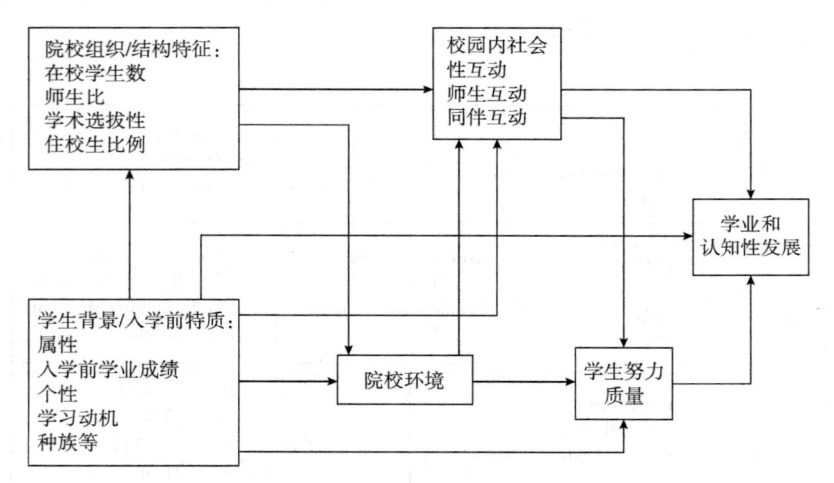

图 2-3　学生变化因果解释模型

资料来源：Ernest T. Pascarella, "College Environmental Influence on Learning and Cognitive Development: A Critical Review and Synthesis", in J. Smart, ed., *Higher Education: Handbook of Theory and Research*, NY: Agathon, 1985, pp.1–61.

---

① Alexander W. Astin, "The Methodology of Research on College Impact, Part One", *Sociology of Education*, Vol.43, No.3, Summer 1970, pp.223–254.

② Ernest T. Pascarella, "College Environmental Influence on Learning and Cognitive Development: A Critical Review and Synthesis", in J. Smart, ed., *Higher Education: Handbook of Theory and Research*, NY: Agathon, 1985, pp.1–61.

③ Ernest T. Pascarella and Patrick T. Terenzini, *How College Affects Students* (Vol.2): *A Third Decade of Research*, San Francisco, CA: Jossey-Buss, 2005.

学生社会化模型（图 2-4）将社会化理解为个体将外部的规范压力内化，并转化为心理尺度的过程，该模型侧重于学生的职业选择、价值观等非认知性变化对学生社会化的影响作用。

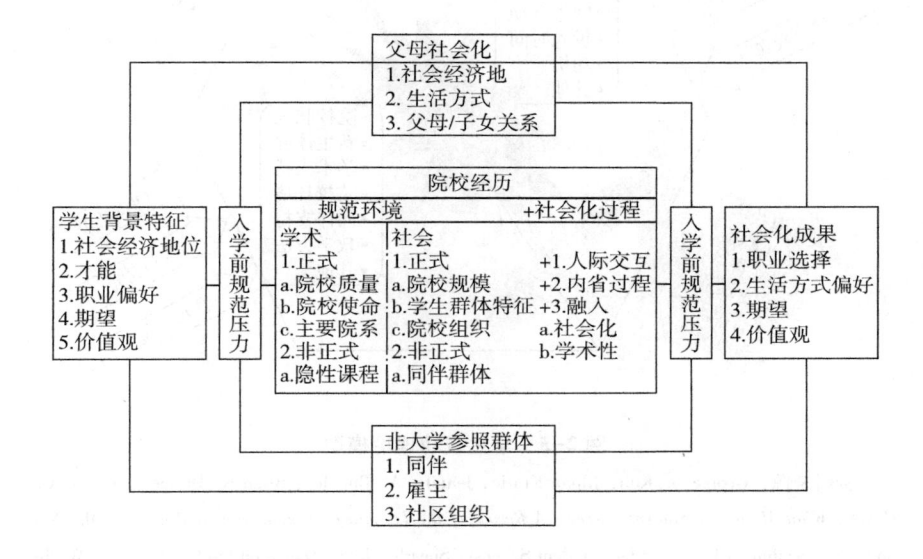

```
                        ┌─────────────────────┐
                        │ 父母社会化           │
                        │ 1.社会经济地         │
                        │ 2.生活方式           │
                        │ 3.父母/子女关系      │
                        └─────────────────────┘
┌──────────┐ ┌──┐ ┌──────────────────────────────┐ ┌──┐ ┌──────────┐
│学生背景特征│ │入│ │       院校经历               │ │入│ │社会化成果 │
│1.社会经济地位│ │学│ │  规范环境      +社会化过程   │ │学│ │1.职业选择 │
│2.才能     │ │前│ │ 学术    社会                 │ │前│ │2.生活方式偏好│
│3.职业偏好  │ │规│ │ 1.正式  1.正式   +1.人际交互  │ │规│ │3.期望     │
│4.期望     │ │范│ │ a.院校质量 a.院校规模 +2.内省过程│ │范│ │4.价值观   │
│5.价值观   │ │压│ │ b.院校使命 b.学生群体特征 +3.融入│ │压│ │          │
│          │ │力│ │ c.主要院系 c.院校组织  a.社会化 │ │力│ │          │
│          │ │  │ │ 2.非正式  2.非正式    b.学术性 │ │  │ │          │
│          │ │  │ │ a.隐性课程 a.同伴群体          │ │  │ │          │
└──────────┘ └──┘ └──────────────────────────────┘ └──┘ └──────────┘
                        ┌─────────────────────┐
                        │ 非大学参照群体       │
                        │ 1. 同伴              │
                        │ 2. 雇主              │
                        │ 3. 社区组织          │
                        └─────────────────────┘
```

图 2-4　学生社会化模型

资料来源：John C. Weidman, "Undergraduate Socialization: A Conceptual Approach", in John C. Smart, ed., *Higher Education: Handbook of Theory and Research*, New York: Agathon Press, 1989, pp. 289-322.

学生成功理论模型（图 2-5）包含学生入学前经历所包括的学业准备、家庭背景、资助政策、升学选择、学习动机等；院校经历涵盖了学生行为、学生投入和院校状况。此外，还考虑了外部宏观社会经济环境对学生成功所带来的影响，为之后的美国 NSSE（National Survey of Student Engagement）学生参与项目调查奠定理论基石[①]。

---

① George D. Kuh, Jillian Kinzie, Jennifer A. Buckley, Brian K. Bridges and John C. Hayek, *What Matters to Student Success: A Review of the Literature*, Commissioned Report for the National Symposium on Postsecondary Student Success: Spearheading a Dialog on Student Success, Washington, D. C., 2006.

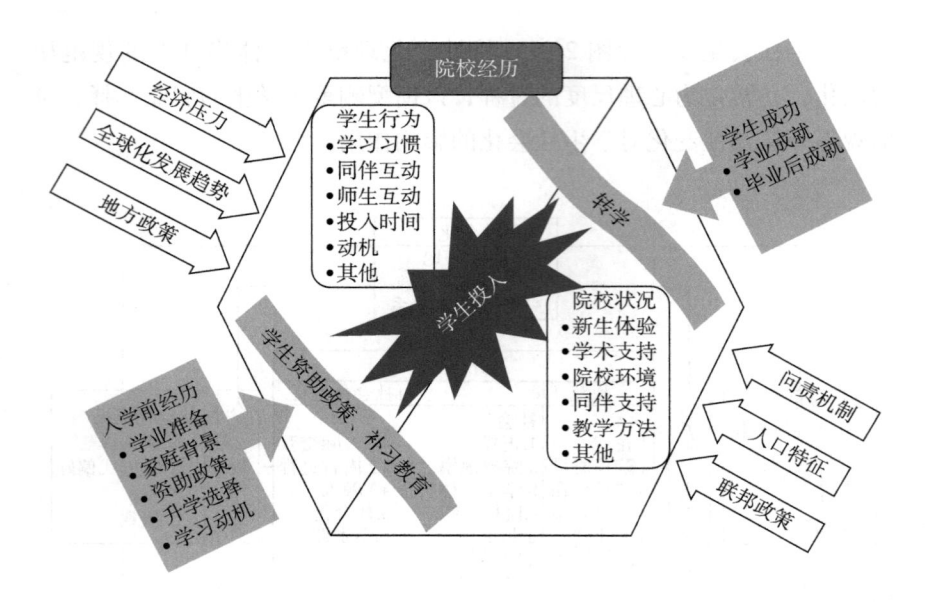

图 2-5　学生成功理论模型

资料来源：George D. Kuh, Jillian Kinzie, Jennifer A. Buckley, Brian K. Bridges and John C. Hayek, *What Matters to Student Success: A Review of the Literature*, Commissioned Report for the National Symposium on Postsecondary Student Success: Spearheading a Dialog on Student Success, Washington, D. C., 2006.

二　学生参与理论

随着高等教育院校影响力理论的发展，越来越多的注意力聚焦在学生个体的参与及投入上。学生个体在校就读期间的学习经历和成长是预测学生成就的重要解释变量，通过促进学生参与，院校因素和环境因素可以间接性地推进学生发展。

泰勒（Tyler）学习理论，强调学生投入学习任务的时间（time-on-task on learning），它是学生参与理论的起源，教师则关注对学生创造性思维和批判性思维的激发[①]；学生努力质量概念（quality of effort）聚焦学生专注程度的培养，为之后加州大学洛杉矶分校高校学生调查

---

① ［美］拉尔夫·泰勒：《课程与教学的基本原理》，罗康、张阅译，中国轻工业出版社2014年版。

(College Student Experience Questionnaire，CSEQ）奠定理论基础[1]；学生参与理论（Student Theory of Involvement）解释了学生在高校就读期间的动态发展过程，与学生课外和学术参与相比，其学业参与对学生成就的影响作用最大[2][3]；学生融入理论（Student Integration Theory）分社会融入即学生对同伴互动、师生互动的认知，以及学术融入即学生通过课堂内外与教师或同伴互动而形成的正式或非正式的经验认知[4]；学生投入理论（Student Engagement Theory）关注学生在学业和院校活动中投入的时间及精力，并考量高等院校如何吸引学生参与活动，实现学业持续、院校经历和期望成果[5]。

可以发现，参与（involvement）、融入（integration）、投入（engagement）概念存在相互交叉的关系。学生参与理论和学生投入理论都是研究学生在各种活动中投入的总能量，并不存在本质的差异。Tinto 认为学生参与和投入是一种行为，学生融入则是一种个体与组织间契合的认知或状态，是相对独立的社会学理论。

清华大学主持的中国大学生学习与发展追踪研究（China College Student Survey，CCSS）以"大学生学习与发展"为核心，指出个体先赋背景、个体自身（学业基础、学业投入时间、学习习惯、学习方式、精力差异等）以及大学环境是影响大学生学习与发展的三类因素。如图 2-6 所示，"大学生学习与发展"处于中心；外圈代表外部环境和宏观大势，包含"国际化""市场化""基础教育改革""大众化"四个方面；中圈代表宏观影响因素和具体研究问题。该研究框架为高校提高学情研究水平及质量治理水平提供积极的借鉴意义。

---

[1] C. Robert Pace, *Achievement and the Quality of Student Effort*, Paper Presented at the National Commission on Excellence in Education, Washington, D. C., 1982.

[2] Alexander W. Astin, "Student Involvement: A Development Theory for Higher Education", *Journal of College Student Development*, Vol. 25, No. 4, 1984, pp. 297-308.

[3] Alexander W. Astin, *What Matters in College: Four Critical Years Revisited*, San Francisco: Jossey-Bass Publishers, 1993, pp. 325-331.

[4] Vincent Tinto, *Leaving College: Rethinking the Causes and Cures of Student Attrition*. 2nd ed., Chicago: University of Chicago Press, 1993.

[5] George D. Kuh, Jillian Kinzie, Jennifer A. Buckley, Brian K. Bridges and John C. Hayek, *Piecing Together the Student Success Puzzle: Research, Propositions, and Recommendations*, ASHE Higher Education Report. San Francisco: Jossey-Bass, Vol. 32, No. 5, January 2007, pp. 1-182.

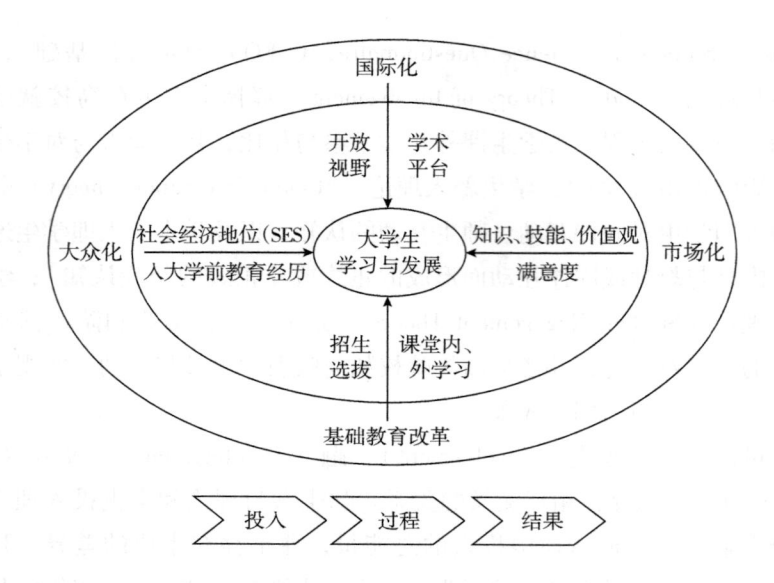

图 2-6　中国大学生学习与发展追踪研究

资料来源：史静寰：《走向质量治理：中国大学生学情调查的现状与发展》，《中国高教研究》2016 年第 2 期。

但学生参与无论在理论层面抑或经验研究层面都面临挑战，如受特定时间或发生场域的局限，该理论存在以偏概全的危险性；学生参与操作性指标如认知或情感等的测量易被忽视[1]；需要进一步细分学生参与的影响效应，如条件性效应（conditional effect）和补偿性效应（compensatory effect）[2][3] 等，真正寻找促进学生发展的有效路径。

高等教育影响力理论模型以学生特征为核心要素之一，强调学生行为与认知所处背景的重要作用[4]，学生参与更是预测学生成就及提高大学教育产出的重要指标。然而，基于对两种理论的梳理，发现现有研究

---

[1] 鲍威：《未完成的转型：高等教育影响力与学生发展》，教育科学出版社 2014 年版。

[2] Ty M. Cruce, Gregory C. Wolniak, Tricia A. Seifert and Ernest T. Pascarella, "Impacts of Good Practices on Cognitive Development, Learning Orientations, and Graduate Degree Plans During the First Year of College," *Journal of College Student Development*, Vol. 47, No. 4, July 2006, pp. 365–383.

[3] Ernest T. Pascarella and Patrick T. Terenzini, *How College Affects Students* (Vol.2): *A Third Decade of Research*, San Francisco, CA: Jossey-Buss, 2005.

[4] 鲍威：《未完成的转型：高等教育影响力与学生发展》，教育科学出版社 2014 年版。

忽略了学生心理、情感准备、学习动机及国家财政状况等宏观层面要素和中观层面的院校要素影响，且对高职学生学情分析的行动意识还未得到应有重视，一定程度上无法为高职院校质量治理提供有效的政策建议。由此，笔者尝试在投入要素中加入高等教育的资源投入，基于学生视角，从成本效益的分析维度解释学生学业成就的变化。在既有的社会学、心理学研究的基础上，借鉴经济学等多学科视角，与之形成互补。

因此，笔者通过剖析凸显高职特色的毕业生就业力内涵，结合人力资本理论、社会资本理论、高等教育影响力理论与学生参与理论，着重从能力本位职业教育理论和工作本位学习理论挖掘产教融合实践对高职毕业生就业力发展的影响，进而对高职毕业生就业结果产生作用，由此，将产教融合聚焦在微观层面的学校与企业协同育人实践上，探明校企协同育人促进毕业生就业力发展的路径。本书认为产教融合是高职院校发展和创新的基石，通过对产教融合院校培养的不断探索与深化，吸引并加强引导毕业生在校内外的学业性投入与社会性投入，并关注其参与质量，能对毕业生的学业成就和就业结果产生积极作用。

第四节　理论模型如何指导现实问题的解决

本书对相关理论进行梳理，如表2-4所示。首先，依照人力资本和社会资本理论解析，人力资本的投资能够影响毕业生的认知能力与非认知能力的获得及发展，并通过自身的才能转化为人力资本收益，而社会资本的投入很可能对高职毕业生的就业质量产生影响。但是对高职毕业生而言，国家示范校与非国家示范校的院校培养是否存在差异，高职毕业生人力资本情况不同是否会影响自身主动参与院校培养实践以期提升就业力，由此付出最低成本获得最高收益；同时，高职毕业生就业力发展及就业结果是否会及多大程度上会受家庭背景要素的影响，都需要进行研究。因此，本书将检验院校培养、人力资本、学生参与和家庭背景对就业力发展的影响，并考察院校类型、个体差异及家庭背景对就业结果的作用。

表 2-4 高职毕业生就业力发展相关理论

理论	能解释的问题	研究启示	研究设计
人力资本理论	人力资本投入能够影响毕业生认知能力与非认知能力的获得及发展，并转化为人力资本收益	人力资本不同是否会影响主动参与院校培养的实践活动以期提升就业力，由此付出最低成本，获得最高收益	A. 使用毕业生的人力资本和社会资本（家庭背景）对就业力发展做回归分析； B. 使用院校类型、个体差异及家庭背景对就业结果做回归分析
社会资本理论	社会资本投入很可能对高职毕业生的就业质量产生影响	高职毕业生就业力发展及就业结果是否会及多大程度上会受家庭背景要素的影响	
能力本位职业教育理论	高职教育强调毕业生就业力的职业性、复合性与跨界性，充分考虑毕业生就业力的全面发展	高职毕业生在主动参与院校培养实践之后，是否具备了进入劳动就业市场的能力，以及如何划分就业力的可测量维度	C. 对高职毕业生就业力内涵进行因子分析，并挖掘三个因子之间的内在联系及高职教育的重点
工作本位学习理论	企业在校企合作中主体地位的加强以及毕业生的"学"在实践参与过程中的强调，使得高职院校积极开展基于工作现场真实项目的人才培养	高职毕业生就业力发展及就业结果是否会及多大程度上会受院校培养和学生参与要素的影响；聚焦校企协同育人如何有效促进毕业生就业力发展及实现高质量就业	D. 使用产教融合示范项目指标对就业力发展做回归分析； E. 采用案例分析对优秀产教融合案例进行剖析，厘清其间的共性与特色；并从学校、企业、教师、毕业生等角度探明要素间的架构，即如何能有效提升高职毕业生就业力发展并实现高质量就业
高等教育影响力理论	院校提供的教学、师资、设施、课程、资助等教育要素，一定程度上对毕业生的认知和非认知能力发展及学业成就产生影响		
学生参与理论	毕业生在学业、社会性活动等方面的参与与投入，推进了就业力发展		

其次，根据能力本位职业教育理论，就业力是毕业生高质量就业的关键，且是一项综合性、发展性的指标，包括在步入劳动力市场时能识别就业、获取就业，在就业过程中的就业持续、就业转换整合所需的综

合性能力。特别是高职院校强调其职教性、复合性、跨界性，在能力本位职业教育思想的指导下，要充分考虑毕业生就业力的内涵与外延、能力与品质的融合。高职毕业生通过在校期间的学习与实践不仅能掌握识别就业机会及获取就业岗位的能力，还能获得在劳动力市场上保有职业持续性及应对变化的能力。由此，本书在剖析高职毕业生就业力结构时，从全面、发展的角度分解其实质，从认知与非认知的维度测量能力，拓宽就业力发展的深度与宽度。

最后，根据工作本位学习理论、高等教育影响力理论和学生参与理论，院校培养和学生参与会直接、间接地对学生的学业、认知和非认知能力成就产生影响。院校提供的教学、师资、设施、课程、资助等教育要素，一定程度上能解释及预测其产出；同时，毕业生在学业、互动、社会性活动等方面的参与和投入，推进了毕业生的发展。由此，本书在识别了院校培养是影响高职毕业生就业力发展最重要的因素之后，聚焦产教融合、校企协同育人，以案例的方式，试图探索政、企、校如何能实现更有效的合作，厘清促进高职毕业生就业力发展及实现高质量就业的路径及对策；同时，结合院校培养、学生参与对毕业生就业结果的影响，对高职毕业生就业力发展在高等教育影响力理论和学生参与理论的框架下进行突破和补充，为有效实施高等教育教学改革，推进政府、院校、社会、企业、教师、毕业生及家庭多方主体合力促进毕业生就业力发展指明路径。

围绕本书的研究问题，基于对相关理论的梳理，本书的理论研究框架如图2-7所示，为实证研究提供理论支撑。本书关注校企协同育人对高职毕业生就业力发展及就业结果的影响，主要的理论基础为能力本位职业教育理论、工作本位学习理论、高等教育影响力理论与学生参与理论，该四种理论从不同的角度分析了高职院校校企协同育人如何影响毕业生就业力发展，进而探讨就业力发展对就业结果的影响。此外，需控制除就业力之外的其他因素对就业力发展及就业结果的影响，在确定控制变量时主要依据的理论有人力资本理论、社会资本理论、高等教育影响力理论、学生参与理论等，控制个体特征、家庭背景、人力资本、学生参与等。

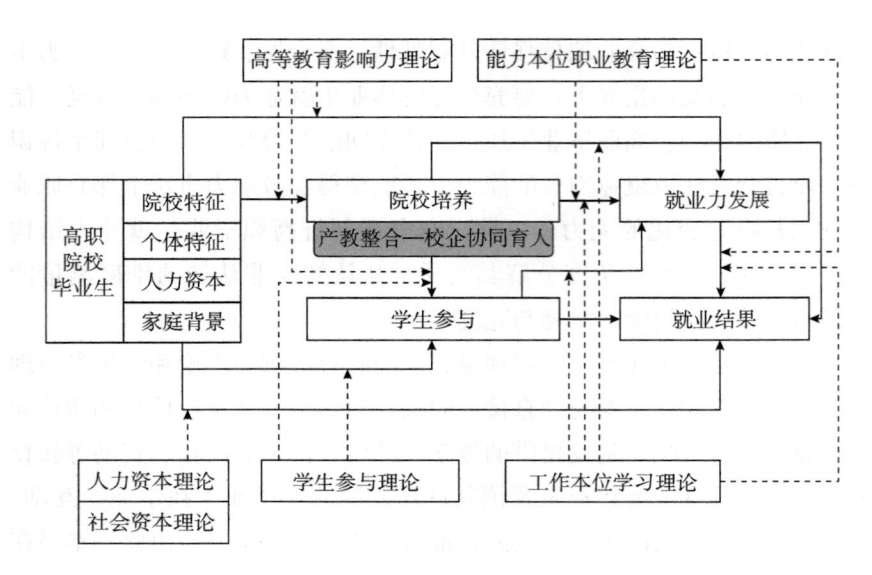

图 2-7　本书的理论研究框架

注：实线代表影响路径，虚线代表相应路径所依据的理论基础；产教融合—校企协同育人作为院校培养的核心，主要以案例研究的方式呈现。

高职毕业生就业力发展的影响因素是本书关注的另一个重要问题，主要的理论基础为高等教育影响理论和学生参与理论，都关注了院校特征、院校培养、个体特征、人力资本、家庭背景、学生参与对毕业生就业力发展的影响。此外人力资本理论、社会资本理论也从个体、家庭和教育的角度，为探究就业力发展群体差异提供了参考。

第三章 学界对就业力发展的理性回应

如何强化高等教育与劳动力市场之间的适切性是高等教育人才培养的核心议题[①]，毕业生的就业力（employability）已成为衡量高校教学质量的重要绩效指标[②]。

第一节 就业力的内涵与结构

从 20 世纪 50—70 年代概念的提出至今，就业力研究大体经历了三个阶段，见表 3-1。

表 3-1　　　　　　　　就业力研究的三阶段

时间	概念	解析
20 世纪 50—70 年代	个体角度	Grzier "二分法"：年龄在 15—64 岁、身体健康、没有家庭束缚的人是具备就业能力的
20 世纪 80—90 年代	概念形成	"元特征"概念：融合态度、知识和技能等元素，是雇员在劳动力市场中绩效的决定性因素。同时强调可转移性能力的重要性
	概念演变	交互型概念：除了个体特征，还包括环境因素和实现条件。即一个获得最初就业、维持就业和重新选择、获取新岗位的动态能力

[①] Ulrich Teichler, *Careers of University Graduates：Views and Experiences in Comparative Perspective*, Springer Science & Business Media, 2007, p. 12.

[②] Jeremy Smith, Abigail Mcknight and Robin Naylor, "Graduate Employability：Policy and Performance in Higher Education in the UK," *Economic Journal*, Vol. 110, No. 464, 2001, pp. 382-411.

续表

时间	概念	解析
20世纪90年代末至今	实践完善	无边界职业生涯背景下的概念：劳动者的可就业力和应对职业环境变化的适应能力尤为重要，并探求终身学习体系，保证持续竞争优势

资料来源：陈光辉：《就业能力解释维度、概念、内涵、研究历程及评述》，《教育与职业》2011年第12期。

从单一的个体角度到逐渐融入知识、技能、态度、个性、环境适应等要素，探求人的可持续发展，就业力概念得以不断完善。国内外对就业力结构的研究基本有两种视角：输入视角（input-based approach）和输出视角（output-based approach）[1]。两种视角都把就业力看作个体取得和维持就业可能性所需的个人资源，但输入视角更多地强调提高就业的可能性因素，输出视角则更关注就业结果（见表3-2）。

表3-2　　　　　　　就业力结构的不同研究视角

研究视角	关注点	主体侧重
输入	强调提高就业可能性的因素。是个体提高就业和维持就业所具备的胜任特征[2]、个性特征[3]、社会资本特征[4]	国内更多从输入视角进行研究
输出	强调就业结果。是个体对自己取得和维持就业可能性的总体知觉[5]，对自己能否取得和维持就业的自我评价	国外更多从输出视角进行研究

资料来源：笔者归纳整理。

---

[1] Nele De Cuyper, Sabine Raeder, Beatrice J. M. Van der Heijden and Anette Wittekind, "The Association between Workers' Employability and Burnout in a Reorganization Context: Longitudinal Evidence Building upon the Conservation of Resources Theory", *Journal of Occupational Health Psychology*, Vol. 17, No. 2, 2012, pp. 162-174.

[2] Claudia M. Van Der Heijde and Beatrice I. J. M. Van Der Heijden, "A Competence-Based and Multimensional Operationalization and Measurement of Employability", *Human Resource Management*, Vol. 45, No. 3, 2006, pp. 449-476.

[3] Mel Fugate and Angelo J. Kinicki, "A Dispositional Approach to Employability: Development of a Measure and Tests of Implications for Employee Reactions to Organizational Change", *Journal of Occupational and Organizational Psychology*, Vol. 81, No. 3, 2008, pp. 503-527.

[4] Carrie R. Leana and Harry J. Van Buren, "Organizational Social Capital and Employment Practices", *Academy of Management Review*, Vol. 24, No. 3, 1999, pp. 538-555.

[5] Nele De Cuyper, Saija Mauno, Ulla Kinnunen and Anne Mäkikangas, "The Role of Job Resources in the Relation between Perceived Employability and Turnover Intention: A Prospective Two-Sample Study", *Journal of Vocational Behavior*, Vol. 78, No. 2, 2011, pp. 253-263.

国际上对就业力的研究经历了由表及里、由简单到复杂、从片面到整合的不断扬弃的过程。经济社会发展逐渐暴露人才产出与消费之间的矛盾,为解决就业难的社会问题,英国经济学家贝弗里奇(Beveridge)于20世纪初提出了就业力(employability)的概念,又可称为受聘能力(employment ability)、核心能力(key competency)、就业技能(employability skills),并逐步发展延伸。它重视大学毕业生的竞争力,关注质量,并试图测量高等教育机构对学生就业力做出的贡献。各国政府和相关国际组织相继对就业力的内涵提出了界定。英国工业联合会(Confederation of British Industry,CBI)将就业力定义为劳动力市场上的参与者在工作场域应具备的,包括特质、技能、知识等能力的组合,并对自身、雇主及整个社区产生效益。具体包括:自我管理、团队协作、问题解决、信息应用、沟通、计算应用、商业与客户意识等[1]。国际劳工组织(International Labor Organization,ILO)将就业力定义为个体获得和保持工作,并在工作中进步及应对变化的能力[2]。国际经合组织(Organization for Economic Co-operation and Development,OECD)强调除知识和技能之外,还包含沟通和解决问题的能力、处理非例行程序的能力、团队合作能力、可迁移性能力等[3]。澳大利亚的《就业能力架构(Employment Skills Framework)》(Australian Core Skills Framework,ACSF)将就业力视为个体实现就业、职场发展、实现潜能、发展企业的能力素质,包括自我管理能力、问题解决能力、沟通能力、主动性与进取精神等[4]。

从内涵理解,就业力是能够帮助毕业生更易获取就业机会并实现职业成功所具备的技能及个性特质,有益于自身职业发展,并推进社区及

---

[1] CBI/NUS, "Working Towards Your Future: Making the Most of Your Time in Higher Education," The Voice of Business, (March 2011), https://www.ucd.ie/t4cms/cdc_academics_cbi-nus-employability.pdf.

[2] Patricia Weinert, Michèle Baukens, Patrick Bollèrot, Marina Pineschi-Gapènne and Ulrich Walwei, *Employability: From Theory to Practice*, 1st, Routledge, 2001.

[3] Beatriz Pont, "Competencies for the Knowledge Economy," in *Education Policy Analysis 2001 / Centre for Educational Research and Innovation*, Paris, France, OECD, 2001, pp. 100–118.

[4] Philippa Mclean, Kate Perkins, David Tout, Kath Brewer and Linda Wyse, "Australian Core Skills Framework: 5 Core Skills, 5 Levels of Performance, 3 Domains of Communication," ACEReSearch, (2012), http://research.acer.edu.au/transitions_misc/12.

经济发展。它不同于毕业后获得一份工作，而是关乎有能力承担一个职业角色及职业间的转换与迁移，以及发展自身的职业可持续能力[1][2]，即具备获得初次就业、保持就业状态及获得新的就业的能力[3][4]，与易变性职业生涯（protean career）概念如出一辙。其核心就业能力成为能帮助职业人胜任这种流动过程中应具备的职业可迁移性和普遍适应性的能力，区别于只是针对某项具体的专业或职业能力，成为当今世界各国职业教育改革的重要方向[5]。20 世纪 70 年代，德国的"关键能力"概念强调基本就业能力和关键就业能力（综合职业能力），后者是从事任何职业应具备的核心本领。美国的"三项基本素质和五项基础能力"包含听说读写算素质、思维素质和道德素质，以及合理利用并支配资源的能力、处理人际关系的能力、系统分析能力、获取并利用信息的能力、运用多种技术的能力。

21 世纪初期，就业能力成为政府决策部门与高教研究者关注的焦点。随着高校学生就业政策目标从"就业率"向"就业力"转变，从数量向质量的重心转移，高校如何通过人才培养来形塑和发展毕业生的就业力，成为亟待解决的问题。国内研究者对"就业力"的界定相较于国外起步较晚，表 3-3 概括了其中代表性的研究发现。

表 3-3　　　　　　就业力内涵与维度的国内代表性研究

研究者	内涵/维度
郑晓明[6]	学习能力、思想能力、实践能力、应聘能力、适应能力

---

[1] Mantz Yorke, "Employability in Higher Education: What It Is-What It Is Not", Higher Education Academy/ESECT,（January 2006）, https://www.researchgate.net/publication/225083582_Employability_in_Higher_Education_What_It_Is_What_It_Is_Not.

[2] CBI/NUS, "Working Towards Your Future: Making the Most of Your Time in Higher Education," The Voice of Business,（March 2011）, https://www.ucd.ie/t4cms/cdc_academics_cbi-nus-employability.pdf.

[3] Jim Hillage and Emma Pollard, *Employability: Developing a Framework for Policy Analysis*, London: Department for Education and Employment, 1998.

[4] Douglas T. Hall, "The Protean Career: A Quarter-Century Journey," *Journal of Vocational Behavior*, Vol. 65, No. 1, 2004, pp. 1–13.

[5] 徐静镠、陈彬:《通用能力培养：高职教育必须强化的目标》,《教育与职业》2008 年第 27 期。

[6] 郑晓明:《"就业能力"论》,《中国青年政治学院学报》2002 年第 3 期。

续表

研究者	内涵/维度
李颖、刘善仕、翁赛珠[①]	内在素质、处理工作能力、社交领导能力
谭镜星[②]	高职T型人才培养：核心能力、横向扩展能力、纵向深化能力
汪怿[③]	基础技能、个体管理技能、团队工作技能
贾利军[④]	社会兼容度、就业人格、准职业形象
张云仙[⑤]	团队合作能力、问题解决能力、人际交往能力、社会适应能力、自主管理能力
肖贻杰[⑥]	职业能力、自主能力、社会适应能力、应聘能力、创新创业能力
王静波、王翡翡[⑦]	通用技能、个人品行、处理工作能力、人际能力、职业发展能力
史秋衡、文静[⑧]	学科理解能力、核心技能、个人特质、元认知
孙志凤[⑨]	学习意愿、工作态度、专业知识技能、问题深度分析能力、沟通能力、团队合作、心理调适、理论知识、电脑技能、外语能力
徐立华[⑩]	专业基础能力、社会适应能力、专业发展能力
郭建如、邓峰[⑪]	素质和基础能力、人际关系和沟通能力、专业和工作技能
胡相忠[⑫]	人文素质、思想道德素质、实践创新能力、专业能力、思维能力

---

① 李颖、刘善仕、翁赛珠：《大学生就业能力对就业质量的影响》，《高教探索》2005年第2期。
② 谭镜星：《论高职T型人才培养模式的构建》，《高等教育研究》2005年第10期。
③ 汪怿：《就业能力：促进高校毕业生就业的重要方面》，《教育发展研究》2005年第7期。
④ 贾利军：《大学生就业能力结构的研究》，博士学位论文，南京师范大学，2007年。
⑤ 张云仙：《高职生就业能力结构及发展特点研究》，《中国大学生就业》2008年第14期。
⑥ 肖贻杰：《高职学生就业能力结构及高职教育对就业能力影响的研究》，《职业技术教育》2010年第13期。
⑦ 王静波、王翡翡：《雇主视角下大学生就业能力状况探析》，《现代大学教育》2011年第4期。
⑧ 史秋衡、文静：《中国大学生的就业能力——基于学情调查的自我评价分析》，《北京大学教育评论》2012年第1期。
⑨ 孙志凤：《用人单位对高校毕业生就业能力的期望和评价——基于已就业毕业生的调查》，《湖南师范大学教育科学学报》2013年第1期。
⑩ 徐立华：《基于地方产业需求的高职学生就业能力培养的研究》，硕士学位论文，厦门大学，2014年。
⑪ 郭建如、邓峰：《院校培养、企业顶岗与高职生就业能力增强》，《高等教育研究》2014年第4期。
⑫ 胡相忠：《新常态下高校大学生就业能力提升探究》，《北京印刷学院学报》2017年第8期。

续表

研究者	内涵/维度
肖焰、王亚楠[①]	人力资本、社会资本、心理资本
吕镇洋[②]	个性特质、职业情感、关系管理、职业能力、自我提升

资料来源：笔者归纳。

不同研究之间存在诸多差异，但整体来看，专业知识技能、职业适应能力、个性特质成为中国高校毕业生就业力的三大核心维度。陈光辉指出，就业能力的培养是高职院校实现高标准"跨界"人才输出的关键[③]。作为国家经济和社会发展的新引擎，现代服务业用人单位对高技能人才的能力素质需求呈现新的特征[④]，运用网络爬虫技术对 26191 条现代服务业用人单位的人才招聘信息进行数据挖掘，发现现代服务业用人单位的人才需求包括服务知识、服务能力（个性化服务能力、信息化服务能力、创新服务能力）和服务情感（性格开朗、工作认真、责任心、亲和力、服务意识、服务品质、合作精神等），以此胜任该领域的工作。

对比理解美国著名的心理学家大卫·麦克里兰（McClelland）1973 年提出的能力素质模型（Competency Model）[⑤]（图 3-1），将"能力素质模型"界定为"能明确区分在特定工作岗位和组织环境中杰出绩效水平和一般绩效水平的个人特征，是能力素质的总和"，且不同层次的能力素质在个体身上的表现形式不一样。五种能力特征类型，包括动机（motives）、特质（traits）、自我概念（self-concept）、知识（knowledge）和技能（skill）。其中，知识和技能往往是一个人的显性、表象的特征，可见且可测，是冰山露于海平面的部分，麦克里兰称其为基准

---

① 肖焰、王亚楠：《大学生就业能力维度结构探析》，《西安石油大学学报》（社会科学版）2018 年第 1 期。

② 吕镇洋：《基于 KPI 理论的大学生就业胜任力模型研究》，《当代职业教育》2020 年第 4 期。

③ 陈光辉：《无边界职业生涯理论与高职就业能力培养》，《职教论坛》2011 年第 5 期。

④ 王岚：《面向现代服务业的劳动力市场需要什么样的高职毕业生——基于 2.6 万条招聘信息的内容分析》，《高教探索》2021 年第 7 期。

⑤ David C. McClelland, "Testing for Competence Rather Than for 'Intelligence'," *American Psychologist*, Vol. 28, No. 1, 1973, pp. 1-14.

型素质（threshold competencies）；而自我概念、特质和动机则更为隐性、深层次且核心，深藏于一个人的个性特征之中，不易见、不易测，是冰山藏于海平面以下的部分，具备更强的能量与潜力，称为鉴别型素质（differentiation competencies）。

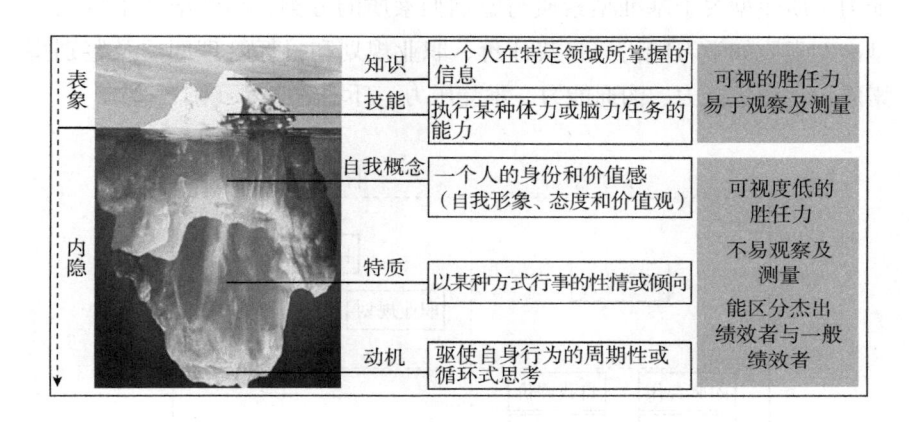

图 3-1　能力素质模型（冰山理论）

资料来源：David C. McClelland, "Testing for Competence Rather Than for 'Intelligence'", *American Psychologist*, Vol. 28, No. 1, 1973, pp. 1-14.

本书将能力素质模型包含的知识、技能、自我概念、特质与动机五个维度和就业力予以对比，发现两者的结构性内涵有交叉，且不存在绝对的"边界"。就业力中的基础技能主要聚焦知识水平、通用能力和社会能力的掌握；职业技能则关注职业的基本工作能力和发展工作能力提升，同时不断发展自我、完善自我；软技能则关注职业素养、管理能力和沟通表达能力的发展。同时，五项冰山理论能力维度是从表象到内隐的进阶，三项就业力维度之间也是不断循环、相生相长，都是毕业生就业过程中的整体体现。

由此，冰山理论能力维度与就业力都是一种综合性、获得性、持续性、发展性的能力，毕业生在校实践过程中，通过不断积累、实践、纠错、反思、再实践，磨炼出能胜任相关工作的能力，并保有一定的持续性。但就业力比冰山理论能力维度体现出更强的可迁移性，特别是高等职业教育毕业生更应具备较强的"跨界性"和"整合性"。因此，在高职毕业生就业过程中，应充分强调就业力在实践体系中的发展与强化。

值得一提的是，高职毕业生就业能力素质模型将毕业生的就业力能力分为 4 大核心一级指标和 20 项核心二级指标，其中，参照麦克里兰的能力素质模型关于基准型素质与鉴别型素质的分类，高职毕业生应具备基准型素质如学习能力、自我评价、职业规划和目标管理四项及鉴别型素质包括竞争能力、沟通能力、承受压力、环境适应等（图 3-2）。

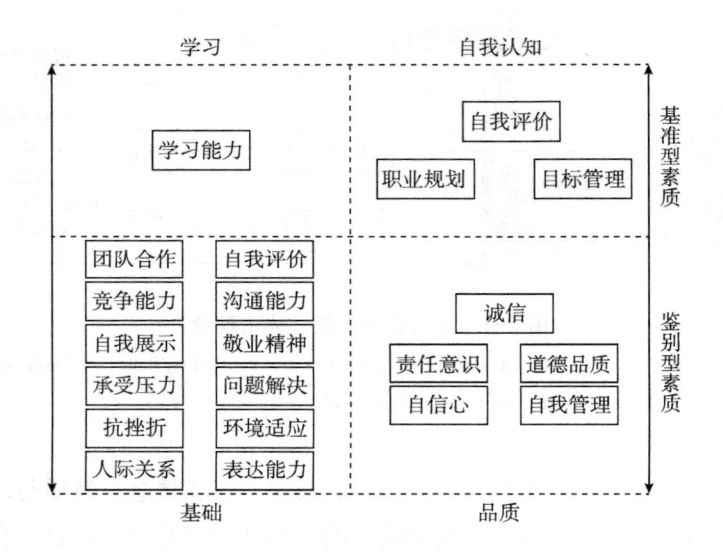

```
          学习                  自我认知
   ┌──────────────────┬──────────────────┐
   │                  │    ┌──────┐      │  基
   │    ┌──────┐      │    │自我评价│     │  准
   │    │学习能力│     │    └──────┘      │  型
   │    └──────┘      │ ┌──────┐ ┌──────┐ │  素
   │                  │ │职业规划│ │目标管理│ │  质
   │                  │ └──────┘ └──────┘ │
   ├──────────────────┼──────────────────┤
   │ ┌────┐ ┌────┐    │                  │  鉴
   │ │团队合作│ │自我评价│ │    ┌────┐    │  别
   │ │竞争能力│ │沟通能力│ │    │诚信│    │  型
   │ │自我展示│ │敬业精神│ │ ┌────┐ ┌────┐ │  素
   │ │承受压力│ │问题解决│ │ │责任意识││道德品质│ │  质
   │ │抗挫折 │ │环境适应│ │ │自信心 ││自我管理│ │
   │ │人际关系│ │表达能力│ │ └────┘ └────┘ │
   └──────────────────┴──────────────────┘
          基础                   品质
```

图 3-2　高职毕业生就业能力素质模型

资料来源：马长世、温贻芳：《基于能力素质模型的高职学生就业与创业能力评价研究》，《职教论坛》2012 年第 12 期。

第二节　就业力发展的影响因素

国外学者对就业力发展影响因素的研究呈现多种不同的测量维度。将就业力发展影响因素框架分解为个人因素、个体环境、外部因素三个方面（表 3-4）。

表 3-4　　　　　　　　就业力发展影响因素框架

个人因素	个体环境	外部因素
就业力技能和特质：基本素质、个人胜任力、基本可迁移性技能、关键可迁移性技能、高阶可迁移性技能、资格认证、工作知识基础、劳动力市场附着性； 人口学特征：性别、年龄等； 健康情况：心理与身体健康等； 工作搜寻：有效利用搜寻服务及信息资源、面试技巧/演讲、自我认知、捕捉机遇等； 适应性与灵活性：地理可移动性、职业灵活性等	家庭环境：直接照顾责任、其他家庭及照顾责任、其他家庭环境； 工作文化：工作上得到鼓励与支持； 资源获取：交通的便利性、金融资本的获取、社会资本的获取	需求因素：劳动力市场因素、宏观经济因素、职位空缺特征、招聘因素； 使其获取就业的支持性因素：就业政策因素、其他支持性因素

资料来源：Ronald W. McQuaid and Colin Lindsay, "The Concept of Employability", *Urban Studies*, Vol. 42, No. 2, 2005, pp. 197-219.

个人因素包含就业力技能和特质、人口学特征、健康情况、工作搜寻、适应性与灵活性五个方面；个体环境包含家庭环境、工作文化、资源获取三个方面；外部因素包含需求因素和使其获取就业的支持性因素两个方面。其中，基本可迁移性技能主要指文档处理、写作、计算、口头表达能力；关键可迁移性技能包含推理、问题解决、适应性、工作过程管理、个人任务与时间管理、灵活性、人际交流、情感及美学的客户服务能力；高阶可迁移性技能主要指团队合作、商业思维与逻辑、持续性学习、特定工作能力等[1]。

从经验角度来看，目前绝大多数关于就业力的研究都是依靠自我评估，未能考虑结合现实情况，这似乎有必要从纵向跨度的角度，采用多重特征/多元评价等方法开展研究[2]。由于就业力的定义和概念化特征的多样性，使得就业力的研究相对比较复杂，它应从教育性角度、组织性角度和个体特征角度实现三者的交叉，采纳一种系统式、整合型研究方法，即能综合考虑社会、经济、文化、科技等情境对就业力的影响，如图 3-3 所示，就业力的研究包含三个不同的角度，即教育性

---

[1] Ronald W. McQuaid and Colin Lindsay, "The Concept of Employability," *Urban Studies*, Vol. 42, No. 2, 2005, pp. 197-219.

[2] Laure Guilbert, Jean-Luc Bernaud, Brice Gouvernet and Jérôme Rossier, "Employability: Review and Research Prospects," *International Journal for Educational and Vocational Guidance*, Vol. 16, No. 1, 2016, pp. 69-89.

政策、组织性策略和个体情况，体现了就业力与其他结构成分的关系，其中，教育性政策由积极的劳动力市场政策、财政支持和教育质量组成；组织性策略包含就业力文化和就业力导向；而个体情况则涵盖社会人口统计特质、人际关系和心理属性三者。

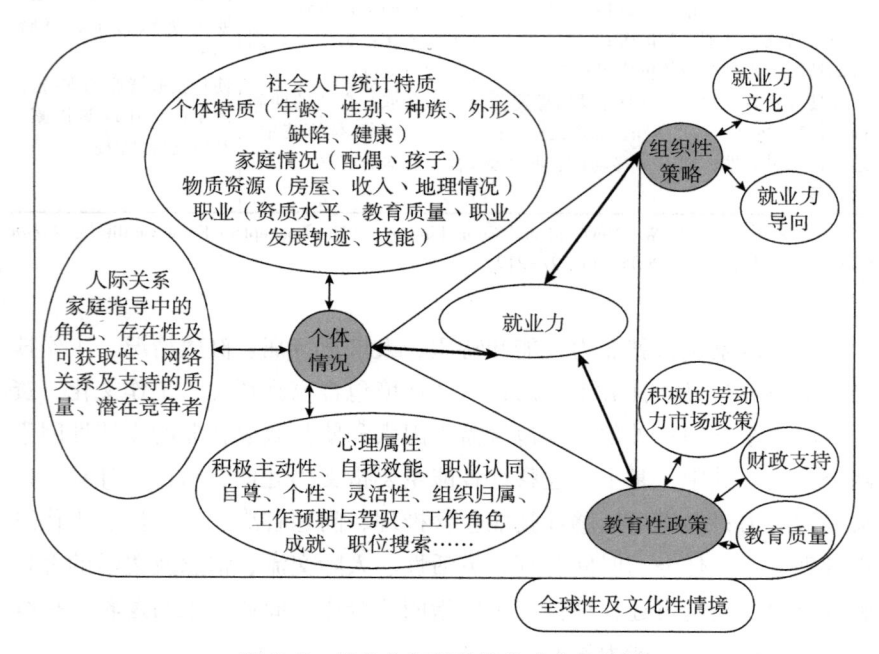

图 3-3　就业力与其他结构成分的关联

资料来源：Laure Guilbert, Jean-Luc Bernaud, Brice Gouvernet and Jérôme Rossier, "Employability: Review and Research Prospects," *International Journal for Educational and Vocational Guidance*, Vol. 16, No. 1, 2016, pp. 69-89.

然而，以上更多地从社会大众的视角剖析就业力的影响因素，未能凸显高等教育对个人就业力发展产生的积极影响。毕业生在参与就业的过程中，教育属性比社会属性对其就业方式的选择、就业结果等的作用更明显，特别是在积累人力资本方面会有其相应的个体成就及职业成就。毕业生就业力综合模型（图 3-4）涵盖人力资本、社会资本、个体行为、个体特质、劳动力市场等因素，重视感知的就业力提升，为本书分析框架的搭建提供了方向性指导。具体来看，作为高等教育重要组成部分的技能培养塑造了毕业生的人力资本，诸如问题解决能力、批判性思维、团队合作能力等,都是被普遍接受的就业胜任力。克拉克(Clarke)提出的毕业生就业力综合模型关注感知就业力受人力资本、社会资本、个体行为与个体特质的影响,进而影响毕业生在职业搜寻、工作维持及岗位变换中的参与情况,同时,劳动力市场因素也会对感知就业力和就业成功产生作用。

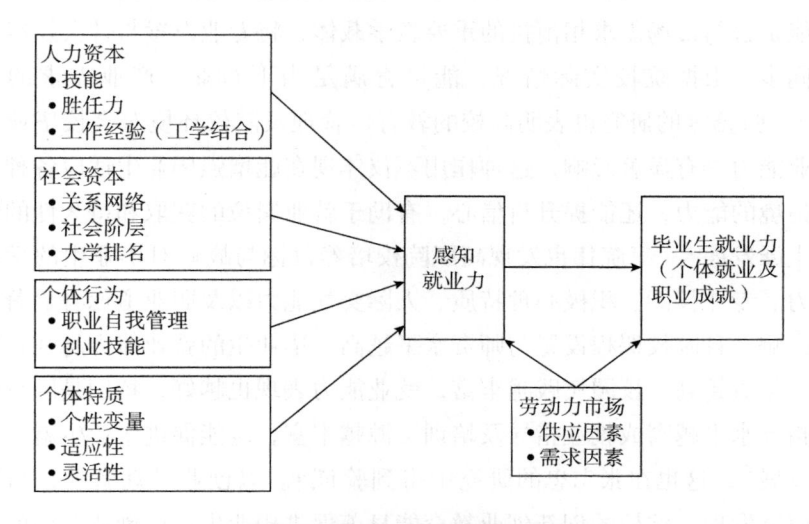

图 3-4 毕业生就业力综合模型

资料来源:Marilyn Clarke, "Rethinking Graduate Employability: The Role of Capital, Individual Attributes and Context," *Studies in Higher Education*, Vol. 43, No. 11, 2018, pp. 1923-1937.

在中国知网(CNKI)全文数据库平台,2006 年(2 月 1 日)至 2024 年(3 月 5 日),以"就业能力""影响因素"为主题进行检索,得到的相关学术文献共 1130 篇;以"就业能力""影响因素"为篇名检索得到共 122 篇文献,发现就业力发展影响因素分析大致可以从高校层面、个体层面及社会层面展开。

就高校层面而言,各项"教"与"学"活动环节的综合效应体现在毕业生就业力的形塑与提升上[①]。院校培养模式改革能促进毕业生就业力的发展,特别是作为高职人才培养的重要环节,顶岗实习对毕业生

---

① Lee Harvey and Tamsin Bowers-Brown, "The Employability of Graduates: Cross-Country Comparisons," paper delivered to Department for Education and Skills Research Conference 2003, sponsored by the Institute of Civil Engineers, London, December 107-123, 2003.

专业知识学习、专业技能掌握、专业兴趣培养、专业价值认同等方面有促进作用，通过设置与所学专业对口的顶岗工作、提高顶岗工作的技术含量及加强顶岗实习过程中的指导等增强高职毕业生就业力[1]。院校类型对毕业生平均起薪有重要影响，但不同类型院校影响的方向和幅度各不相同[2]。同时，高职院校专业设置是直接检验毕业生所获知识和习得技能是否与市场需求相衔接的重要教学载体，将专业设置与社会发展保持同步，根据院校实际情况，能培育满足当下行业、产业需求的人才[3]。张鑫等的研究也表明高校的教育、管理及院校环境对高校毕业生就业能力具有显著影响，这种作用不仅体现在能增强毕业生适应各种工作情境的能力，还能提升自信心，有助于就业岗位的获取和持久性的职业生涯发展[4]。王晓伟也发现高职院校培养目标与战略对毕业生的学习能力、专业技能、积极心理特质、人际交往能力以及职业道德有显著正向影响，且院校课程设置与师资水平越高，毕业生的就业能力越强；同时，年级越高、校园实践越丰富，就业能力表现也越好，特别是院校职业指导水平越高或就业指导及培训资源越丰富，越能促进毕业生就业力的发展[5]，这也在张志忠的研究中得到验证[6]。以创业带动就业，吕媛的研究发现，院校的创新创业教育能显著促进毕业生短期创业意愿的形成，且对毕业工作一段时间的长期创业意愿产生明显的正向作用，特别是各类创业讲座和与创业者交流的活动对创业意愿提升作用最大，其次是参与创业企业实习[7]。现有研究表明，大学需将就业力培养嵌入课程

---

[1] 郭建如、邓峰：《院校培养、企业顶岗与高职生就业能力增强》，《高等教育研究》2014年第4期。

[2] 杨素红、杨钋：《应届本专科毕业生起薪的院校差异研究——基于分层线性模型的分析》，《复旦教育论坛》2014年第2期。

[3] 孙保营：《供给侧改革视域下当代大学生就业能力提升研究》，《当代经济》2019年第1期。

[4] 张鑫、秦颖、窦伟：《硕士研究生就业能力的影响因素分析——以中国农业大学信电学院为例》，《高教学刊》2021年第8期。

[5] 王晓伟：《高职学生就业能力影响因素研究》，《晋城职业技术学院学报》2020年第5期。

[6] 张志忠：《高校毕业生高质量就业的影响因素及提升路径》，《高校辅导员学刊》2020年第5期。

[7] 吕媛：《创新创业教育对大学生短长期创业意愿的影响》，《高校辅导员学刊》2016年第6期。

教学环节中，通过精心设计课程模块及过程以提升毕业生的专业能力和通用能力[1]，通过课外实践间接促成就业力的形成，同时，将"案例教学""经验性实践""问题导向学习"等创新型教学方法引入课程设计[2]，都是发展毕业生就业力的有效路径。

就学生个体而言，已有大量研究发现毕业生个体或家庭特征（如性别、生源地、家庭社会经济背景）对其的影响效应。葛晶[3]和陈洪余[4]的实证研究得出近似的结论，即性别对毕业生的就业能力有影响，男生在问题解决能力上要明显优于女生，更善于思考和分析，实操能力更好，女生则在沟通能力、团队融入方面表现更优异；有过实习或兼职经历的毕业生在总体就业力及自我管理层面、团队合作层面、沟通层面、问题解决能力层面的表现都比没有工作经历的毕业生要好；担任过学生干部的毕业生在就业力及沟通能力层面的表现都显著优于没有担任过学生干部的毕业生；同时，党员毕业生在就业力及问题解决能力层面优于非党员毕业生[5]。彭树宏通过访谈和座谈的方法研究毕业生就业力的影响因素，发现家庭收入对毕业生就业能力有显著正向影响及大学期间的社会实践活动和工作实习同样能促进毕业生就业力的提升[6]。农村毕业生较城市毕业生更成熟，意志品质更坚定，自控能力更强[7]。马莉萍、丁小浩的研究发现，在同等人力资本水平下，求职成功与否与所拥有的社会关系的联系越来越紧密，社会关系的相对重要性程度日益凸显；当人力资本存量较低时，毕业生认为社会关系对求职的作

---

[1] Mantz Yorke, "Employability in Higher Education: What It Is–What It Is Not", Higher Education Academy/ESECT, (January 2006), https://www.researchgate.net/publication/225083582_Employability_in_Higher_Education_What_It_Is_What_It_Is_Not.

[2] Stephen Fallows and Christine Steven, "Building Employability Skills into the Higher Education Curriculum: A University-Wide Initiative," *Education+Training*, Vol. 42, No. 2, 2000, pp. 75-83.

[3] 葛晶：《大学毕业生就业能力与企业需求之比较分析——以上海地区为例》，硕士学位论文，华东师范大学，2009年。

[4] 陈洪余：《大学生就业能力模型的初步构建》，硕士学位论文，陕西师范大学，2011年。

[5] 葛晶：《大学毕业生就业能力与企业需求之比较分析——以上海地区为例》，硕士学位论文，华东师范大学，2009年。

[6] 彭树宏：《大学生就业能力结构及其影响因素的实证研究》，《教育学术月刊》2014年第6期。

[7] 张丽华、刘晟楠：《大学生就业能力结构及发展特点的实验研究》，《航海教育研究》2005年第1期。

用越重要，反之亦然，人力资本和社会资本互为补充；且人力资本中的工作能力应居于主导地位，特别是相关实习和工作经历能有效拓展毕业生的能力和素质[1]，这与岳昌君、张恺[2]和丁小浩等[3]的研究结论一致。

就社会层面而言，劳动力市场需求等外部因素是影响大学生就业力不可忽视的因素，如地区经济发展两极化现象导致大城市就业压力严峻，人才市场波动、市场建设机制不健全等现象都会影响大学生就业[4]；毕业生就业部门起薪存在差异，国有部门的起薪水平显著高于非国有部门，等等[5]。然而，社会层面的影响因素需要政府实施宏观调控，应积极完善就业指导政策、创设良好的就业环境、适度调整产业结构等方式支持大学生就业力的发展，实现高质量就业。

聚焦高职毕业生就业力发展的影响因素，表3-5总结了有代表性的研究。学者大多从学生自身、学校与家庭、用人单位与社会等方面分析对就业力的影响。此外，还有学者针对"非能力因素""双师型教师""就业心理"等因素进行了深入的研究。

表3-5　　　　高职毕业生就业力发展影响因素研究

研究者	影响因素分析
季俊杰[6]	包含外部环境（社会、政府、企业）、个人环境（家庭、学校）、个体因素（学生）三个方面。就业力是政府、社会、学校、毕业生和企业综合作用的结果，个人因素、个人环境、外部环境起的作用分别为55%、29%和16%

---

[1] 马莉萍、丁小浩：《高校毕业生求职中人力资本与社会关系作用感知的研究》，《清华大学教育研究》2010年第1期。

[2] 岳昌君、张恺：《高校毕业生求职结果及起薪的影响因素研究——基于2013年全国高校抽样调查数据的实证分析》，《教育研究》2014年第11期。

[3] 丁小浩、马世妹、朱菲菲：《大学生实习参与方式与就业关系研究》，《华东师范大学学报（教育科学版）》2018年第5期。

[4] 马福、吴越：《新时代大学生就业能力及其开发路径研究》，《未来与发展》2020年第11期。

[5] 岳昌君、杨中超：《高校毕业生就业起薪的部门差异研究》，《教育发展研究》2015年第11期。

[6] 季俊杰：《高职学生就业能力的影响因素及其权重》，《职业技术教育》2012年第31期。

续表

研究者	影响因素分析
杨青云、汪小玲[①]	包含客观因素和主观因素，前者包括社会需求、经济状况、就业政策、学校教育、劳动力市场等因素，后者包括毕业生的专业技能、知识结构、综合素质和择业观念等
周培明、胡芳、张智敏[②]	通过对订单培养模式的调查，得出影响因素包含实践学习时间、家庭特征（生源地、父亲职业、家庭经济状况）、课程考试设置（课程考试的效度、专业课程的满意度、实践课与理论课比例）、学习态度（专业学习的认同度、就业前景期望）四个方面

资料来源：笔者归纳整理。

第三节　校企协同育人与就业力发展

职业教育产教结合始于学者菲利普·福斯特（Foster）的"产学合作"办学形式，它是职业教育发达国家政府、行业协会、企业、院校、专家学者对于职业教育发展模式的理论共识[③]。中国高等职业教育人才培养模式在政策文本中历经了从"工学结合"到"校企合作"再到"产教融合"的演进。相较于结合（combination）、合作（cooperation）或协作（collaboration）等，融合（integration）一词所能体现的产业与教育之间的交融性、稳定性与发展性则更强，进而促使经济繁荣与教育发展之间的良性互动。

百年之前，中国职业教育就已将产教融合作为发展的主要途径。教育家陶行知先生于 1918 年提出"职业学校之课程应以一事之始终为一课……每课有学理，有实习，二者联络无间，然后完一课，即成一事"，即"生利主义"职业教育观[④]，阐明了职业教育"产"与"教"的关系，那就是融合的双方必须认识、欣赏、尊重彼此，这并不意味着双方需要舍弃各自的"个性"，一味地追求"共性"，而是在整个融合

[①] 杨青云、汪小玲：《论高职生就业能力影响因素》，《山东商业职业技术学院学报》2009 年第 5 期。

[②] 周培明、胡芳、张智敏：《影响高职学生就业能力的因素分析——对订单培养模式的调查》，《职教论坛》2009 年第 3 期。

[③] 马铮：《德、日、澳职业教育产教结合、校企合作的比较研究》，《教育与职业》2012 年第 33 期。

[④] 孙崇文：《陶行知的"生利主义"职业教育观》，《教育与职业》1991 年第 11 期。

实践过程中，共同将学生塑造成为完整、可持续发展的人。基于此，学者主要从四个方面，即参与主体、人才培养、产教融合本质以及组织层面对产教融合的内涵进行了解析（表3-6）。

表3-6　　关于产教融合内涵的代表性解析

角度	代表人物	内涵
参与主体	杨善江[①]	基于高等教育"三重螺旋"模型，理解政府、院校、企业三方各自承担的职责
	邱晖、樊千[②]	以实现双方共赢为动力，以合作项目为载体，通过多元主体（政府、企业、行业及职业院校）的资源及环境共享，达到培养育人的目的
人才培养	陈年友、周常青、吴祝平[③]	职教与企业、行业深入合作，培养大量优质人才，并实现双方共赢
	陈熔、桂文龙、胡海婧[④]	为培养数以亿计的自由之人才，与行业、企业开展深入合作，包含学校与企业、专业与产业、教育与科研、实践与生产之间的关系处理
产教融合本质	王丹中[⑤]	院校、产业、企业、技术、文化、创业、就业等多方面的融合
	陈志杰[⑥]	产业和教育、院校和企业、生产和教学的三大融合
组织层面	罗汝珍[⑦]	教育与行业共同开展服务、生产及教育的多种形式活动
	成倩[⑧]	基于院校和企业的教育和社会资源，形成以学生院校学习、个体成长到走向劳动力市场的组织活动

资料来源：笔者归纳整理。

---

① 杨善江：《"产教融合"的院校、企业、政府角色新探——基于"三重螺旋"理论框架》，《高等农业教育》2014年第12期。
② 邱晖、樊千：《推进产教深度融合的动力机制及策略》，《黑龙江高教研究》2016年第12期。
③ 陈年友、周常青、吴祝平：《产教融合的内涵与实现途径》，《中国高校科技》2014年第8期。
④ 陈熔、桂文龙、胡海婧：《农业职业院校产教融合协同育人研究》，《教育与职业》2017年第19期。
⑤ 王丹中：《基点·形态·本质：产教融合的内涵分析》，《职教论坛》2014年第35期。
⑥ 陈志杰：《职业教育产教融合的内涵、本质与实践路径》，《教育与职业》2018年第5期。
⑦ 罗汝珍：《职业教育产教融合政策的制度学逻辑分析》，《职业技术教育》2016年第16期。
⑧ 成倩：《贵州省高职院校产教融合人才培养模式研究》，硕士学位论文，贵州师范大学，2017年。

随着人口红利的递减，产教融合是实现职业教育现代化、产业企业转型升级的重要手段。在中国知网（CNKI）全文数据库平台，搜索2009年1月至2024年3月以"产教融合"为主题的期刊论文1.85万篇，博硕士学位论文326篇；但以"产教融合"+"就业力"为主题的期刊论文只有7篇，以"校企协同"+"就业力"为主题的文献也是少之又少，仅有期刊论文4篇。这11篇论文，研究了产教融合视域下高职学生就业力（就业胜任力）提升路径、基于校企协同高校专业教学改革模式构建、协同育人视角下"双师型"教师队伍构建、大学生就业现状及应对策略等，并未能借助细致的定量统计分析或深入的质性研究开展对校企协同及毕业生就业力提升进行剖析。

具体来看，2009—2012年是中国产教融合的萌芽时期，关于产教融合的文献只有5篇。产教融合一词最早出现在国家文件中，是2014年国务院颁布的《关于加快发展现代职业教育的决定》，产教融合的相关研究在2013年逐渐增多，2014年数量急剧上升，直至2021年，产教融合理论体系得以成熟与完善。同时，检索主题"产教融合"得出高频主题词有"产教融合""校企合作""高职院校""人才培养模式""职业教育"等，这些都是学者们关心的议题。

对于产教融合，国外已有上百年的研究历史，其人才培养模式主要归纳为三类，即校企并重型、企业主导型以及学校主导型。校企并重型如美国的"工学交替"人才培养和英国的"三明治"模式；企业主导型如澳大利亚的"TAFE学院"（职业技术教育学院）和德国的"双元制"；学校主导型如法国的"学徒制"模式（表3-7）。

表3-7　　　　国外产教融合人才培养模式的三种类型

类型	国家	培养模式	主要特征
校企并重	美国	工学交替	学校的实习指导部门支持学生参与社会实践，企业支付学生薪资，实现合作培养[①]

---

① Michael Scott Cain, *The Community College in the Twenty-First Century: A Systems Approach*, Lanham, MD: University Press of America, 1999, p. 26.

续表

类型	国家	培养模式	主要特征
校企并重	英国	"三明治"	学生习得理论知识的前提下到企业进行实践,获取实践经验后又回归到学校进行学习的深化[1]
企业主导	澳大利亚	TAFE 学院	经费由政府和社会共同承担,政府官员、企业专家和学校教师合作编制课程内容,是将教学与社会经济发展紧密结合的典范[2]
企业主导	德国	双元制	学生拥有双重身份。既是学习学校课程知识的学习者,也是接受企业专业技能传授的学徒。人才培养方案是依照社会发展与企业需求共同制定的[3]
学校主导	法国	学徒制	学徒中心负责管理,职业资格证书与学位证书具有同等水平,受到社会充分肯定[4]

资料来源:笔者归纳整理。

同时,不同专家学者对产教融合模式给出了不同的划分与解释。从产教合作程度来看,可分为浅层次企业配合,如"请进来"、"走出去"及"双证"教育等;中间层次的校企联合,如"3+1""2+1+1""顶岗实习""学工交替""研发与共建"等;深层次的校企实体合作,如共建治理结构、双主体育人、校企合作机制建设等[5]。校企合作研究、咨询与培养协议研究、培训以及衍生企业等是产教融合使用频率较高的

---

[1] Christophe Storaï and Laetitia Rinieri, "Sandwich Training in Higher Education as One Major Strategic Axis at the Heart of the Attractiveness of a Territory: Some Lessons Learned from the Pioneering Example of the University Institute of Technology Corsica," *Journal of e-Learning & Higher Education*, Vol. 2014 (2014), 2014, pp. 1–16.

[2] Paul Hager, "The Competence Affair, or Why Vocational Education and Training Urgently Needs A New Understanding of Learning," *Journal of Vocational Education & Training*, Vol. 56, No. 3, 2004, pp. 409–433.

[3] Christine Trampusch, "Employers, the State and the Politics of Institutional Change: Vocational Education and Training in Australia, Germany and Switzerland," *European Journal of Political Research*, Vol. 49, No. 4, 2010, pp. 545–573.

[4] Jeff Malley and Jack Keating, "Policy Influences on the Implementation of Vocational Education and Training in Australian Secondary Schools," *Journal of Vocational Education and Training*, Vol. 52, No. 4, 2000, pp. 627–652.

[5] 姚润玲:《基于利益相关者理论的应用型本科院校产教融合绩效评价研究》,硕士学位论文,哈尔滨工业大学,2018 年。

方式①。从契约关系看，产学研合作的模式可分为技术转让型、委托开发型、联合开发型以及共建实体型②；从性质上看，可分为传统模式（包括成果转化、项目委托和人才培养）、现代模式（包含合作研发、战略联盟、平台运作和人才流动）③；从技术所处阶段看，技术发明阶段应联合研发，市场化阶段应委托开发，扩散阶段则以咨询为主④。20世纪初期的产教融合模式多数是架构于层次比较高的应用性本科院校，以科技本位为主。但高职院校的培养目标是能力本位，针对产教融合过程中呈现出的问题，学者提出各自的看法。如将产教融合模式分为协同研发、校企共建、项目牵引以及双主体人才培养四种⑤；关注人才培养模式中专业链、人才链与产业链（"三链"）的关系（图3-5），提出校企人才双向交流机制能推动校企融合更加紧密，促进三链合一，是提高教学质量及学生就业质量的有力载体⑥。

基于产教融合项目的校内培养对高职毕业生就业能力的成长具有重要作用，尤其体现在个人素养、专业知识与技能的学习、表达与沟通能力等方面，但校内培养有局限性，企业顶岗实习对增强高职生就业力所起的作用是很明显的，高校应高度结合实际工作岗位需求，实现"教学做"三者合一，充分发挥高职院校与企业的"双主体"作用，积极培育毕业生的就业力⑦。如通过校企合作，共建多种形式的校内外实习

---

① Pablo D'Este and Parimal R. Patel, "University-Industry Linkages in the UK: What Are the Factors Underlying the Variety of Interaction with Industry?" *Research Policy*, Vol. 36, No. 9, 2007, pp. 1295-1313.

② 原长弘：《国内产学研合作学术研究的主要脉络：一个文献述评》，《研究与发展管理》2005年第4期。

③ 谢科范、陈云、董芹芹：《我国产学研结合传统模式与现代模式分析》，《科学管理研究》2008年第1期。

④ Mike Wright, Bart Clarysse, Andy Lockett and Mirjam Knockaert, "Mid-Range Universities' Linkages with Industry: Knowledge Types and the Role of Intermediaries," *Research Policy*, Vol. 37, No. 8, 2008, pp. 1205-1223.

⑤ 宋军平：《地方政府促进高职院校产教融合发展研究——以甘肃省为例》，硕士学位论文，西北师范大学，2015年。

⑥ 季瑶娴：《高职院校产教融合"三链合一"人才培养模式探索——以浙江商业职业技术学院为例》，《职教论坛》2020年第1期。

⑦ 郭建如、邓峰：《院校培养、企业顶岗与高职生就业能力增强》，《高等教育研究》2014年第4期。

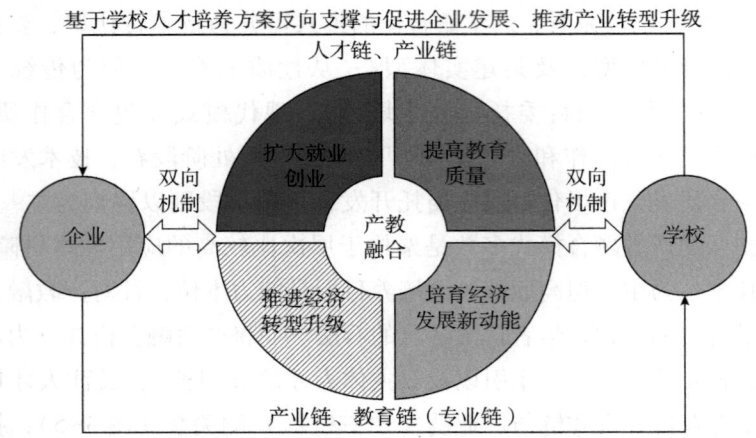

图 3-5　产教融合背景下"三链合一"校企人才双向交流架构

资料来源：季瑶娴：《高职院校产教融合"三链合一"人才培养模式探索——以浙江商业职业技术学院为例》，《职教论坛》2020 年第 1 期。

实训基地，能有效提升毕业生实践能力，增强就业力。

部分学者的研究立足产教融合，提出职业教育与产业发展、职业院校与重点企业、人才培养与就业保障紧密结合的立体式联动发展策略，对深化教育链与产业链融合、提高大学生就业竞争力、推动区域产业转型升级等均具有重要的现实意义[①]。在构建产教融合模式上，以就业质量提升为导引，包含校企合作，构建知识与技能一体的课程体系；师资共用，构建教师与工程师一体的教学力量；基地共建，构建教室与车间一体的教学环境；人才共培，构建学生与员工一体的体验机制；资源共享，构建学校与企业一体的组织形态；责任共担，构建风险与效益一体的制度保障；文化共融，构建教育与企业一体的文化氛围七个方面[②]。

"金字塔式"校企"双主体"育人模式为实现学生就业、企业用人和学校发展的目标，以人才供给侧为出发点，以产教融合为人才输出背

---

① 黄文胜：《促进"教育+产业+就业"联动融合发展的重庆职业教育统筹发展对策研究》，《河北职业教育》2017 年第 6 期。

② 朱凯峰：《以就业质量提升为导引的地方本科院校产教融合模式研究》，《北华航天工业学院学报》2018 年第 2 期。

景，以"引企驻校"和"引企进校"方式实现与企业的长期合作。通过共享资源、师资培训、项目开发、校外实训基地建设等方法促进校企"双主体"育人（图3-6）。

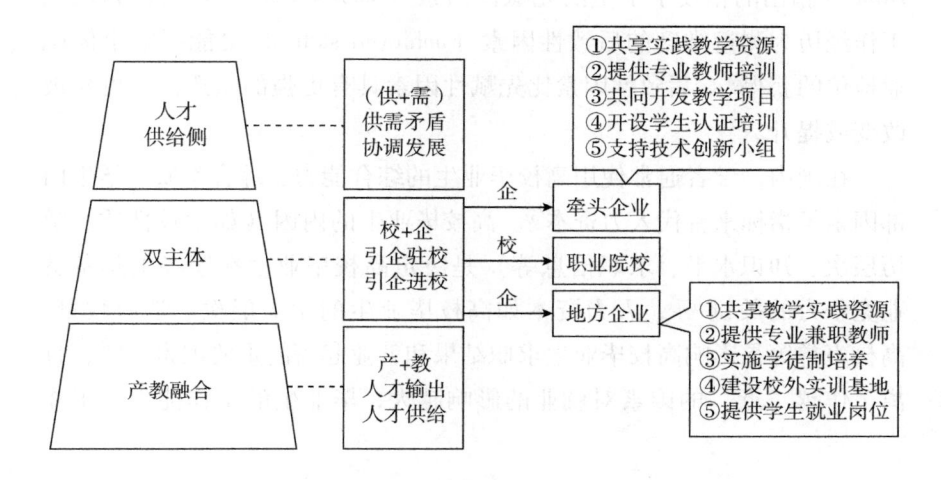

图3-6　"金字塔式"校企"双主体"育人模式

资料来源：张瑶、罗国宇：《产教融合背景下职业教育"双主体"育人模式探讨》，《职业技术》2021年第10期。

第四节　就业力发展对就业结果的影响

在劳动力市场上，就业能力对于年轻员工而言，是奠定其实现可持续发展和职业成功的至关重要的基础[1][2]。高校毕业生的就业结果与质量是多种因素综合作用的结果。研究人员调查了就业能力与毕业生就业结果之间的联系，表示需要进行深入细致的研究，以更好地理解复杂的

---

[1] Ruth Bridgstock, "The Graduate Attributes We've Overlooked: Enhancing Graduate Employability through Career Management Skills," *Higher Education Research & Development*, Vol. 28, No. 1, 2009, pp. 31-44.

[2] Ans De Vos, Beatrice I. J. M. Van der Heijden and Jos Akkermans, "Sustainable Careers: Towards A Conceptual Model," *Journal of Vocational Behavior*, Vol. 117, Article 103196, 2020.

贡献因素之间的相互作用,以及不同类型的就业能力结果之间的关系①②③。

最早的人力资本与就业关系的研究可追溯到美国社会学家Blau和Duncan指出的相较于学生的先赋性因素（ascribed status），包括教育、工作经历为测量维度的后致性因素（achieved status）更能影响个体职业地位的获得④。后致性因素比先赋性因素具有更强的塑造性，更易被改变或提升。

在国内，学者通常使用高校毕业生的综合能力、综合素质、学生内部因素等指标来替代人力资本⑤。高校毕业生的内因（如学校性质、学历层次、知识水平、求职信息等）是决定高校毕业生在职场上具备就业竞争力的关键⑥⑦，人力资本如高校毕业生的学历层次、学历数量、高校声誉等是影响高校毕业生求职结果和就业起薪的重要因素⑧⑨⑩；且离工作越"近"的因素对就业的影响越大，毕业生的工作能力、工作

---

① Denise Jackson, "Factors Influencing Job Attainment in Recent Bachelor Graduates: Evidence from Australia," *Higher Education*, Vol. 68, 2014, pp. 135-153.

② Belgin Okay-Someriville and Dora Scholarios, "Position, Possession or Process? Understanding Objective and Subjective Employability during University-to-Work Transitions," *Studies in Higher Education*, Vol. 42, No. 7, 2017, pp. 1275-1291.

③ Anna D. Rowe and Karsten E. Zegwaard, "Developing Graduate Employability Skills and Attributes: Curriculum Enhancement through Work-Integrated Learning," *Asia-Pacific Journal of Cooperative Education*, Special Issue, Vol. 18, No. 2, 2017, pp. 87-99.

④ P. M. Blau and O. D. Duncan, "The American Occupational Structure," *The British Journal of Sociology*, Vol. 19, No. 4, 1968, pp. 453-458.

⑤ 岳昌君、杨中超：《我国高校毕业生的就业结果及其影响因素研究——基于2011年全国高校抽样调查数据的实证分析》，《高等教育研究》2012年第4期。

⑥ 岳昌君：《求职与起薪：高校毕业生就业竞争力的实证分析》，《管理世界》2004年第11期。

⑦ 闵维方、丁小浩、文东茅、岳昌君：《2005年高校毕业生就业状况的调查分析》，《高等教育研究》2006年第1期。

⑧ 岳昌君、杨中超：《我国高校毕业生的就业结果及其影响因素研究——基于2011年全国高校抽样调查数据的实证分析》，《高等教育研究》2012年第4期。

⑨ 岳昌君、张恺：《高校毕业生求职结果及起薪的影响因素研究——基于2013年全国高校抽样调查数据的实证分析》，《教育研究》2014年第11期。

⑩ 岳昌君、周丽萍：《经济新常态与高校毕业生就业特点——基于2015年全国高校毕业生抽样调查数据的实证分析》，《北京大学教育评论》2016年第2期。

或实习经历、求职技巧等因素最重要①。然而，有学者发现许多其他因素也可能对毕业生的就业成果做出重大贡献，例如，家庭经济背景和社会网络关系在毕业生求职过程中起的作用愈发明显，家庭经济条件好、社会关系多的高校毕业生更容易寻得高薪的工作②，家长可以借助其丰富的人脉关系为毕业生寻得适合其自身发展的职业道路，做出更好的职业规划；同样，家庭经济情况较好的毕业生起薪相应地处于较高的水平③；家庭文化和教育背景等对高校毕业生就业也有正向影响④；此外，毕业生个体的背景状况（性别、城镇、经济背景等）是影响求职结果和起薪的要素⑤；院校与学科背景差异也会对学生就业落实率、就业起薪及就业满意度产生影响⑥。可见，人力资本、社会资本有着其丰富的内涵，学界也给出了不同层次的解释与研究，并在具体的实证分析过程中存在不同应用。

从就业评价的角度分析，就业满意度是衡量毕业生高质量就业的重要指标，它能解释毕业生对所寻岗位的肯定与认同，包含对物质、精神等多方面的满意度，间接反映出毕业生的职业持续和职业发展前景。Florit 和 Lladosa 利用计量回归模型分析了教育年限、学用匹配程度对工作满意度的影响，发现学用水平的不匹配会降低工作的效用，教育年限对工作满意度的影响主要通过对健康状况、工资等可观察的工作特征的影响来传递⑦。美国国家科学基金会（NSF）长期进行"全国高校毕业

---

① 岳昌君、周丽萍：《中国高校毕业生就业趋势分析：2003—2017 年》，《北京大学教育评论》2017 年第 4 期。

② 闵维方、丁小浩、文东茅、岳昌君：《2005 年高校毕业生就业状况的调查分析》，《高等教育研究》2006 年第 1 期。

③ 宋晓东、贾国柱、王天歌：《本科生就业起薪期望的影响因素研究》，《黑龙江高教研究》2013 年第 8 期。

④ 文东茅：《家庭背景对我国高等教育机会及毕业生就业的影响》，《北京大学教育评论》2005 年第 3 期。

⑤ 岳昌君、张恺：《高校毕业生求职结果及起薪的影响因素研究——基于 2013 年全国高校抽样调查数据的实证分析》，《教育研究》2014 年第 11 期。

⑥ 陈昭志：《院校与学科背景对高校硕士毕业生就业质量的影响研究》，博士学位论文，北京大学，2017 年。

⑦ Eugenia Fabra Florit and Luis E. Vila Lladosa, "Evaluation of the Effects of Education on Job Satisfaction: Independent Single-Equation vs. Structural Equation Models," *International Advances in Economic Research*, Vol. 13, 2007, pp. 157-170.

生调查",就业满意度是问卷中的重要因素,既包含对就业结果的整体满意度评价,也囊括对就业结果9个具体项目,如薪酬、安全性、福利、就业地点、升迁机会、能力施展、工作强度、独立性、社会贡献的满意度评价。"欧洲高等教育与毕业生就业"课题组于1998—2000年对10个欧洲国家以及日本大学毕业四年以内的毕业生进行了广泛的调查,包括被调查者的社会背景、学历背景、工作找寻过程、教育与就业的联系、毕业生对高等教育的评价以及对工作满意度等[1][2]。

国内学者也关注到就业满意度问题,有学者将高校就业满意度归纳为就业实际感知与就业期望的差值,发现工作因素(在大中城市工作、高收入的工作、国有单位就业、在党政机关和金融信息技术行业的工作、从事管理岗位的工作、从事专业匹配程度高的工作、能够解决户口的工作)能显著提升就业满意度;非工作因素(如学校特征、家庭环境特征)不仅直接影响就业满意度,而且通过影响工作选择间接影响就业满意度[3]。涂晓明的实证研究发现越是凭借非自主就业方式(学校推荐和家庭社会关系)帮助落实工作的毕业生,越难达到较高的就业满意度;对起薪的期望值和签约工作与专业是否对口也是影响毕业生就业满意度的重要因素[4]。

以上研究表明,高校毕业生就业力的内涵与结构、就业力的影响因素、产教融合与毕业生就业力发展、就业力对毕业生就业结果的影响已成为国内外学界共同关注的焦点问题。

第一,针对就业力的内涵与结构,研究者从不同的角度对就业力构成的要素实施了不同的构建,呈现出不同的内容和维度,国内更多地从输入视角进行研究,强调提高就业的可能性因素,如胜任特征、个性特

---

[1] Harald Schomburg and Ulrich Teichler, *Higher Education and Graduate Employment in Europe*, *Results from Graduates Surveys from Twelve Countries*, Higher Education Dynamics 15, Springer, 2006.

[2] REFLEX, "Final Report Summary–REFLEX (The Flexible Professional in the Knowledge Society New Demands on Higher Education in Europe)," European Commission, CORDIS (April 2011), https://cordis.europa.eu/project/id/506352/reporting.

[3] 岳昌君:《中国高校毕业生就业满意度的影响因素分析》,《北京大学教育评论》2013年第2期。

[4] 涂晓明:《大学毕业生就业满意度影响因素的实证研究》,《高教探索》2007年第2期。

征及社会资本特征等。同时，国内学者已尝试从在校生、毕业生、用人单位等视角考察其内涵，且主要关注专业知识技能、职业适应能力、个性特质三大核心维度，同时研究者已突破专业能力的局限，将跨专业、可转换、可持续发展的能力视为就业者的关键能力。然而，目前大部分的研究都基于稳定的组织结构和职业获得的稳定性，及在同一组织内工作的连续性这一基本假设研究就业能力，研究更多的是从传统职业生涯的视角展开。

第二，针对就业力发展的影响因素的研究，国内学者在高校层面、毕业生个体以及社会层面开展了深入的分析。院校培养模式改革、院校类型、高校专业设置、院校管理与环境、培养目标与战略、课程设置、师资配置、就业创业指导、教学设计、教学方法等在形塑毕业生就业力方面有积极作用；毕业生的个体特征、家庭特征、个体工作能力、实习经历、担任干部情况、政治面貌等有助于就业力提升且改善就业结果；劳动力市场需求、地区经济发展、就业部门起薪等也会对就业力发展产生一定的影响。若能整合众多就业力发展的影响因素，并探明其间的关联与结构，或许会对就业力提升的路径或机制有更明确的思路。

第三，针对产教融合与毕业生就业力发展的研究，国内外学者视产教融合为发展职业教育的主要途径，对其进行了不同的解析。中国职业教育领域专家从产教融合的参与主体，如政府、院校、企业、行业等理解产教融合的内涵；从人才培养方面，提出高职院校与企业、行业深入合作，促成专业与产业、学校与企业、实践与生产、教育与科研的融合；从产教融合本质方面，指出宏观、中观、微观层面的融合；从组织活动视角设计合作形式，为产教融合具体的实证研究提供理论指导。国内专家基于不同理论，从不同层次、不同主体的角度对产教融合的模式进行了深入、多形式的探讨，但相较于国外成熟的产教融合教育体制，现阶段在政府支持、法律法规、企业参与、运行机制、利益平衡、社会评价等方面未能形成一个中国特色、世界水平的产教融合典范，还需进一步开展细致、有效的研究。同时，虽然国内已有学者提出校内培养、课外经历、"预就业"实习等与可就业能力之间的关联性和促进性，但缺乏对分析路径系统、清晰的建构，无法揭示不同特征的课程设置、教学实践、毕业生多元化经历等对毕业生就业力的影响，抑制了产教融合改革针对性建议的提出。

　　第四，针对就业力发展对毕业生就业结果的影响的研究，国内学者主要从人力资本、社会资本、个体背景、院校背景等维度进行考量。并从就业满意度视角分析工作因素和非工作因素或内在因素和外在因素对毕业生就业质量的影响。整体来看，就业力是毕业生获取就业、维持就业及实现就业转换的关键因素。本书的研究对象聚焦高职毕业生应具备哪些就业力以获取与职业期望相当的就业，并有可能在就业环境中实现职业发展，且感受较高的就业满意度。

第四章 什么影响了高职毕业生就业力的发展

通过概念界定、研究框架设定、研究方法及数据分析,本章将使用描述统计分析,观察不同学科类型、不同性别、不同类型家庭所在地的毕业生就业力发展的差异,识别就业力发展的影响因素;使用方差分析,考察不同院校类型的毕业生就业力发展差异、院校培养差异、学生参与程度差异、人力资本差异以及家庭背景差异;从不同院校类型的角度使用回归方法,考察高职毕业生就业力发展的影响因素。

第一节 影响因子的发现

一 概念界定

1. 高职院校

高等职业院校承担职业型教育任务,是中国高等教育学校的重要类型,也是职业教育的高等阶段。中国高职教育诞生于1978年改革开放之时,为适应地方经济对面向生产、建设、服务、管理第一线需要的高技能、应用型专门人才的迫切需求发展至今,其基本内涵没有变化。可见,高职教育是与经济社会发展结合最为紧密的教育类型,从其诞生起就与中国经济发展紧密相连,即高职教育必须适应第三产业、适应现代服务业蓬勃发展的要求,适应专业经济发展方式的需求。《中华人民共和国国民经济和社会发展第十四个五年(2021—2025年)规划和2035年远景目标纲要》(简称《纲要》)提出"建设高质量教育体系——

增强职业技术教育适应性",进一步指明了高职教育的生命力在于突出其职教性,承担着为国家经济社会发展提供大批高素质技术技能人才、技术服务、社会培训等重要任务。①《纲要》指出:完善职业技术教育国家标准,推行"学历证书+职业技能等级证书"制度。创新办学模式,深化产教融合、校企合作,鼓励企业举办高质量职业技术教育,探索中国特色学徒制。实施现代职业技术教育质量提升计划,建设一批高水平职业技术院校和专业,稳步发展职业本科教育。深化职普融通,实现职业技术教育与普通教育双向互认、纵向流动。高职教育质量与服务国家经济及社会发展的人力资源开发息息相关。

在中国,高职教育有专科、本科两个学历教育层次,本书框定的高职院校为各类高职专科院校。由此,高职院校与企业、学生学习与企业工作实践之间的交叉融合决定了高职教育的"跨界"特质。为推进新时代高等职业教育高质量发展,以及实施"中国特色高水平高职学校和专业建设计划",高职院校需紧密联系行业、企业,坚持"产教融合"这一主线;聚焦人才培养和技术服务"双高地"建设,积极推进区域产业升级;完善教师培养、社会服务、国际合作与交流发展的"三平台"建设,主动应对新挑战、新使命。②

2. 高职毕业生就业力

本书的研究对象是各类高职院校毕业生,毕业时面临的首要问题是毕业去向的选择,为在劳动力市场获取理想的就业去处,应具备哪些能力与素质,以符合就业市场的预期及自身职业的期待。

作为高等教育层次中具有职教性、跨界性、实践性的教育类型,高等职业教育不断发展壮大。普通高等本科教育强调科学研究,高等职业教育强调实践应用,高职毕业生就业力也应呈现不同于普通本科大学生的特征。在信息和技术迭代更新的时代,新型组织企业的结构更加柔性化、雇佣形式更具弹性、职业路径更加动态,使得劳动力市场上的就业

---

① 《"十四五"规划和2035年远景目标纲要提出建设高质量教育体系》,http://www.moe.gov.cn/jyb_xwfb/s5147/202103/t20210314_519710.html,访问时间:2024年12月28日。

② 丁金昌、陈宇:《高职院校"双高计划"建设问题与路径选择》,《中国职业技术教育》2020年第19期。

个体需要跨越组织与职位的边界，在不同的工作角色之间流动。职工的职业路径应包含跨越单一组织边界的一系列的工作机会，它强调以就业能力的发展来保证在不同组织中实现持续就业及职业发展，并以个人成就感衡量职业成功度。① 这里的"跨界"宏观上指的是教育界与产业界的跨界；微观上指的是学校与企业，即教学内容与企业发展的跨界。高职毕业生从"应知"到"应会"再到"知行统一"的综合职业能力，需在工作场所形成与检验。毕业生仅有专业知识和专业能力已无法保证个人职业生涯的成功，毕业生期待毕业后能在某一种职业或岗位上实现终身就业也已不再可能。以此，就业力发展应包含专业知识掌握和专业技能提升，以及职业态度、职业精神、价值观等在内的综合职业能力培养。

高职教育 T 型能力结构②从高等职业教育的岗位针对性和职业适应性两个维度，设计既凸显毕业生核心能力，又突出专业实践能力的目标图，是目前信息技术时代实现毕业生终身学习必备的能力。其中，核心能力包含继续学习能力、应用基本工具的能力、分析与处理问题的能力等；横向扩展能力包括职业道德与心理素质、身体素质，还包括表达交流能力、合作管理能力等；纵向深化能力主要指首次就业能力、转岗转业能力和创新创业等能力。毕业生就业力应强调能力在宽度、深度上的拓展，而不局限于某项工作的基础能力。就业力是个体在劳动力市场上生存和可持续发展的核心能力。本书将职业的专业性与人的全面性相结合，把高职毕业生就业力界定为，毕业生在校期间通过学习与实践具备由专业知识、技能、个性、动机、态度、潜能等组成的综合职业能力，为毕业生进入劳动力市场能识别、获取就业机会，并为实现职业持续与转换打下坚实基础。需要说明的是，高职院校录取分数相近，即假定学生入学分数差异小，对自身能力发展的增值评价水平与上学期间能力水平的定位相近，故取其为自身就业力发展的绝对水平。由此，本书的关键变量为就业力发展，用以解释在校期间毕业生综合职业能力的发展水平。

---

① Michael B. Arthur, "The Boundaryless Career: A New Perspective for Organizational Inquiry", *Journal of Organizational Behavior*, Vol. 15, No. 4, 1994, pp. 295-306.
② 谭镜星：《论高职 T 型人才培养模式的构建》，《高等教育研究》2005 年第 10 期。

3. 产教融合

鲁昕将产教结合与校企合作视为职业教育发展的必然，指出：要实现教育与产业的结合，学校与企业的合作，要把职业教育融入产业的背景下，这样才能办好职业教育，提高职业教育的质量。① 宏观上看，产教融合是产业与教育的融合。马克思主义政治经济学把从事物质性产品生产的行业视为"产业"，20 世纪 50 年代后，其概念转变为生产同类产品（或服务）及其可替代品（或服务）的企业群在同一市场上的相互关系的集合。"教育"特指高等职业教育，其目标是培养复合型技术技能型人才。由此，宏观角度的产教融合是指高等职业教育为服务地方和国家经济发展，以区域产业升级为向导，依据产业布局及集群发展对人才的需求，构建区域化、整合化的产业—教育体系。② 微观上看，产教融合是高职院校与行业企业的合作与融合。高职院校应视企业为产教融合的主体，主动与行业、社会组织合作，在促进产教衔接及机制设计上实现各参与方利益的平衡。③ 通过建立专业集群建设产教融合共同体，逐步从"融入"走向"融合"，让产教融合真正服务于校地的同时，促进当地企业发展。由此，微观上的产教融合具体是指高等职业院校借助多方、多专业协同支撑，创新人才培养模式，借助如行业（产业）学院、创新平台等，改造学校的专业集群，将应用型科研与应用型教学真正地融为一体，协同创新发展。当下，产教融合校企合作缺少的是长效治理机制，只有从政府、高职教育、协同育人和社会服务方面实现系统架构，④ 才能真正实现产教融合。

基于先前的研究，本书在能力本位职业教育和工作本位学习理论的指导下，将产教融合理解为凸显区域优势与院校特色，对接教学改革与产业升级，强化课程学习、专业实习、社会实践等相融合，创新式、互动式的校企协同育人模式。

浙江大学开发的"全国高职院校教师教学发展指数"中，将产教

---

① 鲁昕：《切实加强产教结合，深入推进校企合作》，《职业技术教育》2011 年第 12 期。
② 宋军平：《地方政府促进高职院校产教融合发展研究——以甘肃省为例》，硕士学位论文，西北师范大学，2015 年。
③ 郭建如：《完善职教体系 深化产教融合》，《山东高等教育》2018 年第 3 期。
④ 邱开金：《产教如何才能水乳交融》，《中国教育报》2014 年 3 月 3 日第 7 版。

融合划分为三个维度，分别是综合类、教学基地和示范项目（表4-1）。

表 4-1　高职院校教师教学发展指数中的产教融合指标

0201 综合类	020101	国家示范性高等职业院校
	020102	国家骨干高等职业院校
	020103	优质校（高等职业教育创新发展行动计划）
	020104	职业院校教学诊断与改进工作试点院校
	020105	中国特色高水平高职学校（"双高"建设计划）
0202 教学基地	020201	国家级高技能人才培训基地
	020202	大学生文化素质教育基地
0203 示范项目	020301	首批、第二批、第三批 1+X 证书制度试点院校
	020302	中央财政支持的职业教育实训基地
	020303	生产型实训基地
	020304	虚拟仿真实训中心
	020305	协同创新中心
	020306	现代学徒制试点单位
	020307	产学合作协同育人项目
	020308	大学生创新创业训练计划
	020309	国家高职高专学生实训基地
	020310	校企合作项目
	020311	创新创业荣誉类
	020312	国家级职业教育教师教学创新团队

由于 0202 教学基地包含 020201 国家级高技能人才培训基地和 020202 大学生文化素质教育基地两项，在本书的样本数据中，没有院校有 020201 和 020202 这两个基地，因此采纳的是综合类指标和示范项目指标，分别包含 5 个综合类和 12 个示范项目二级指标。全国高职院校教师教学发展指数（2020 版）于 2020 年 11 月的第 22 届中国高等教育博览会上发布，首次通过可量化指标体系展现了中国高职院校画像，发现目前中国高职院校教师教学发展呈现单向型、偏向型、半开型及均

衡型四种形态①。具体在产教融合方面，部分地区呈现明显的优势，如青海、宁夏、上海、河北、湖北、吉林、浙江、江苏、北京、天津等省份能将院校培养与地区产业发展紧密融合，深化产教融合，提高高职教育质量。

4. 校企协同育人

深化产教融合，实现校企协同育人是高等职业教育改革的重点之一。校企协同育人是校企"双主体"育人，以技能型人才培养为基准点，校企双方共同参与培养全过程的一种育人模式。国内学者对如何实施有效的校企协同育人提出了自己的见解，如职教集团建设②、产学研创"四位一体"协同③、现代学徒制校企合作④、高职"1+X"证书制度⑤、"三教"改革⑥以及校企联合办学⑦等，为加快高职教育教学改革步伐、解决校企双方"融而不和"提供指导。

为实现毕业生到员工的零距离，张瑶和罗国宇充分借鉴德国"双元制"和法国"学徒制"的优点，旨在"招生即招工"及人才供给侧平衡，构建了"双主体、三同步、四融合"的高职人才培养模式（图4-1）⑧。

"双主体"是指职业院校和企业两个独立实体；"三同步"是院校招生计划与企业招工计划同步、学生身份与学徒身份认定同步、毕业时间和就业时间同步；"四融合"体现学校文化与企业文化融合、

---

① 徐巧宁、赵春鱼、吴英策、顾琼莹：《全国高职院校教师教学发展现状、问题与建议——基于2020版教师教学发展指数的分析》，《中国高教研究》2021年第3期。

② 董树功、艾旸：《职教集团与产教融合型企业的关系及转化》，《教育与职业》2021年第3期。

③ 刘帅霞、陈锋、张继伟：《基于产学研创"四位一体"协同推进产教融合发展模式研究》，《黑龙江教育》（理论与实践）2020年第11期。

④ 杨定成、张小冰：《现代学徒制校企合作协同育人机制研究——以电气自动化技术专业为例》，《今日财富》（中国知识产权）2020年第10期。

⑤ 归达伟、贺国旗：《基于校企深度融合的人才培养模式研究与实践——以信息安全与管理专业实施1+X证书制度为例》，《陕西广播电视大学学报》2020年第3期。

⑥ 王成荣、龙洋：《深化"三教"改革 提高职业院校人才培养质量》，《中国职业技术教育》2019年第17期。

⑦ 孙阳、穆柏春、杨静：《职教集团背景下校企联合办学创新人才培养模式研究》，《淮南职业技术学院学报》2019年第2期。

⑧ 张瑶、罗国宇：《产教融合背景下职业教育"双主体"育人模式探讨》，《职业技术》2021年第10期。

课程标准和岗位标准融合、学历证书和资格证书融合、学习内容和工作任务融合。

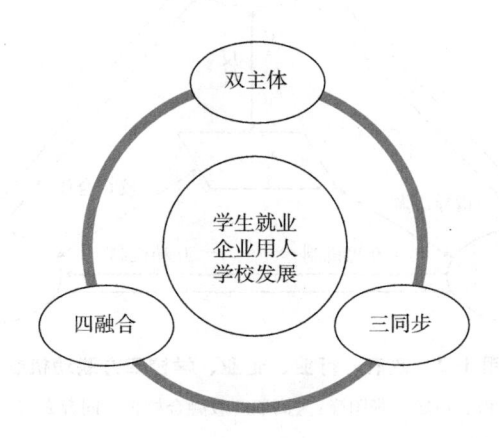

图 4-1 "双主体、三同步、四融合"高职人才培养模式

资料来源：张瑶、罗国宇：《产教融合背景下职业教育"双主体"育人模式探讨》，《职业技术》2021 年第 10 期。

基于此，校企共同完成基于典型工作过程的专业课程建设，培养适销对路的高素质、高技能应用型人才。同时，校企协同育人的实现，需要社会各界多方力量，如政府、行业、企业、学校四方的支持，合力推进（图 4-2）。[①] 具体来看，政府要发挥引导和保障作用，行业要利用区域经济的发展特点协同指导，企业要积极参与合作制定培养方法，以及学校要主动加强与政府、行业、企业的联动，从决策、计划、实施、管理、反馈各环节，以行业标准的职业能力培养为核心，开展形式多样的协同育人模式。基于统计分析，发展产教融合示范项目中的校企协同和教师发展指标对高职毕业生的软技能及综合能力有显著的促进作用，因此聚焦这两者，将其视为校企协同育人，在案例分析中，进一步挖掘其促进高职毕业生就业力发展及实现高质量就业的路径。

---

① 李云松、卢珊、张国锋：《高职产教融合校企协同育人有效途径研究》，《职业技术》2021 年第 10 期。

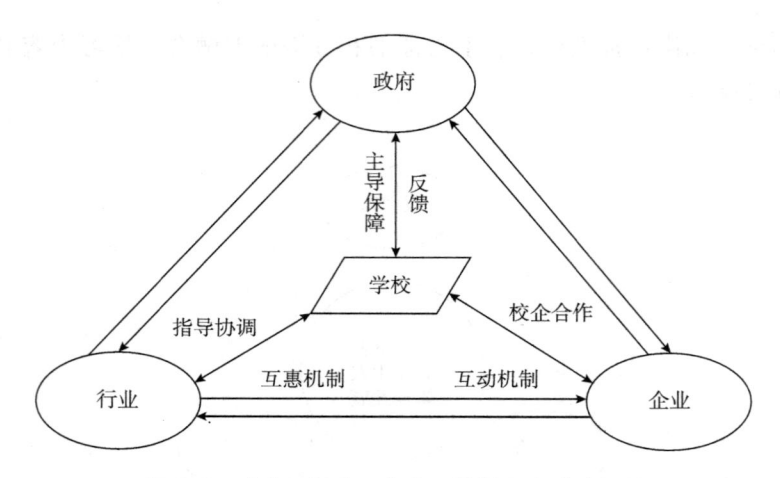

图 4-2　政府、行业、企业、学校四方联动机制

资料来源：李云松、卢珊、张国锋：《高职产教融合校企协同育人有效途径研究》，《职业技术》2021 年第 10 期。

5. 院校培养

高等职业教育若只强调培养毕业生的专业知识与技能已远远无法保证个人就业成功及职业生涯发展，社会环境的不确定性及社会就业竞争日益严峻，使得毕业生的个性特质、品格、职业素养、职业精神、协作能力、沟通能力、适应能力、可迁移能力等已成为高职教育人才培养不可或缺的重要因素。高等职业院校和高职毕业生个体必须充分意识到就业力是个人职业生涯成功的决定性因素，它不仅影响最初就业，也影响就业的持续与转换，乃至成功。它的影响体现在人才培养目标、课程体系、培养制度、考核评价、就业指导等方方面面。其中，深化产教融合是高职教育改革的突破口，尤其在教学实践的内容、方法、技术、环境、评价等方面进行改革创新，紧紧围绕提高毕业生就业力这个核心，培育毕业生成为一名可持续发展、对社会有益的、全面的人。高等教育影响力理论积极探索院校教育环境要素与学生参与要素之间的相互作用，从而揭示学生发展的影响机制。[①] 不同高职院校对人才培养、院校培养有着不同的目标定位与资源投入，其培养方案和教学实践环境也不

---

① Ernest T. Pascarella and Patrick T. Terenzini, *How College Affects Students*（*Vol.*2）：*A Third Decade of Research*，San Francisco，CA：Jossey-Buss，2005.

一样。本书将毕业生的成长和变化嵌入高等职业院校培养中，关注在经历和体验高职"教"与"学"过程中毕业生就业力的形成与发展。

通过附录问卷第 63 题"您如何评价院校提供的学习条件和机会"，从毕业生评价角度衡量学生参与及院校培养的深度，相关题项的因子分析表明，具体包含专业性教育、可迁移性教育和教学资源支持三个取向。在院校培养分类及命名上需要说明的是，专业性教育包含的四个要素更聚焦毕业生在专业上的学习与实践，以及专业教师在教学过程中的积极作用；可迁移性教育则更强调拓展型教与学，关注毕业生个体在院校提供的此类教育中的自主学习与收获。两种院校培养没有严格意义上的界限，由于侧重点的不同，本书将对其进行相应的归类。

6. 学生参与

Kuh 等认为"学生投入"既包含学生在学业及其他教育活动中所投入的精力也包含高等院校在吸引毕业生参与活动方面的资源配置，进而实现毕业生学业持续、满意度提升和成果收获。高职毕业生在校期间参与学业学习（学业性参与）和社会实践（社会性参与）都是自身参与的一种表现[1]。学业性参与，即将时间和精力分配在学习上，如专业知识学习、专业技能学习、跨学科学习、参加课题/项目、辅修/第二学位等；社会性参与，即将时间和精力分配在社会性的活动中，如社团活动、兼职实习、担任干部、境外交流等。本书设置高职毕业生的学习时长、辅修/双学位和资格证书为其学业性参与，高职毕业生的实习时间分配、社团活动时间分配、网络社交时长、是否担任学生干部以及实习经历为其社会性参与。

需要说明的是，学生参与变量中的学习时长、辅修/双学位、资格证书、实习时长等在学者们以往的研究中也被视为毕业生的人力资本变量。在此，本书提取学生参与变量的用意是更好地区分学业性参与和社会性参与，以及学生参与整体情况对毕业生就业力发展的影响。学生参与中的八类变量相较于人力资本中的变量则更强调毕业生在校期间的过程性投入及变化，即毕业生通过自身在学业和社交上的时间投入、精力

---

[1] George D. Kuh, Jillian Kinzie, Jennifer A. Buckley, Brian K. Bridges and John C. Hayek, *Piecing Together the Student Success Puzzle: Research, Propositions, and Recommendations*, ASHE Higher Education Report. San Francisco: Jossey-Bass, Vol. 32, No. 5, January 2007, pp. 1–182.

投入体现其参与程度，换言之，为的是更清晰地厘清毕业生在校期间的成长与发展。

在学业性参与方面，通过附录问卷第59题"您通常每天学习（上课/作业/实验等）＿＿＿＿小时"分析高职毕业生在学习时间上的投入。通过问卷第57题"您是否辅修过其他专业或第二学位"分析高职毕业生是否有过辅修/双学位经历。通过问卷第55题"您是否获得过以下等级证书（可多选）"，分析毕业生获得资格证书的情况。

在社会性参与方面，通过附录问卷第60题"您通常的课余时间安排：实习占＿＿＿＿%，社团活动等占＿＿＿＿%"分析高职毕业生投入实习和社团活动的时间。通过问卷59题"您通常每天网络社交（微信/QQ等）＿＿＿＿小时"分析高职毕业生在网络社交时间上的投入。通过问卷第51题"您在学习期间担任学生干部的情况（可多选）"，分析高职毕业生担任学生干部的情况。通过问卷第61题"本阶段学习期间的实习经历及评价"分析高职毕业生的实习情况。

7. 就业结果

2020年，中国普通本专科毕业生797.20万人，比上年增加38.67万人，增长5.10%，其中，专科毕业生数达到376.69万人（表4-2）[①]。

表4-2 2020年全国普通本专科毕业生数、招生数及在校生数

	毕业生数（人）	招生数（人）	在校生数（人）
普通本专科	7971991	9674518	32852948
其中：本科	4205097	4431154	18257460
专科	3766894	5243364	14595488

如何实现毕业生高质量就业，服务国家发展战略已然成为高职院校实施教学改革、深化产教融合所面临的一项重大挑战。2020年中国人均GDP已连续两年突破1万美元关口，在此形势下，高职院校要提升培养高素质技能人才的能力，推进高职教育有所作为。在完善

[①] 中华人民共和国教育部：《2020年全国教育事业发展统计公报》，2021年8月27日，http://www.moe.gov.cn/jyb_sjzl/sjzl_fztjgb/202108/t20210827_555004.html，2024年3月15日。

职业教育与普通教育地位的平等化的制度保障下，需进一步深化产教融合，探索产业升级和企业发展的需求侧与职业教育人才培养供给侧的互通、互融与互创，促进教育链、人才链和产业链、创新链的有机衔接。

随着国家就业形势的变化及高职毕业生就业去向的多样性发展，本书提取就业类型、就业起薪及就业满意度三项作为衡量毕业生就业结果的指标。

附录问卷第1题共10个题项，本书观察不同类型高职院校背景下毕业生的就业类型，将（1）已确定就业单位归为"单位就业"，将（4）自由职业、（5）自主创业、（6）灵活就业归为"灵活就业"，得出国家示范校单位就业的毕业生占比为75.0%，非国家示范校为80.0%。

将附录问卷第35题"您找到的这份工作的月收入平均（税前）大约是_____元/月"所代表的就业起薪，设置为衡量毕业生就业质量的指标。根据实际经验、以往研究[①]和数据分布，为排除极端值对研究结果的影响，本书为变量实际月收入确定了合理取值范围，并据此对分析样本做了进一步的筛选。先删除实际月收入小于等于200元和大于等于100000元的个案，将取值范围确定为500—50000（含）元，该区间覆盖了约99%的有效样本；进一步观察10000—50000（含）元个案，多为BJGY、SQ等国家示范性高职院校，所学专业多为经济学、护理、艺术设计等，因此起薪与学校背景、专业等情况相符；而高于50000元的个案其学校背景、专业等与起薪匹配不合理，因此将起薪上限定为50000元，得出研究样本中的起薪均值为3654.62元/月。

附录问卷第45题："您对找到的这份工作的满意程度"中设置了7个方面的评价和5个等级，包含对"总体满意度、工资福利、工作地点、工作稳定性、个人发展空间、社会地位和独立自主性"的满意程度，以及分"非常满意、满意、一般、不太满意和很不满意"五等，从"（1）非常满意"到"（5）很不满意"分别赋分5分至1分。本书

---

① 岳昌君、夏洁、邱文琪：《2019年全国高校毕业生就业状况实证研究》，《华东师范大学学报》（教育科学版）2020年第4期。

将"（1）非常满意""（2）满意"合并为对所找工作"就业满意"，将"（3）一般""（4）不太满意""（5）很不满意"合并为对所找工作"就业非满意"，得出总体满意度的"就业满意"占比为80.3%，"就业非满意"占比为19.7%。

二 研究框架设定

作为一项针对高职毕业生所开展的调查研究，本书的研究对象聚焦2019年北京大学调研数据中的专科学历层次的高校毕业生，并结合2019年浙江大学的产教融合数据，关注院校培养与学生参与共同作用下的高职毕业生就业力的发展，以此理解高职毕业生就业力提升及实现高质量就业的路径。为了进一步了解深化产教融合的路径，研究还针对高职产教融合、校企合作实践以案例的方式补充了数据。

研究发现目前关于高职毕业生就业力发展的研究还比较薄弱，特别是对于高职院校产教融合的现状、特点以及对毕业生就业力发展的影响机制还缺乏实证数据的支持。针对研究现状，结合相关理论和研究问题，本书使用实证研究方法，研究思路拟分为四个逻辑层次展开：

一是，什么是高职毕业生就业力？高职毕业生就业力的结构如何？

二是，在高等教育影响力理论和学生参与理论、人力资本理论和社会资本理论的指导下，高职毕业生就业力发展受哪些因素影响？

三是，高职毕业生就业力发展如何影响毕业生就业结果？基于本书的研究，能提出哪些提升高职教育质量的针对性建议？

四是，将问题进一步聚焦，能力本位职业教育理论和工作本位学习理论如何指导高职院校产教融合实践，关注如何开展有效的校企协同育人？结合计量统计方法与案例研究方法，校企协同育人如何有效促进高职毕业生就业力发展？哪些校企协同育人措施能有效提升高职毕业生就业力的发展并实现毕业生高质量就业？

基于研究思路，在对高职毕业生就业力状况进行描述性分析的基础上，根据能力本位职业教育理论、工作本位学习理论、高等教育影响力理论与学生参与理论、人力资本理论与社会资本理论，结合毕业生就业力结构的既有研究，高职毕业生就业力发展可以被分解为若干模块，并把焦点放在校企协同育人上。本书确立了研究对象是就业力概念内涵三维度中"初次就业"方面的就业力发展，并构建了一个简单的"漏斗式"分析模型（见图4-3），试图探讨毕业生个体层面、院校层面与毕业生就业力发展之间的关系，及就业力发展对就业结果的影响。

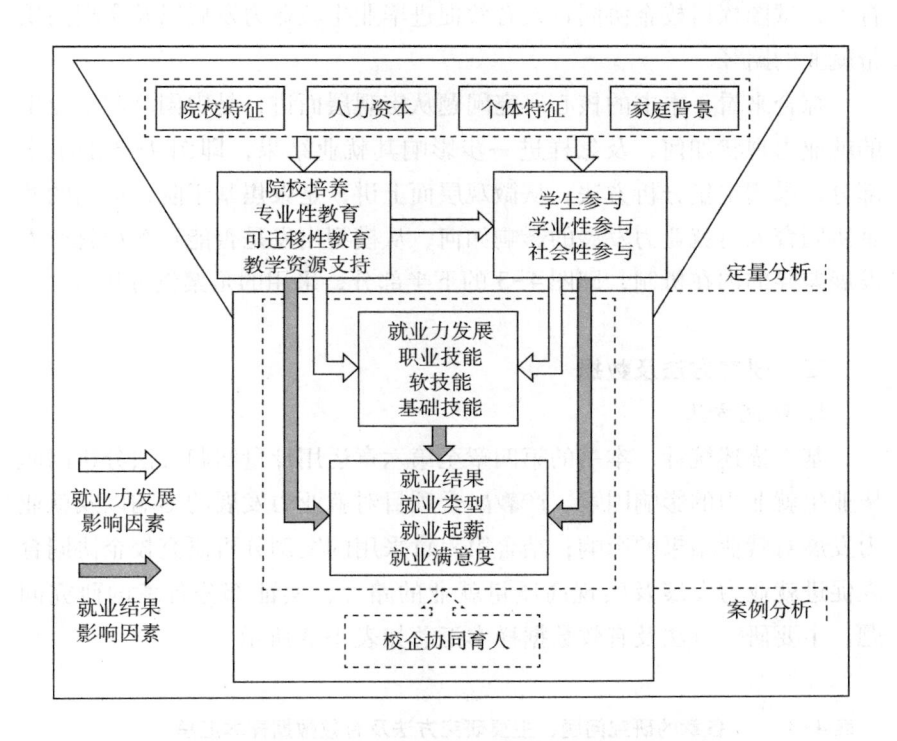

图4-3 "漏斗式"分析模型

第一，将毕业生就业力发展理解为院校培养与学生参与共同作用的产物，用黑框空心箭头表示。学校类型与学校所在地作为院校背景影响院校培养，人力资本、个体特征、家庭背景作为毕业生特征，与院校特征结合，在直接影响毕业生就业力发展的同时，通过促进毕业生学业性参与和社会性参与，间接影响高职毕业生就业力的发展。

第二，把研究焦点集中在毕业年级群体后，结合其就业类型、就业起薪及就业满意度的现实情况，控制了学生特征、家庭背景等因素对就业结果的影响，分析在院校培养、学生参与共同作用下，毕业生的职业技能、软技能与基础技能发展对就业结果的影响，用黑框实心箭头表示。

第三，产教融合作为院校培养的核心要素，校企协同育人机制呈现不同的路径，研究目光从宏观逐步聚焦微观，由此进一步关注校企协同育人，试图探讨校企协同育人有效促进毕业生就业力发展以及实现高质量就业的路径。

综合来看，本书的核心研究问题从宏观层面讲，是中国高职毕业生的就业力现状如何，及怎样进一步影响其就业结果，即图4-3的上半部分，采用定量分析方法；从微观层面上讲，是聚焦基于院校层面的校企协同育人对就业力发展的影响如何，从模型出发是否能够解释就业力发展差异的内在机制，即图4-3的下半部分，采用的是案例分析方法。

三　研究方法及数据

1. 研究方法

基于描述统计，本书的第四章至第六章运用计量回归方法分析高职毕业生就业力的影响因素、产教融合项目对就业力发展的影响以及就业力发展对就业结果的影响；结合第六章采用的案例分析研究校企协同育人促进就业力发展及实现高质量就业的路径，实证部分各章的研究问题、主要研究方法及有效数据样本汇总如表4-3所示。

表4-3　各章的研究问题、主要研究方法及有效数据样本汇总

章节	研究问题	研究方法	有效数据样本
四	就业力的结构	因子分析	3982份
	就业力发展的影响因素	T检验、方差分析、卡方检验、相关分析；多元线性回归	
五	就业力发展对就业结果的影响	T检验、方差分析、卡方检验、相关分析；二元Logistic回归；常增长率模型	2094份

续表

章节	研究问题	研究方法	有效数据样本
六	产教融合对就业力发展的影响	T检验、多元线性回归	3023 份
	校企协同育人促进就业力发展及实现高质量就业的路径	案例分析	20 所高职院校
			ZJZJD

2. 数据来源及信效度检验

对数据层面的解释，本书的研究对象主要是 2019 年高职高专院校毕业生，采纳了三份不同性质的调查研究数据：

一是，基于 2019 年北京大学"全国高校毕业生就业状况调查"中的高职高专院校数据开展主体研究，完成第四、第五及第六章的定量分析部分。"全国高校毕业生就业状况调查"课题组于奇数年的 6—7 月采集一次数据，调查整体信度、效度水平较高，所用量表的克隆巴赫 α 系数均符合标准（>0.80）。

二是，结合 2019 年浙江大学"全国高职院校教师教学发展指数"之产教融合数据，从示范项目指标探讨产教融合视角的院校培养对毕业生就业力发展的作用，完成第六章的定量分析部分。同时，"全国高职院校教师教学发展指数研究"通过客观的数据采集和分析，以第三方立场的社会评价机制，已逐渐成为高校质量评价和开展教学改革的重要决策依据。在此，将两份调查数据相匹配，得出共 7 所高职高专院校 3023 条有效数据。

三是，结合 2020 年中国高等教育博览会"校企合作 双百计划"项目中的 20 所高职院校典型案例，包含国家示范性高职院校及非国家示范性高职院校，尝试讨论校企协同育人的有效路径；同时，聚焦 ZJZJD，以期有效提升毕业生就业力，推进高职教育改革，提升毕业生就业质量，完成第六章的案例分析部分。

2003 年以来，北京大学每隔一年进行一次全国范围的高校毕业生就业状况问卷调查。在内容效度上，本书所使用的该问卷在十余年的调查实践和专家反复讨论中逐步完善，可以认为具有较好的内容效度。

本书实证分析部分是采用2019年6月的第九次大规模全国高校毕业生就业抽样调查的数据，问卷包括基本信息、求职过程、最终就业签约状况、接受高等教育状况四个部分，共回收有效问卷16571份。包括中国东部、中部、西部地区17个省（区、市）32所高等院校，东部地区包括北京、天津、上海、河北、辽宁、浙江、山东7个省市的14所高校；中部地区包括吉林、湖南、河南、湖北4个省份的8所高校；西部地区包括新疆、内蒙古、四川、甘肃、宁夏、陕西6个省区的10所高校。按学校类型划分，包括一流大学建设高校6所、一流学科建设高校4所、普通本科院校9所、高职高专院校9所、民办高校2所、独立学院2所。按性别划分，男性毕业生占比为49.0%；按学历层次划分，包含23.4%专科生、62.6%本科生、13.0%硕士生、1.0%博士生；按学校类型划分，包含23.2%的一流大学建设高校毕业生、9.3%的一流学科建设高校毕业生、32.3%的普通本科毕业生、24.3%的高职高专毕业生、5.1%的民办高校毕业生以及5.8%的独立学院毕业生。本书聚焦高职毕业生样本，最终对核心变量进行清洗，删除包含较多缺失值、较不理想的案例后，得到有效数据样本3982份。按性别划分，男、女毕业生占比分别为46.7%和53.3%。

本书主要产出变量是毕业生就业力发展，数据中调查毕业生能力发展的题项共34项，测度了毕业生的"硬实力"和"软实力"，如专业知识、计算机能力、时间管理、团队合作能力、批判性思维能力、领导力、包容力等。各项能力发展与入学相比的增值情况按照发展程度从"很小"到"很大"的顺序分别赋分1—5分。表4-4显示了"毕业生能力增值"量表的数据情况。以此，本书先对高职毕业生就业力发展的均值及标准差情况进行了比较，整体来看，均值基本都位于3.90以上，有三道题项的均值低于3.90，标准差也表现出一定的差异，反映出毕业生的答题具有一定的区分度，答题情况良好。

表4-4　　　　　　　　毕业生能力增值量表

序号	变量	均值	标准差	序号	变量	均值	标准差
1	广泛的一般性知识	4.17	0.801	3	方法上的知识	4.05	0.821
2	专业知识	4.10	0.800	4	外语能力	3.80	0.988

续表

序号	变量	均值	标准差	序号	变量	均值	标准差
5	计算机能力	3.91	0.920	20	工作的适切性	3.98	0.878
6	财经素养能力	3.84	0.954	21	专业领域的动手能力	3.98	0.877
7	对复杂的社会、组织和技术系统的了解	3.94	0.925	22	独立工作能力	4.03	0.848
8	计划、协调和组织能力	4.01	0.843	23	团队合作能力	4.05	0.857
9	梳理观点和信息处理的能力	3.96	0.856	24	灵活性	4.02	0.872
10	统计与数据处理能力	3.94	0.891	25	自信，果断，坚定	4.05	0.857
11	解决问题的能力	4.02	0.849	26	注意力的集中	4.04	0.872
12	学习能力	4.06	0.833	27	忠诚，正直	4.08	0.864
13	自我评价能力	4.01	0.849	28	国际视野	3.87	0.963
14	创新能力	3.98	0.870	29	语言表达能力	3.99	0.888
15	批判性思维能力	3.97	0.870	30	书面沟通能力	4.00	0.887
16	谈判与决策能力	3.97	0.872	31	阅读理解能力	4.01	0.881
17	压力下工作的能力	3.98	0.874	32	包容力	4.05	0.874
18	关注细节	4.04	0.847	33	领导力	3.96	0.923
19	时间管理	3.98	0.874	34	责任感	4.11	0.879

3. 变量定义

本书以高职毕业生就业力发展作为因变量，在此基础上，以人口统计学特征、家庭背景、人力资本、学生参与、院校类型和院校培养六类变量作为自变量来分析高职毕业生就业力发展的影响因素（表4-5）。

表4-5　　　　　　　　变量描述一览表

因素		指标	变量定义
学生特征	人口统计学特征	性别	男，女（对照组）
		家庭结构	独生子女（对照组），非独生子女
	家庭背景	家庭所在地	省会城市或直辖市，地级市，县级市或县城，乡镇，农村（对照组）

续表

因素		指标	变量定义
学生特征	家庭背景	家庭人均年收入	50001 元及以上，20001—50000 元，10001—20000 元，5001—10000 元，3001—5000 元，3000 元及以下（对照组）
		父母受教育年限	根据父母受教育程度推算。文盲或半文盲 = 0，小学 = 6，初中 = 9，高中或中专 = 12，专科 = 15，大学本科 = 16，研究生 = 19
		父母职业	管理技术人员，非管理技术人员（对照组）
	人力资本	学科大类	资源环境，生物医药，电子制造，财经商贸（对照组），文化教育
		学习成绩	专业排名前 25%，专业排名中间 25%—50%，专业排名后 50%（对照组）
		政治面貌	党员，非党员（对照组）
		奖学金	获得，未获得（对照组）
	学生参与	学业性参与	学习时长	连续变量
			辅修/双学位	是，否（对照组）
			资格证书	获得，未获得（对照组）：外语、计算机、职业三类
		社会性参与	实习时间分配	连续变量
			社团活动时间分配	连续变量
			网络社交时长	连续变量
			担任学生干部	担任学生干部，非学生干部（对照组）
			实习经历	有，没有（对照组）
院校特征		院校类型	国家示范性高职院校，非国家示范性高职院校（对照组）
	院校培养	专业性教育	因子得分
		可迁移性教育	因子得分
		教学资源支持	因子得分
就业状况	就业力发展	职业技能发展	因子得分
		软技能发展	因子得分
		基础技能发展	因子得分
		综合能力发展	用公式得出

续表

因素		指标	变量定义
就业状况	就业结果	就业类型	单位就业（对照组），灵活就业
		就业起薪	连续变量
		就业满意度	就业非满意（对照组），就业满意

第一类人口统计学特征，具体包括性别、家庭结构两个核心变量；第二类家庭背景，包括家庭所在地、家庭人均年收入、父母受教育年限、父母职业四个核心变量；第三类人力资本，包括学科大类、学习成绩、政治面貌、奖学金四个核心变量；第四类学生参与，包括学业性参与和社会性参与两个核心变量。第五类院校类型，包括国家示范性高职院校和非国家示范性高职院校两个核心变量；第六类院校培养，包括专业性教育、可迁移性教育和教学资源支持三个维度的核心变量。

同时，进一步测量高职毕业生就业力发展水平对就业结果的影响，将就业结果变量分解为高职毕业生进入劳动力市场的就业类型、就业起薪和就业满意度三类。

（1）家庭背景变量

一是家庭所在地。本书将家庭所在地分为省会城市或直辖市、地级市、县级市或县城、乡镇、农村。其中以"农村"为基底，生成"省会城市和直辖市""地级市""县级市或县城""乡镇"四个虚拟变量。其中农村和县级市或县城占比相对较多，分别为1237个（33.6%）和1032个（28.0%），乡镇最少，为406个（11.0%）。

二是家庭人均年收入。问卷中家庭人均年收入水平的选项共有7个，分别为100001元及以上、50001—100000元、20001—50000元、10001—20000元、5001—10000元、3001—5000元和3000元及以下。其中，本书将"3000元及以下"作为基底，生成"50001元及以上""20001—50000元""10001—20000元""5001—10000元""3001—5000元"五个虚拟变量。样本中收入为3001—5000元和5001—10000元的分别为810个（20.9%）和798个（20.6%），相对占比较多。

三是父母受教育年限。问卷中的毕业生父母学历层次共有7个，分别为研究生、大学本科、专科、高中或中专、初中、小学、文盲或半文盲，并将父母的学历层次转换成年限，生成父母受教育年限的连续变量。按常规来看，文盲或半文盲的受教育年限为 0 年；小学的受教育年限为 6 年；初中为 9 年；高中或中专为 12 年；专科为 15 年；大学本科为 16 年；研究生为 19 年。将父亲和母亲的受教育程度转换成受教育年限，再取两者的平均值，作为家庭背景的衡量变量之一。样本中父母受教育年限占比最多的均为初中（9 年），父亲 1287 位（33.1%）和母亲 1238 位（32.0%）；其次，父亲学历为高中或中专的有 987 位，母亲学历为小学的有 995 位，占比均排第二，分别为 25.4% 和 25.8%。

四是父母职业。问卷中对被调查者的父母目前工作状况设置了十二个选项。为方便研究结果的分析，本书将父母职业分为管理技术人员和非管理技术人员，其中以"非管理技术人员"为基底，生成"管理技术人员"虚拟变量。样本得出父亲、母亲为非管理技术人员的分别为 2952 位和 3253 位，占比分别为 77.0% 和 85.4%。

（2）人力资本变量

一是学科大类。本书将对原问卷的第四个问题（您所主修的专业所属学科门类）稍作修改，依次将选项改为高职教育的 19 个专业大类：农林牧渔大类、资源环境与安全大类、能源动力与材料大类、土木建筑大类、水利大类、装备制造大类、生物与化工大类、轻工纺织大类、食品药品与粮食大类、交通运输大类、电子信息大类、医药卫生大类、财经商贸大类、旅游大类、文化艺术大类、新闻传播大类、教育与体育大类、公安与司法大类、公共管理与服务大类。

并将高职院校 19 个专业大类合并为五大学科大类，分别为资源环境、生物医药、电子制造、财经商贸和文化教育。其中，资源环境包含农林牧渔、资源环境与安全、土木建筑、水利、交通运输；生物医药包含能源动力与材料、生物与化工、轻工纺织、食品药品与粮食、医药卫生；电子制造包含装备制造、电子信息；财经商贸包含财经商贸、新闻传播、公安与司法；文化教育包含旅游、文化艺术、教育与体育、公共管理与服务。本书以"财经商贸"作为基底，生成"资源环境""生物医药""电子制造""文化教育"四个虚拟变量。不同学科大类样本分布从多到少排序依次是财经商贸类 1298 个（32.7%）、电子制造类 880 个（22.2%）、文化教育类 768 个（19.4%）、资源环境类 552 个（13.9

和生物医药类 466 个（11.8%）。

二是学习成绩。高职毕业生在校期间的学习成绩分为专业排名前 25%、专业排名中间 25%—50% 和专业排名后 50% 三个水平。以"专业排名后 50%"为基底，生成"专业排名前 25%"和"专业排名中间 25%—50%"三个虚拟变量。毕业生专业排名为中间 25%—50% 和前 25% 的分别有 1792 个（47.3%）和 1245 个（32.9%）。

三是政治面貌。将政治面貌分为党员和非党员，以"非党员"为基底，生成"党员"虚拟变量，毕业生为非党员的有 3114 个，占比 81.3%。

四是奖学金。将奖学金分为获得和未获得两种情况，其中以"未获得"为基底，生成"获得"虚拟变量，有 1346 个（35.5%）高职毕业生获得过奖学金。

（3）学生参与变量

将学生参与分为学业性参与和社会性参与两类。其中学业性参与包含学习时长、辅修/双学位和资格证书，社会性参与包括毕业生的实习时间分配、社团活动时间分配、网络社交时长、担任学生干部和实习经历五项。

一是学习时长。通过问卷中"您通常每天学习（上课/作业/实验等）为多少小时"分析高职毕业生在学习时间上的投入。得出学习（上课/作业/实验等）均值为 5.93 小时/天，其中学习时间超出平均值的毕业生有 1713 个（55.9%）。

二是辅修/双学位。本书将毕业生辅修/双学位分为是和否两种情况，其中以"否"为基底，生成"是"虚拟变量，得出 3150 个（84.4%）毕业生没有辅修/双学位经历。

三是资格证书。高职毕业生资格证书的获得与否是自身知识、技能水平的一种体现。本书将资格证书分为获得和未获得两种情况，其中以"未获得"为基底，生成"获得"虚拟变量。资格证书类型分外语、计算机、职业三类，得出 2815 个（86.9%）毕业生获得过资格证书。

四是实习时间分配。通过问卷中"您通常的课余时间安排，实习占多少百分比"分析高职毕业生在实习时间上的投入。得出毕业生课余时间参与实习的占比均值为 42.38%，实习投入时间占比超出平均值的毕业生有 1558 个（47.5%）。

五是社团活动时间分配。通过问卷中"您通常的课余时间安排，社团活动占多少百分比"分析毕业生在社团活动时间上的投入。得出毕业生课余时间参与社团活动的占比均值为 14.87%，社团活动时间占比超出平均值的毕业生有 1411 个（43.8%）。

六是网络社交时长。通过问卷中"您通常每天网络社交（微信/QQ 等）为多少小时"分析高职毕业生在网络社交时间上的投入。得出毕业生网络社交时长均值为 3.69 小时/天，网络社交时间超出平均值的毕业生有 1189 个（37.8%）。

七是担任学生干部。担任学生干部是毕业生能力发展的重要途径之一，本书将担任学生干部分为担任学生干部和非学生干部，以"非学生干部"为基底，生成"担任学生干部"虚拟变量，得出 1901 个（52.1%）毕业生担任过学生干部。

八是实习经历。本书将毕业生实习经历分为有和没有两种情况，其中以"没有"为基底，生成"有"虚拟变量，得出 2423 个（67.3%）毕业生参与过实习。

（4）院校类型变量

依照 2019 年浙江大学"全国高职院校教师教学发展指数"之产教融合数据，设置了"国家示范性高等职业院校""国家骨干高等职业院校""优质校""职业院校教学诊断与改进工作试点院校""中国特色高水平高职学校"五层次综合类指标，但考虑院校数量有限及便于研究解释，将院校类型分为国家示范性高职院校（简称国家示范校）和非国家示范性高职院校（简称非国家示范校）两类（表 4-6），以"非国家示范校"为基底，生成"国家示范校"虚拟变量，其中国家示范校包含 BJGY、CSMZ、NX 和 SQ 4 所，国家示范校样本共 1657 个（41.6%）、非国家示范校样本 2325 个（58.4%）。

表 4-6　　　　　不同院校类型样本分布情况

院校名称	院校类型	频数（个）		百分比（%）	
BJGY	国家示范性高职院校	408	1657	10.2	41.6
CSMZ		411		10.3	
NX		343		8.5	
SQ		495		12.4	

续表

院校名称	院校类型	频数（个）		百分比（%）	
NMGSM	非国家示范性高职院校	444	2325	11.2	58.4
TS		491		12.3	
NMGNY		472		11.9	
ZJFZFZ		431		11.0	
XAOY		487		12.2	
合计		3982		100	

在4所国家示范校和5所非国家示范校中，如表4-7所示，共包含了综合类、理工类和财经类3种类别院校，其中综合类院校5所、理工类2所、财经类2所；院校所在地区包含3所东部、2所中部以及4所西部院校，有效样本占比分别为33.5%、22.7%和43.8%；样本中的"双高"建设院校有3所，即BJGY、CSMZ和NX，分别以机电一体化和工程测量技术、老年服务与管理和现代殡葬技术与管理、畜牧兽医和机电一体化技术三个方面的专业群为建设重点，样本数据具有一定的代表性。

表4-7　　　　　　　　　九所院校具体特征

类型	院校名称	地区	创办时间	类别	专业/院系设置	特色
国家示范性高职院校	BJGY	东部北京	1956年	理工类	7个教学院部、继续教育学院和国际教育学院，27个专业	"双高"建设B档，面向首都城市建设、运行、管理、服务领域，国家高水平专业群为机电一体化技术、工程测量技术
	CSMZ	中部湖南	1984年	综合类	13个学院和教学部，4个专业	"双高"建设B档，国家高水平专业群为老年服务与管理、现代殡葬技术与管理
	NX	西部宁夏	2002年	综合类	10个教学系，51个专业	"双高"建设C档，国家高水平专业群是畜牧兽医、机电一体化技术

续表

类型	院校名称	地区	创办时间	类别	专业/院系设置	特色
国家示范性高职院校	SQ	中部河南	1977年	综合类	16个教学系，67个专业	国家重点专业有作物生产技术、园艺技术、畜牧兽医、食品加工技术、机电一体化技术、汽车检测与维修技术专业
非国家示范性高职院校	NMGSM	西部内蒙古	1952年	财经类	6个系，43个专业	立足商贸、旅游、服务及农畜产品加工业
	TS	东部山东	2004年	综合类	9个院系，32个专业	开设信息工程、机电工程、财经等教学系
	NMGNY	西部内蒙古	1985年	综合类	9系3部，23个本科专业，34个专科专业	完善农、工、管、艺协调发展的学科专业体系，全国精品专业为设施园艺技术专业
	ZJFZFZ	东部浙江	1979年	理工类	9个学院，45个专业	中央财政支持重点建设专业为纺织品装饰艺术设计（家纺设计方向）和艺术设计专业
	XAOY	西部陕西	1995年	财经类	10个二级学院，23个专科专业，30个本科专业	省级重点专业为投资与理财、动漫设计与制作、应用电子技术和财务管理专业

资料来源：笔者归纳整理。

（5）院校培养

本书用毕业生评价高职院校提供的学习条件、机会和资源，来理解高职院校给予毕业生的培养和具备的教学实践水平。问卷中"63. 您如何评价院校提供的学习条件和机会"，包括12道五级量表题目，在此整理归纳为三类："专业性教育""可迁移性教育""教学资源支持"（表4-8），并从产（企业）与教（院校）两个主体出发，阐述院校培养具体指标的重点。

表 4-8　　　　　　　　　院校培养变量列表

取向	院校培养	产（企业）	教（院校）
专业性教育	专业知识学习	聚焦专业工作过程的系统化项目知识与内容指导	聚焦专业工作过程的知识教学，打造基于区域经济发展的专业（群）建设
专业性教育	专业技能培养	以市场需求为导向，在实训基地或校企合作校外实践中，培养毕业生实践创新能力	以市场需求为导向，在校内实训中培养毕业生专业实践技能
专业性教育	参与课题或项目的机会	以企业真实项目为载体，给予符合岗位规范的专业性指导	提供参与课题的机会，注重专业知识的整合与运用，培育综合实践能力和敬业精神
专业性教育	专业转换机会	在企业真实项目中，引导对不同专业知识的融合、迁移与应用	提供专业转换机会，支持不同专业领域知识的融会贯通
可迁移性教育	通识教育课程	注重培育职业意识、职业道德、企业社会责任、质量意识、创新意识等	注重培育人文情怀、科学素养、效益意识、敬业精神等
可迁移性教育	校外实习机会	提供与专业对口的实习机会，注重校外实习的应用性和时效性，并给予实践指导	选择与专业对口的校外实习企业，拓宽毕业生实践渠道
可迁移性教育	参与校内社团活动的机会	聚焦专业素养、人际交往、组织管理、应变创新的能力提升，树立正确的择业观	
可迁移性教育	参与校内社团活动的机会	将行业、企业元素和职业、岗位规范融入校内社团项目内容设计	将通识知识与专业知识相结合，注重组织适应能力和组织协调能力提升
可迁移性教育	跨学科学习	设计综合性、交叉式企业实践项目，激发毕业生知识技能的迁移	提供可供选择的学科课程，支持开展学科的交叉学习
可迁移性教育	跨学科学习	促使毕业生形成多元思维，并具备敏锐判断复杂问题的能力，强调思辨、迁移与创新	
教学资源支持	就业指导	与院校积极合作，参与以生为本、结合国家和产业需求的就业指导	以生为本，提供结合国家、产业、毕业生需求的个性化就业指导，如技能大师、国家工匠进校园等

续表

取向	院校培养	产（企业）	教（院校）
教学资源支持	图书馆设施和藏书量	提供来自企业真实的电子图书资料，如产品介绍、行业规范、机器使用操作说明等	结合学术与职教特色的图书储备，注重收集权威的产品使用手册、活页、规范标准、图纸、实物模型等资料
	教师队伍整体的教学水平	企业名师、专家、技师融入真实教学与实践 协同育人，强调柔性教学	培育"双师型"教师，积极参加企业顶岗实践
	教学辅助设施与实验、试验或实训条件	积极参与服务区域经济发展的校内外实训基地建设，提供较为先进的实训设备，分享前沿的工艺技术等	以行业、企业标准建造校内外实训基地，教师积极投身社会服务、科研转化，并将成果运用于教学实践

资料来源：笔者归纳整理。

专业知识学习、专业技能培养、参与课题或项目的机会、专业转换机会四项均是围绕高职院校专业学习和发展的校内第一课堂实践内容，归纳命名为专业性教育；通识教育课程（含课程设置与教学质量）、校外实习机会、参与校内社团活动的机会、跨学科学习四项都与毕业生习得的知识和技能的迁移性、转换性能力发展有关，同时关注培养毕业生的认知与非认知能力，归纳命名为可迁移性教育；就业指导、图书馆设施和藏书量、教师队伍整体的教学水平、教学辅助设施与实验/试验或实训条件四项都是院校提供的促使毕业生胜任职场的辅助性支持，围绕职业的规范、规则、素养、拓展教育以提升毕业生的自主学习、协作互动、职场规划等能力的发展，故归纳命名为教学资源支持。

高职教育与经济社会发展联系最紧密、最直接。本书聚焦的是高职院校培养对毕业生就业力发展的影响，故简要描述了专业性教育、可迁移性教育和教学资源支持三种取向的具备高职教育特色的核心思想及做法，从产与教、企业与院校的两种维度体现以市场需求为导向、以工作过程为载体的产教融合实践。

本书分别对三种院校培养类别内的四个变量进行因子分析，设置提取特征值大于1的因子，得出专业性教育的KMO值为0.816，提取一个因子旋转后的方差贡献率的特征值能解释68.297%；可迁移性教育的 KMO 值为 0.819，提取一个因子旋转后的方差贡献率的特征值能解释 68.048%；以及教学资源支持的 KMO 值为 0.816，提取一个因子旋转后的方差贡献率的特征值能解释 68.789%，且 P 值均小于 0.001，用因子得分作为该院校培养类型的取值。同时，对院校培养的 12 个变量进行因子分析，KMO 值为 0.961，KMO 和 Bartlett 球形检验结果显示因子分析效果较好，且 P<0.001（表 4-9）。

表 4-9　　　　　院校培养因子分析 KMO 和 Bartlett 球形检验

Kaiser-Meyer-Olkin 测量取样适当性		0.961
Bartlett 球形检验	近似卡方	26980.935
	df	66
	显著性	0.000

对院校培养设置提取特征值大于 1 的因子提取出 1 个因子，利用因子得分作为院校培养总体水平（表 4-10）。

表 4-10　　　　　院校培养因子说明的变量总计

元件	起始特征值			提取平方和载入		
	总计	变量%	累加%	总计	变量%	累加%
1	7.386	61.546	61.546	7.386	61.546	61.546
2	0.796	6.629	68.176			
3	0.606	5.052	73.227			
4	0.445	3.709	76.936			
5	0.427	3.560	80.496			
6	0.415	3.457	83.953			
7	0.377	3.142	87.095			
8	0.356	2.963	90.058			
9	0.331	2.760	92.818			
10	0.304	2.534	95.352			
11	0.293	2.444	97.795			
12	0.265	2.205	100.000			

提取方法：主成分分析法

问卷设计的高职毕业生评价分"很差""较差""一般""较好""很好"五个等级，从调查的统计结果来看，在专业性教育方面，"专业知识学习""专业技能培养""参与课题或项目的机会"三者的评价为"很好"的比例均超过 34.0%，对"专业转换机会"的评价分值大致集中在"一般"与"较好"。在可迁移性教育方面，高职毕业生对"通识教育课程"的整体评价较高，"较好""很好"的总比例达到 82.5%，反映出高职毕业生对自身养成的职业道德、人文情怀、科学素养等的认可；同时，"校外实习机会"和"参与校内社团活动的机会"对能力提升评价大致相近，但在"跨学科学习"上，整体评价不高，说明毕业生对院校在跨专业、跨学科、跨课程的融合学习方面有所期待。在教学资源支持方面，高职毕业生对学校提供的教学辅助设施与实验、试验或实训条件的整体评价较高，"较好""很好"的总比例均超过 73.5%，"教师队伍整体的教学水平"高评价的比例达 79.5%，反映出毕业生对院校师资较高的认可。

（6）就业状况

一是就业力发展。对问卷中题目"64. 本阶段您自己在以下几个方面的发展（增值）如何"中的 34 个要素进行高职毕业生就业力的探索性因子分析。运用因子分析方法，相关系数矩阵表显示 34 个要素之间均存在显著相关关系，KMO 统计量为 0.984，大于最低标准 0.5，适合做因子分析。Bartlett 球形检验，拒绝单位相关矩阵的原假设，P < 0.001，适合做因子分析（表 4-11）。

表 4-11　　就业力因子分析 KMO 和 Bartlett 球形检验

Kaiser-Meyer-Olkin 测量取样适当性		0.984
Bartlett 球形检验	近似卡方	81432.617
	df	561
	显著性	0.000

设置提取特征值大于 1 的因子，共提取出 3 个因子，结果显示 3 个主成分的特征值均大于 1，旋转后每个特征值的方差贡献率分别为 23.986%、20.856%、19.756%，累计贡献率达到了 64.598%，主成分

解释的总方差分解情况如表 4-12 所示。

表 4-12　　　　　　就业力因子说明的变量总计

元件	起始特征值			提取平方和载入			循环平方和载入		
	总计	变量%	累加%	总计	变量%	累加%	总计	变量%	累加%
1	19.318	56.817	56.817	19.318	56.817	56.817	8.155	23.986	23.986
2	1.594	4.687	61.504	1.594	4.687	61.504	7.091	20.856	44.842
3	1.052	3.094	64.598	1.052	3.094	64.598	6.717	19.756	64.598

结合特征根曲线的拐点及特征值，可以发现前 3 个主成分的折现坡度较陡，而后面的趋于平缓，从侧面说明了取前 3 个主成分为宜。用主成分分析法提取公共因子，方差最大正交旋转法进行旋转，得出因子载荷矩阵如表 4-13 所示，提取出 3 个因子。

表 4-13　　　　　　旋转后的因子载荷矩阵

要素	元件 1	元件 2	元件 3
1. 广泛的一般性知识			0.595
2. 专业知识			0.609
3. 方法上的知识			0.607
4. 外语能力			0.766
5. 计算机能力			0.742
6. 财经素养能力			0.777
7. 对复杂的社会、组织和技术系统的了解			0.694
8. 计划、协调和组织能力			0.562
9. 梳理观点和信息处理的能力			0.498
10. 统计与数据处理能力			0.553
11. 解决问题的能力	0.579		
12. 学习能力	0.611		
13. 自我评价能力	0.612		
14. 创新能力	0.552		
15. 批判性思维能力	0.577		
16. 谈判与决策能力	0.563		

续表

要素	元件1	元件2	元件3
17. 压力下工作的能力	0.590		
18. 关注细节	0.670		
19. 时间管理	0.689		
20. 工作的适切性	0.664		
21. 专业领域的动手能力	0.654		
22. 独立工作能力	0.588		
23. 团队合作能力	0.562		
24. 灵活性	0.548		
25. 自信、果断、坚定		0.608	
26. 注意力的集中		0.592	
27. 忠诚、正直		0.648	
28. 国际视野		0.607	
29. 语言表达能力		0.717	
30. 书面沟通能力		0.712	
31. 阅读理解能力		0.745	
32. 包容力		0.734	
33. 领导力		0.661	
34. 责任感		0.694	

　　本书从人力资本理论的视角出发，结合职业发展的开拓性，关注毕业生"职业资本"的积累[1]。把高职毕业生的就业力界定为，将高等教育服务转化为人力资本并实现其价值的综合能力，即毕业生在校期间通过学习与实践具备由专业知识、技能、个性、动机、态度、潜能等组成的综合职业能力，为毕业生进入劳动力市场能识别、获取就业机会，并实现职业持续与转换的综合职业能力打下坚实基础。需要说明的是，在分解就业力结构时，一方面，通过因子分析得出三个因子取向，与董子静[2]的研究比较接近，故在命名时参考了相关方法；另一方面，三个维

---

[1] Sherry E. Sullivan, "The Changing Nature of Careers: A Review and Research Agenda," *Journal of Management*, Vol. 25. No. 3, June 1999, pp. 457–484.

[2] 董子静：《高校本科生就业能力发展的实证研究》，博士学位论文，北京大学，2019年。

度之间没有严格的"界限",主要从能力测量焦点归类该能力所涵盖的知识、能力及素养(表4-14)。

表 4-14　高职毕业生就业力的结构与内涵

因子1(职业技能)			"产"与"教"融合视角
维度	解析	具体要素	
基本工作能力	能完成相应岗位工作的能力	解决问题的能力、批判性思维能力、谈判与决策能力、压力下工作的能力、关注细节、时间管理、工作的适切性、专业领域的动手能力、独立工作能力、团队合作能力	遵循工作任务逻辑、以复杂问题情境为载体的实践能力培养,强调小组实践过程的情境性和结果性,培育身怀技艺的职业人
发展工作能力	能实现工作领域中自我发展的能力	学习能力、自我评价能力、创新能力、灵活性	顺应职业和工作内容的变化及毕业生身心发展规律,使毕业生学会学习、学会工作

因子2(软技能)			"产"与"教"融合视角
维度	解析	具体要素	
职业素养	个人素质及职业道德修养	自信/果断/坚定、注意力的集中、忠诚/正直	以职业文化素养为导向,注重中国文化传承,培育精益求精、务实进取的工匠
管理能力	团队影响力	国际视野、包容力、领导力、责任感	以社团及竞赛为平台,加强社会实践与交往,培育团队建设能力
沟通表达	与他人沟通的能力	语言表达能力、书面沟通能力、阅读理解能力	重视岗位职责内容表达的实用性和职业性,保证规范性和有效性

因子3(基础技能)			"产"与"教"融合视角
维度	解析	具体要素	
知识水平	掌握行业、企业、岗位上的知识	广泛的一般性知识、专业知识、方法上的知识	聚焦工作实践相关的岗位要求、方法运用、工作技巧等,且注重毕业生知识的迁移与应用

续表

| 因子3（基础技能） ||| "产"与"教"融合视角 |
维度	解析	具体要素	
通用能力	能胜任工作的基础能力，并在不同岗位上融会贯通	外语能力、计算机能力、财经素养能力、统计与数据处理能力、梳理观点和信息处理的能力	侧重多数职业所需的基本技能操作与训练，高效完成任务的同时，掌握跨组织、跨专业、跨岗位所需的基础能力
社会能力	能协调社会关系的能力	对复杂的社会/组织和技术系统了解、计划/协调和组织能力	基于工作过程的社会能力培养，强调培育较强的社会适应能力和良好的组织统筹能力

资料来源：笔者归纳整理。

因子1侧重毕业生基本工作能力和发展工作能力的测量，如解决问题的能力、学习能力、创新能力等，并与工作、职业息息相关，因此将其命名为职业技能。因子2侧重毕业生的职业素养、管理能力及沟通表达，体现的是个体与他人之间的一种交互与影响，并包含人与人之间的理解、共情与表达，故命名因子2为软技能。因子3是相对更为广泛的知识和能力的展现，掌握一般性或方法上的知识是学习某一特定岗位必备知识的前提，外语能力、统计与数据处理能力等更是胜任某一特定岗位工作或实现就业转换与持续的基础，故将因子3命名为基础技能。

当然，针对高职毕业生就业力的发展，必须始终聚焦高等职业教育的职教性、跨界性和实践性特征，体现区别于普通本科院校的能力素质要求。

因子1为职业技能，关注毕业生的基本工作能力和发展工作能力。因子1包含14个因素。解决问题的能力、批判性思维能力等体现了个体在工作岗位上应具备的各种基本工作能力；学习能力、自我评价能力等反映了个体在职业生涯过程中，应对不同就业环境所需的发展工作能力。毕业生掌握的基本工作能力和发展工作能力要逐渐转换为个人的就业胜任力，特别是在应对不断变化的就业环境和激烈的就业竞争时，能不断实现自身价值。一方面，通过以工作任务为导向、问题解决为路径的产教融合项目开展，培育毕业生的实践能力；另一方面，着眼毕业生职业生涯发展,"双师型"教师和企业导师共同引导毕业生学会学习、学会工作,促使职业技能的提升实现毕业生在跨专业、职业与就业之间完成新旧知识与技能的联结与迁移,是就业力的核心。

因子2为软技能,关注毕业生的职业素养、管理能力与沟通表达。因子2共包含10个因素。自信/果断/坚定、注意力的集中、忠诚/正直体现了个人的内在精神与职业行为素养;国际视野、包容力、领导力、责任感体现的是一种管理能力或团队影响力;语言表达能力、书面沟通能力、阅读理解能力则体现个人在互动中的沟通及表达。这三类要素既包含了个人的职业品质,也包含了与他人互动应具备的内在职业素质,相辅相成,是个人职业成功的基石。软技能是毕业生就业力的内在本质,可以说,更强的个人职业技能能帮助个体识别并获取更符合预期的初次就业,但面对竞争日益激烈的就业与职场环境,更强的软技能为实现就业持续、转换及发展。高职院校为培育技艺精湛的工匠,以职业文化素养为导向,重视"工匠精神""企业家精神"对毕业生的浸润,培养毕业生树立高尚的职业价值取向。然而目前,软技能在高职院校培育环节中容易被忽视,毕业生的工作表现和职业精神与市场、用人单位的期望还存在较明显的差距。

因子3为基础技能,关注毕业生的知识水平、通用能力与社会能力。因子3共包含10个因素。广泛的一般性知识、专业知识、方法上的知识体现了个人的知识水平;外语能力、计算机能力等是毕业生的基本职业能力,是胜任各项工作必备的通用能力;对复杂的社会/组织和技术系统的了解、计划/协调和组织能力两个变量反映的是个体对社会、组织的基本认知和职业统筹,是职业人在复杂社会群体中所需的社会能力,三类要素相互作用,共同勾画了个人的基础技能。高职毕业生的基础技能是一种基本就业能力,是指在劳动力市场中岗位所应具备的基础能力,关注其应用性和针对性。高职院校人才培养毋庸置疑要强调其职教性、跨界性及实践性的教育逻辑,在制定人才培养方案过程中,一方面,要考虑各个专业的特殊性,突出不同专业应具备的职业基础知识和基本能力;另一方面,更要考虑各专业之间的黏性和共性,增设通用的公共专业职业基础课和核心课,以增强毕业生的专业适应能力、迁移能力和统筹能力。

采用 STATA 软件，将因子分析得分数值作为衡量三个方面能力发展的指标（表4-15），并以方差贡献率作为权重计算得到：

综合能力发展取值＝（职业技能发展×23.986%＋软技能发展×20.856%＋基础技能发展×19.756%）/64.598%。

表 4-15　　　　　　　　各维度就业力因子得分

变量	个案数量	平均值	标准差	最小值	最大值
职业技能发展	2909	7.76e-09	1	-4.655	1.515
软技能发展	2909	1.93e-09	1	-4.486	4.922
基础技能发展	2909	3.01e-10	1	-6.549	8.473

信度分析方面，本书主要利用 SPSS26.0 软件，对能力发展题项中的34项进行分析，34道题项的克隆巴赫系数（Cronbach's Alpha）值为0.977，反映量表的内在一致性较高。同时，职业技能发展分量的克隆巴赫系数值为0.956，软技能发展分量的克隆巴赫系数值为0.937，基础技能发展分量的克隆巴赫系数值为0.923，表明量表整体具有较好的信度（表4-16）。

表 4-16　　　　　毕业生就业力发展量表信度分析结果

就业力量表维度	信度（克隆巴赫系数值）
职业技能发展	0.956
软技能发展	0.937
基础技能发展	0.923

在内容效度方面，本书所使用的北京大学的调查问卷在十余年的调查实践和专家反复讨论中历经完善，可以认为具有较好的内容效度。

从调查的统计结果来看，首先，毕业生评价分"很小""较小""一般""较大""很大"五级，排名前三位的职业技能发展要素是"学习能力""团队合作能力""关注细节"，"较大""很大"比例之和分别为76.3%、75.8%、75.0%，而在"谈判与决策能力""压力下工作的能力"方面的发展则相对欠缺。其次，排名前三的软技能发展要素分别是"责任感""忠诚/正直""包容力","较大""很大"比例之和分别为77.4%、76.4%和75.2%,而"国际视野""领导力"两种要素的评价相比之下得分较低。最后,基础技能上,"广泛的一般性知识""专业知识"的发展最明显,"较大""很大"比例之和分别为80.4%和78.0%,同时也是所有知识与能力发展评价中得分最高的两项;而"外语能力""财经素养能力"的提升则较欠缺。

二是就业结果。本书将就业结果设置为就业类型、就业起薪、就业满意度三个方面。首先是就业类型,以"单位就业"为基底,生成"灵活就业"虚拟变量,得出"单位就业"毕业生占78.1%,"灵活就业"毕业生占21.9%。其次是就业起薪,样本得出高职毕业生就业起薪平均值为3654.62元/月,超出平均值的毕业生有692个(33%)。最后是就业满意度,以"就业非满意"为基底,生成"就业满意"虚拟变量,得出"就业满意"为1597个(80.3%),"就业非满意"为391个(19.7%)。

(7) 其他变量

除以上主要变量之外,影响就业力发展的因素还有许多,本书将涵盖性别、家庭结构的人口统计学特征作为影响因素分析的控制变量。得出男性毕业生数为1848个(46.7%)、女性为2113个(53.3%),以及2347个(59.6%)毕业生来自非独生子女家庭。

第二节 高职毕业生就业力发展的差异

经过以上分析可以初步发现院校培养、学生参与和家庭背景变量都可能对高职毕业生的就业力发展具有重要影响。下文将使用定量研究方法,在高职毕业生的就业力结构分析的基础上,着重考察院校培养、学生参与和家庭背景对毕业生就业力发展的影响。本书提取了三项毕业生就业力的核心内涵:"职业技能""软技能""基础技能"。这三项能力作为高职毕业生就业力的核心组成部分,在不同毕业生群体之间的表现也具有一定的差异。本书从学科类型、性别等多个方面,对不同毕业生群体的三项就业力发展进行了比较与统计分析。

一 不同学科类型毕业生就业力发展情况比较

表4-17及图4-4展示了资源环境、生物医药、电子制造、财经商贸、文化教育学科大类毕业生在就业力的"职业技能发展""软技能发展""基础技能发展"三个因子上的得分均值。发现资源环境大类毕业生的三个能力发展得分均最高,表现最优异。在职业技能发展方面,生物医药大类次之,财经商贸大类得分最低;在软技能发展方面,除资源环境大类之外,其次分别为文化教育大类、生物医药大类、财经商贸大类、电子制造大类;在基础技能发展方面,排名第二位的为生物医药大类,得分最低的是电子制造大类。就业力三个方面的能力发展中,职业技能发展与基础技能发展在不同学科类型毕业生群体中存在显著差异。

表4-17　　　　　不同学科大类毕业生就业力发展差异

学科大类	职业技能发展		软技能发展		基础技能发展	
	均值	显著性	均值	显著性	均值	显著性
资源环境	0.167		0.071		0.119	
生物医药	0.062		-0.003		0.021	
电子制造	-0.001	0.000***	-0.033	0.325	-0.069	0.048**
财经商贸	-0.108		-0.024		0.003	
文化教育	0.039		0.050		-0.038	

注:*** 表示 $p<0.01$,** 表示 $p<0.5$。

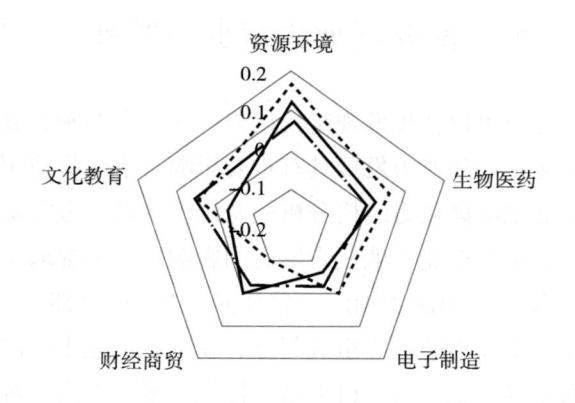

图4-4 不同学科类型毕业生就业力发展情况

二 不同性别毕业生就业力发展情况比较

表 4-18 及图 4-5 展示了男性、女性毕业生在就业力"职业技能发展""软技能发展""基础技能发展"三个因子上的得分均值。在三种能力发展上,男性毕业生的表现均优于女性,特别是在基础技能和职业技能发展方面,存在非常显著的差异。

表 4-18　　　　　不同性别毕业生就业力发展差异

性别	职业技能发展		软技能发展		基础技能发展	
	均值	显著性	均值	显著性	均值	显著性
男	0.055	0.006***	0.016	0.463	0.074	0.000***
女	-0.046		-0.012		-0.064	

注:***表示 $p<0.01$。

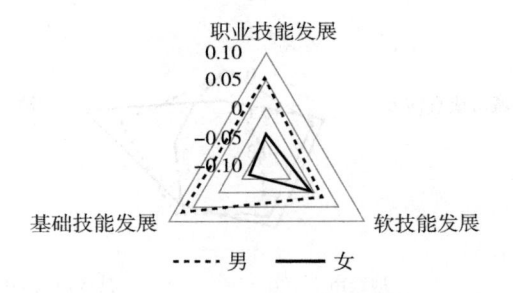

图 4-5　不同性别毕业生就业力发展情况

三 不同类型家庭所在地毕业生就业力发展情况比较

表 4-19 及图 4-6 展示了农村、乡镇、县级市或县城、地级市、省会城市或直辖市毕业生在"职业技能发展""软技能发展""基础技能发展"三个就业力因子上的得分均值。职业技能发展方面,乡镇毕业生表现最好,县级市或县城毕业生次之,省会城市或直辖市毕业生表现相对最弱;软技能发展方面,省会城市或直辖市毕业生表现最好,农村毕业生次之,乡镇毕业生表现相对最弱;基础技能发展方面,乡镇毕业生表现最好,省会城市或直辖市毕业生次之,农村毕业生表现相对最弱,并存在显著差异。说明乡镇毕业生和省会城市

或直辖市毕业生在就业力增值方面相对于其他地区毕业生表现更优异。

表 4-19　不同类型家庭所在地毕业生就业力发展差异

家庭所在地	职业技能发展		软技能发展		基础技能发展	
	均值	显著性	均值	显著性	均值	显著性
农村	-0.016		0.019		-0.068	
乡镇	0.067		-0.076		0.157	
县级市或县城	-0.010	0.221	-0.023	0.539	-0.034	0.005***
地级市	-0.012		0.001		0.031	
省会城市或直辖市	-0.110		0.039		0.069	

注：*** 表示 $p<0.01$。

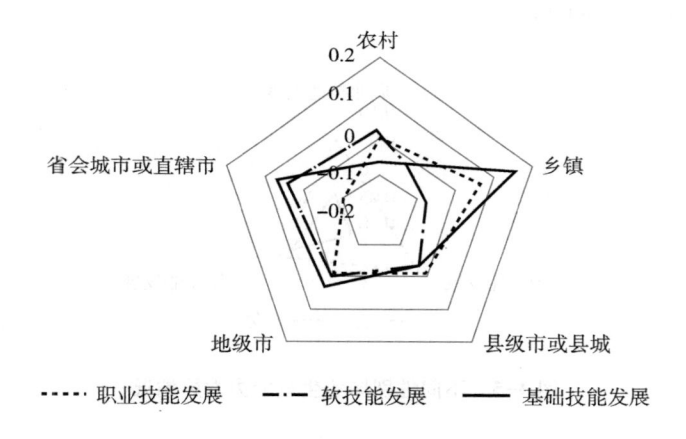

图 4-6　不同类型家庭所在地毕业生就业力发展情况

第三节　就业力发展的影响因素识别

本节分别以综合能力、职业技能、软技能和基础技能四类能力发展的因子得分为因变量，对院校培养、学生参与、家庭背景三个方面的多项指标分别提取一个公因子，以其因子得分为自变量，分别进行回归分析，初步考察三个因子对四类能力发展的影响。院校培养因子包含专业性教育、可迁移性教育和教学资源支持三个变量；学生参与因子包含学习时长、辅修/双学位、资格证书、实习时间分配、社团活动时间分配、网络社交时长、担任学生干部、实习经历、学科大类、学习成绩、政治面貌和奖学金十二个变量；家庭背景因子包含家庭所在地、家庭人均年收入、父亲受教育年限、母亲受教育年限、父亲职业和母亲职业六个变量。对综合能力、职业技能、软技能、基础技能的发展（表4-20），院校培养因子得分回归系数均在0.01水平下显著；学生参与因子对综合能力和职业技能的发展得分回归系数均在0.01水平下显著，对软技能的发展在0.1水平下显著，但对基础技能的作用并不显著；家庭背景因子对综合能力和基础技能的发展得分回归系数也均在0.01水平下显著，但对职业技能和软技能发展的作用并不显著。

表 4-20　　　　四种能力发展影响因素的回归结果

	综合能力发展（回归方程1）	职业技能发展（回归方程2）	软技能发展（回归方程3）	基础技能发展（回归方程4）
院校培养	0.359***	0.436***	0.371***	0.479***
学生参与	0.067***	0.145***	0.109*	-0.021
家庭背景	0.072***	0.022	0.039	0.152***

注：***表示 $p<0.01$，*表示 $p<0.1$。

纵向来看，对于高职毕业生的综合能力、职业技能、软技能和基础技能的发展，院校培养的回归系数均是最高。相比学生参与和家庭背景两类要素，院校培养对高职毕业生就业力发展的影响明显最大，且院校培养对毕业生就业力发展是显著正向影响。特别是在综合能力发展方面，与学生参与和家庭背景回归系数相比，有较大差异，差异为0.292和0.287；在职业技能发展方面，院校培养和学生参与均对其有正向影响，相比回归系数，相差0.291；在基础技能发展方面，院校培养与家庭背景相比，差异约为0.327；在软技能发展方面，院校培养和学生参与均对其有正向影响，相比回归系数，相差0.262。

基于因子回归系数的相对大小及以上数据分析得知，院校培养对毕业生就业力发展呈正向影响，且院校培养对高职毕业生就业力发展影响最大；高职院校学生参与对毕业生就业力发展呈正向影响，影响程度次于院校培养对毕业生就业力发展的作用；高职毕业生家庭背景对毕业生就业力发展呈正向影响，且影响程度小于院校培养和学生参与。

第四节 不同院校类型的相关因素差异

本节聚焦不同院校类型毕业生在几个主要变量上的差别。通过描述统计的方法，观察不同院校类型毕业生的就业力发展、院校培养、学生参与、人力资本等变量发展水平差异。

一 研究方法

本节比较不同院校类型的高职毕业生在校期间各项就业力发展水平的差异，探寻影响各项就业力发展的因素。具体用到的研究方法有以下几个：

描述统计分析（Descriptive Statistical Analysis）：作为实施其他统计分析的基础，描述性统计分析通过各种统计图表及数字特征量可以对变量的分布特征及内部结构获得一个直观的感性认识，并对样本的总体特征有比较准确的把握，进而揭示变量变化的统计规律。描述统计涉及如平均数、标准差、频数分布、正态或偏态程度等分析项目。本节对于不同院校类型的高职毕业生就业力发展，以及院校培养、学生参与、人力资本和家庭背景等因素进行描述统计分析，探明特点及差异。

方差分析（Analysis of Variance）：将全部观测值总的离散度和自由度分解为相应的几个部分，除随机误差之外，其余每个部分的变异可由某个因素的作用加以解释，通过比较不同变异来源的均方，借助 F 分布做出统计推断，从而判断该因素对观测指标有无影响。各组数据相互独立、各组数据符合正态分布、各组方差相等是使用方差分析的条件。

T-检验：在针对连续变量的统计推断中，最常用的、最基本的检验方法是 T-检验。T-检验属于参数化检验方法，它的前提是两组独立总体服从正态分布，且方差相同。在具体操作过程中，先要计算出检验 t 统计量的观测值，然后计算出在假设 H0 下对应的概率 p 值，再依照适当的显著性水平 $a=0.05$ 来决定是否拒绝原假设，推断两组独立总体的均值是否有显著差异。如果概率 p 值小于显著性水平 a，则应拒绝原假设，认为存在显著差异，反之亦然。

秩和检验：Rank-Sum Test 也称 Mann-Whitney U 检验，是一种非参数检验方法。它检验两个独立总体的中位数，适用于任意总体近乎对称分布（如钟形、矩形等）的检验过程，可用于定序、定距或定比数据的检验。与 T-检验相比，秩和检验不对样本分布作任何假设，适用情况更加广泛。

卡方检验：Chi-Square Test，也称卡方拟合优度检验（Chi-Square Goodness-of-Fit Test），适用于分类变量，主要用以检验观察频数与期望频数是否吻合，来推断观测数据是否来自该分布的样本的问题，是 K. Pearson 给出的一种最常用的非参数检验方法。观测数值与理论数值之间的偏离程度决定卡方值的大小，卡方值越小，偏离越小，不能拒绝假设 H0；观测数值与理论数值相差越大，卡方值越大，偏离越大，越没有证据支持假设 H0。若两个值完全相等时，卡方值为 0，表明完全符合。由此，若变量服从正态分布，则采用 T-检验；若变量不服从正态分布，则采用秩和检验。同时，分类变量若需要进行独立性分析时，则通过卡方检验完成。

本节将院校类型分为国家示范性高职院校和非国家示范性高职院校两类，即为二分定类变量，分析这两种不同院校毕业生在院校培养、学生参与、人力资本和家庭背景等因素上是否存有差异，若变量服从正态分布，则采用 T 检验，如果变量不服从正态分布，则采用秩和检验。同时，若变量为分类变量，例如学科大类类型，则通过卡方检验进行分析。

二 就业力发展差异

研究发现，国家示范性高职院校和非国家示范性高职院校毕业生在校期间就业力发展存在差异。从高职毕业生就业力的三类能力和综合能力发展因子得分数值来看（表4-21），国家示范校毕业生就业力发展程度均高于非国家示范校毕业生，其中，职业技能（0.023）和基础技能（0.032）发展相较于非国家示范校（-0.015 和-0.020）略高一点，但不存在统计学意义上的显著差异；不同院校类型毕业生的软技能和综合能力发展程度存在显著差异，国家示范校毕业生的软技能发展（0.083）

和综合能力发展（0.031）显著高于非国家示范校毕业生（软技能：-0.052 和综合能力：-0.022），显著性水平 $p<0.01$。

表 4-21　　不同院校类型高职毕业生就业力发展差异

变量	国家示范性高职院校（N=1123）		非国家示范性高职院校（N=1786）		显著性
	均值	标准差	均值	标准差	
职业技能发展	0.023	1.004	-0.015	0.998	0.322
软技能发展	0.083	0.990	-0.052	1.003	0.000***
基础技能发展	0.032	1.053	-0.020	0.965	0.169
综合能力发展	0.031	0.479	-0.022	0.505	0.001***

注：***表示 $p<0.01$。

高职院校入选示范校表明该院校的综合实力相对较强，在服务区域经济发展的人才培养、专业建设、师资培育、社会服务、国际交流、毕业生就业质量等方面处于领先的位置。高职毕业生认为自身具备了较强的职业素养、管理能力及沟通表达能力，能够胜任行业、产业环境的实践性、应用性的工作项目。现有研究发现，与职业技能和基础技能相比，"软实力"在层次上属于更为内隐的要素，对毕业生就业力发展起着不容小觑的作用。

三　院校培养差异

上一章中的院校培养变量列表表明了本书将院校培养分为专业性教育、可迁移性教育和教学资源支持三个方面，且高等职业教育应体现出职教性、跨界性、实践性的教育属性，助力国家产业发展。通过比较可以看出（表4-22），国家示范校毕业生对总体院校培养水平的评价显著高于非国家示范校毕业生的评价，国家示范校为0.076，非国家示范校为-0.049（显著性水平 $p<0.01$）；且在专业性教育、可迁移性教育和教学资源支持上均显著更高，特别是对专业性教育的评价，示范校为0.084（显著性水平 $p<0.01$），存在明显的优势。

表 4-22　　　　　　　　不同院校类型院校培养差异

变量	国家示范性高职院校			非国家示范性高职院校			显著性
	均值	标准差	个案数（个）	均值	标准差	个案数（个）	
专业性教育	0.084	0.970	1360	−0.055	1.015	2073	0.000***
可迁移性教育	0.045	1.018	1359	−0.029	0.988	2096	0.032**
教学资源支持	0.067	0.999	1376	−0.044	0.999	2103	0.001***
院校培养（整体）	0.076	0.992	1302	−0.049	1.003	2022	0.000***

注：*** 表示 $p<0.01$，** 表示 $p<0.05$。

细致剖析发现，相比非国家示范校，国家示范校在专业性教育上，着力培养毕业生专业知识水平和专业技术技能，以及提供更多的课题研讨机会和专业转换机会；在可迁移性教育上，通过设置通识教育课程培养职业道德和科学素养、提供校外和校内实习实践项目聚焦专业实践能力和社会适应能力、跨学科教学强调知识的迁移与创新；在教学资源支持上，给予相对充分的就业指导、配备较好的物资和师资支持教学实践活动，如结合国家与产业的需求邀请技能大师、大国工匠进校园，以产教融合项目为载体，丰富行业标准的产品说明、实物模型等，并打造学校教师与企业名师团队共同实施人才培养，提升毕业生的综合职业素质。

可见，不管在专业相关的学习与发展机会、通识及跨学科学习与实践抑或能力拓展与就业指导方面，国家示范校在国家战略发展目标的带领和政策支持下，注入了优质的人力、物力、财力等，且存在较明显的资源优势，故而毕业生给予示范院校更高的教育评价，也进一步说明与毕业生期待的院校培养更为相近。

四　学生参与程度差异

高职毕业生在校期间参与的活动大致可概括为学业性参与和社会性参与。在此，学业性参与中的辅修/双学位、获取资格证书和社会性参与中的担任学生干部、实习经历都为虚拟变量，无法与连续变量做比较；同时，学生干部的认定及管理并不完全是毕业生个人意愿行为，不能反映毕业生真实的参与差异，在此这四者均不列入比较范畴。同时，网络社交时长和娱乐活动两者的概念并非完全对等,因此将娱乐时间也纳入比较分析,使得毕业生参与不同类型活动间的差异更加细致、全面。

通过比较国家示范校和非国家示范校毕业生多方面活动参与状况(表4-23)发现,国家示范校毕业生比非国家示范校毕业生在学习、社团活动方面的参与程度更高,在网络社交时长和娱乐时间分配上,则恰恰相反。国家示范校毕业生平均每天用于学习(6.103小时)的时间高于非国家示范校学生(5.819小时),显著性水平p<0.05;在课余时间安排方面,国家示范校毕业生更愿意将时间分配在社团活动(15.554%)上,比例高于非国家示范校毕业生的参与程度(14.413%)。与此同时,分析发现两类高职院校毕业生在娱乐时间分配上有显著差异,非国家示范校毕业生通常课余时间中的娱乐时间占比比国家示范校毕业生多1.15%左右。

表4-23　　不同院校类型学生参与程度差异

变量	国家示范性高职院校			非国家示范性高职院校			显著性
	均值	标准差	个案数(个)	均值	标准差	个案数(个)	
学习时长(小时)	6.103	3.280	1244	5.819	3.115	1824	0.015**
实习时间分配(%)	43.252	24.126	1306	41.808	25.436	1976	0.104
社团活动时间分配(%)	15.554	12.947	1290	14.413	11.973	1929	0.010**
网络社交时长(小时)	3.678	3.033	1259	3.699	3.974	1883	0.873
娱乐时间分配(%)	21.757	17.573	1302	22.905	18.841	1955	0.080*

注:**表示p<0.05,*表示p<0.1。

基于学生参与数据的对比分析看出,国家示范校毕业生的学习主动性和参与度相较于非国家示范校毕业生更高,他们在学习、社团拓展等方面的投入时间和精力更多、比例更高,也反映了国家示范校毕业生可能对自身有更高的期待与要求,希望通过自身的努力,在职业实践能力和综合职业素养方面有更好的发展,能胜任就业岗位的工作。

五　人力资本差异

由表4-24发现,国家示范校的男性(56.0%)比例显著高于非国家示范校（40.1%），女性比例则显著低于非国家示范校，显著性水平 p<0.01；非国家示范校毕业生获得过奖学金的比例（37.0%）高于国家示范校毕业生（33.4%），显著性水平 p<0.05；以及财经商贸、生物医药、文化教育三个学科大类，非国家示范校比例显著性更高，资源环境、电子制造两个学科大类国家示范校比例则显著性更高，显著性水平 p<0.01。然而，国家示范校与非国家示范校毕业生的学习成绩不存在统计学意义上的差异。

表 4-24　　　　　　不同院校类型人力资本差异

变量		国家示范性高职院校（%）	个案数（个）	非国家示范性高职院校（%）	个案数（个）	显著性
性别	男性	56.0	920	40.1	928	0.000***
	女性	44.0	724	59.9	1389	
政治面貌	党员	20.9	331	17.1	1860	0.004***
	非党员	79.1	1255	82.9	385	
奖学金	获得	33.4	524	37.0	822	0.024**
	未获得	66.6	1045	63.0	1402	
学科大类	财经商贸	21.6	355	40.7	943	0.000***
	资源环境	18.7	307	10.6	245	
	生物医药	8.4	138	14.2	328	
	电子制造	35.4	583	12.8	297	
	文化教育	16.0	263	21.8	505	
学习成绩	专业排名前25%	31.6	497	33.8	748	0.336
	专业排名中间25%—50%	48.5	762	46.5	1030	
	专业排名后50%	19.9	312	19.7	437	

注：***表示 p<0.01，**表示 p<0.05。

六　家庭背景差异

高职毕业生的家庭背景提取了家庭所在地、家庭人均年收入、父母受教育年限和父母职业四个变量进行刻画（表4-25）。

表 4-25　　　　　　　　　　　不同院校类型家庭背景差异

变量		国家示范性高职院校（%）	个案数（个）	非国家示范性高职院校（%）	个案数（个）	显著性
家庭所在地	省会城市或直辖市	15.7	233	13.1	289	0.001***
	地级市	11.3	167	14.5	319	
	县级市或县城	24.2	358	30.6	674	
	乡镇	8.5	126	12.7	280	
	农村	40.3	596	29.1	641	
家庭人均年收入	100001元及以上	4.6	74	5.8	131	0.000***
	50001—100000元	6.6	106	8.0	180	
	20001—50000元	12.3	197	11.6	263	
	10001—20000元	14.9	240	18.5	418	
	5001—10000元	18.2	292	22.4	506	
	3001—5000元	25.0	401	18.1	409	
	3000元及以下	18.4	296	15.7	356	
父母受教育年限	父亲 研究生	1.6	26	2.5	57	0.540
	大学本科	7.8	125	6.1	139	
	专科	10.5	169	7.7	175	
	高中或中专	24.4	393	26.0	594	
	初中	32.3	519	33.7	768	
	小学	18.8	302	21.0	479	
	文盲或半文盲	4.6	74	3.0	69	
	母亲 研究生	1.5	24	1.7	38	0.288
	大学本科	5.8	92	4.6	105	
	专科	7.1	114	6.3	142	
	高中或中专	21.8	348	22.3	505	
	初中	31.4	502	32.5	736	
	小学	23.4	374	27.4	621	
	文盲或半文盲	9.1	146	5.2	117	
父母职业	父亲 管理技术人员	23.0	364	23.1	519	0.927
	非管理技术人员	77.0	1222	76.9	1730	

续表

变量		国家示范性高职院校（%）	个案数（个）	非国家示范性高职院校（%）	个案数（个）	显著性
父母职业	母亲 管理技术人员	14.6	230	14.7	328	0.922
	非管理技术人员	85.4	1348	85.3	1905	

注：*** 表示 p<0.01。

在家庭所在地角度，国家示范校毕业生来自农村的比例（40.3%）高于非国家示范校毕业生（29.1%），来自除农村之外的人数比例之和（59.7%）低于非国家示范校毕业生（70.9%），均呈显著差异，显著性水平 p<0.01。在家庭人均年收入角度，国家示范校毕业生家庭经济收入在 5001 元以上组别的比例（56.6%）低于非国家示范校毕业生家庭（66.3%），存在显著性差异，显著性水平 p<0.01。在父母受教育年限角度，国家示范校毕业生父母学历为高中以上的比例分别占 44.3%和 36.2%，均高于非国家示范校毕业生的 42.3%和 34.9%，但不存在显著性差异。在父母职业角度，国家示范校和非国家示范校毕业生几乎不存在差异。

可见，相较于非国家示范高职院校，国家示范校毕业生更多地来自农村，但家庭教育环境和父母的社会背景等因素对子女的教育经历和成长未产生一定的影响。国家示范校毕业生有着更强的学习主动性，积极参与院校培养活动，在学习实践中不断发展自身就业力，以期获取较好的就业结果。

第五节　不同院校培养的关键作用

一　研究假设

高等教育影响力理论的研究，解释了毕业生在进入高校前、在校期间的经历对学生成就的影响[①]，特别是毕业生的学业、认知和非认知性

---

① Alexander W. Astin, "The Methodology of Research on College Impact," *Sociology of Education*, Vol. 43, No. 3, Summer 1970, pp. 223-254.

能力成就受高校成功教学实践（Good Teaching Practice）的影响①。毕业生就业力的形塑与提升与高校的"教"和"学"息息相关，如专业设置、课程设置、师资配置、就业指导及培训、课外经历等。本书认为，院校培养对高职毕业生就业力发展产生影响，是毕业生在校期间学习与成长的关键因素。不同类型院校的教学资源不同，影响维度不同。同时，高职教育应强化自身职教性、跨界性、实践性的特征在人才培养环节中的应用，促使毕业生获取较好的就业且适应职业环境。由此，假设如下：

假设 4.1：

高职院校培养（本书指专业性教育、可迁移性教育和教学资源支持）与毕业生就业力发展正相关。

学生参与理论解释了毕业生个体在校期间的学习经历与成长是预测毕业生成就的重要解释变量，院校因素和环境因素可间接推进毕业生发展，但学业参与对毕业生成就的影响作用最大②③。个体自身因素，如学业投入时间、经历差异、学习习惯等对毕业生学习与发展起到重要作用，同时不能忽视大学环境与教育相关因素、个体禀赋等对其的影响④。由此，

假设 4.2：

高职毕业生的学生参与（本书指学业性参与和社会性参与）与就业力发展正相关。

父母作为毕业生成长的关键他人，影响毕业生的成长。作为一种社会资本，恰当地使用能对毕业生的就业结果起到帮助作用。社会资本中家庭所在地的经济社会背景在更为宏观的层面构成了毕业生成长的环境，不同的城乡属性、经济发展水平、父母受教育水平等会影响毕业生

---

① Ernest T. Pascarella and Patrick T. Terenzini, *How College Affects Students* (Vol.2): *A Third Decade of Research*, San Francisco, CA: Jossey-Buss, 2005.

② Alexander W. Astin, "Student Involvement: A Development Theory for Higher Education," *Journal of College Student Development*, Vol. 25, No. 4, 1984, pp. 297–308.

③ Alexander W. Astin, *What Matters in College: Four Critical Years Revisited*, San Francisco: Jossey-Bass Publishers, 1993, pp. 325–331.

④ 史静寰：《走向质量治理：中国大学生学情调查的现状与发展》，《中国高教研究》2016 年第 2 期。

的发展。由此，

假设 4.3：

家庭背景好（如家庭人均年收入高、父母学历高、父母为管理技术人员等）的高职毕业生就业力发展越好。

二 研究方法

本节将使用计量回归的方法研究不同院校类型高职毕业生就业力发展的影响因素分析。本书的解释变量大多为分类变量，故本节将采用多元线性回归方法进行回归检验。多元线性回归模型（Multivariable Linear Regression Model）通常用来研究一个因变量依赖多个自变量的变化关系。线性回归方程的统计检验包含单参数检验（t 检验）、总体显著性检验（F 检验）和可决系数（R^2）。回归方程的形式为：

$$Y_i = \beta_{i0} + \sum \beta_{ij} X_{ij} + u_i \tag{4-1}$$

Y 为被解释变量即毕业生就业力，解释变量 X_{ij} 是为影响就业力的发展因素。β_{ij} 是相应解释变量的回归系数，表示第 j 个解释变量对第 i 项就业力发展的影响，系数为正时表示该解释变量对就业力发展有促进作用。β_{i0} 为截距项系数，u_i 为随机扰动项。

为分析不同院校类型高职毕业生就业力发展的影响因素，本节主要分四个部分：第一是院校培养的解释变量包含高职院校的专业性教育、可迁移性教育和教学资源支持；第二是学生参与的解释变量包含学习时长、实习时间分配、社团活动时间分配、网络社交时长、辅修/双学位、资格证书、担任学生干部和实习经历；第三是家庭背景的解释变量包含家庭所在地、家庭人均年收入、父母受教育年限和父母职业；第四是个人特征变量的解释变量包含性别、家庭结构、学科大类、学习成绩、政治面貌和奖学金。

变量的多重共线性（Multi-collinearity）是指线性回归模型中的解释变量之间由于存在精确相关或高度相关关系而使模型估计失真或难以估计准确。即一个自变量可以是其他一个或几个自变量的线性组合。通常情况下有四个指标用以辅助判断有无多重共线性存在：容忍度（Tolerance）越小，多重共线性越严重；方差膨胀因子（Variance Inflation

Factor，VIF）越大，共线性越严重；特征根（Eigenvalue）越接近 0，多重共线性越严重；第一个主成分相对应的条件指数（Condition Index）总为 1，当某些维度的该指数大于 30 时，提示存在多重共线性。因此，自变量间趋势存在多重共线性，得到的模型不可信，可通过增大样本含量，筛选组合拟合模型，去除次要的、缺失值较多、测量误差较大的共线性因子，提供主成分公因子替代原变量等解决这一问题，对因变量和自变量间复杂的关系进行精细刻画。

三 变量说明

从以上结果来看，国家示范校毕业生就业力发展程度均高于非国家示范校毕业生，毕业生个体在学习、实习、社团方面的参与强度也显著高于非国家示范校毕业生，对专业相关的学习与发展机会、通识及跨学科学习与实践、能力拓展与就业指导方面都给予比非国家示范校更高的评价。然而，国家示范校毕业生更多来自农村，他们通过主动参与院校培养，夯实就业力。但这些差异是否具有统计学上的意义，院校类型、院校培养又在多大程度影响学生参与并间接作用于就业力的发展，还需进一步用回归分析进行检验。该部分去除母亲受教育年限变量，因为与父亲受教育年限存有共线性。在前文的理论梳理和统计描述的基础上，分析影响两类院校毕业生就业力发展的影响因素。本书初步选择院校特征（院校类型和院校培养）、学生参与（学业性参与和社会性参与）、人力资本、家庭背景和人口统计学特征五类影响高职毕业生就业力发展的因素，见表 4-26。

表 4-26 影响高职毕业生就业力发展因素的变量说明

因素	变量	说明
就业力发展	职业技能发展	因子得分
	软技能发展	因子得分
	基础技能发展	因子得分
	综合能力发展	用公式得出
院校特征	院校类型	国家示范性高职院校，非国家示范性高职院校（对照组）

续表

因素	变量		说明
院校特征	院校培养	专业性教育	因子得分
		可迁移性教育	因子得分
		教学资源支持	因子得分
学生参与	学业性参与	学习时长	连续变量
		辅修/双学位	是，否（对照组）
		资格证书	获得，未获得（对照组）：外语、计算机、职业
	社会性参与	实习时间分配	连续变量
		社团活动时间分配	连续变量
		网络社交时长	连续变量
		担任学生干部	担任学生干部，非学生干部（对照组）
		实习经历	有，没有（对照组）
人力资本		学科大类	资源环境，生物医药，电子制造，财经商贸（对照组），文化教育
		学习成绩	专业排名前25%，专业排名中间25%—50%，专业排名后50%（对照组）
		政治面貌	党员，非党员（对照组）
		奖学金	获得，未获得（对照组）
家庭背景		家庭所在地	省会城市或直辖市，地级市，县级市或县城，乡镇，农村（对照组）
		家庭人均年收入	50001元及以上，20001—50000元，10001—20000元，5001—10000元，3001—5000元，3000元及以下（对照组）
		父母受教育年限	根据父母受教育程度推算
		父母职业	管理技术人员，非管理技术人员（对照组）
人口统计学特征		性别	男，女（对照组）
		家庭结构	独生子女（对照组），非独生子女

四 院校培养对就业力发展的影响

基于式（4-1），经过多重共线性检验，本书认为解释变量之间的共线性较弱，因此可以进一步采用计量回归的方法。将国家示范性高职院校样本和非国家示范性高职院校样本进行分组，以综合能力发展、职业技能发展、软技能发展和基础技能发展为因变量进行回归。回归模型的显著性概率都小于0.01，表明回归模型总体显著，即解释变量与被解释变量之间存在高度显著的线性关系，同时VIF检验全部通过。见表4-27A和表4-27B所示，在控制毕业生的人口统计学特征、人力资本和家庭背景的情况下，不同类型高职院校培养对毕业生就业力发展的影响分析如下：

1. 专业性教育

对非国家示范校而言，除毕业生的软技能发展之外，对高职毕业生的综合能力、职业技能和基础技能的发展均有显著正向影响。影响程度为基础技能发展最高（0.220），其次是职业技能发展（0.158）和综合能力发展（0.149）；对国家示范校而言，专业性教育对毕业生的基础技能发展与综合能力发展有非常显著的促进作用（基础技能发展0.279，综合能力发展0.145）。

表4-27A　不同高职院校类型毕业生就业力发展的影响因素分析

变量			综合能力发展		职业技能发展	
			国家示范校	非国家示范校	国家示范校	非国家示范校
院校培养		专业性教育	0.145***	0.149***	0.130*	0.158***
		可迁移性教育	0.080***	0.049***	-0.042	0.008
		教学资源支持	0.139***	0.212***	0.321***	0.316***
人口统计学特征	性别	男性	0.130***	0.051**	0.180*	0.138**
	家庭结构	非独生子女	-0.043	-0.017	-0.113	-0.052
人力资本	学科大类	资源环境	-0.014	-0.012	-0.075	0.118
		生物医药	0.007	0.002	0.062	0.202**
		电子制造	-0.136***	-0.033	-0.104	0.109
		文化教育	-0.066	0.048	0.098	0.115
	学习成绩	专业排名中间25%—50%	0.113***	-0.005	0.202*	-0.051
		专业排名前25%	0.090*	0.050	0.183	0.057

续表

变量			综合能力发展		职业技能发展	
			国家示范校	非国家示范校	国家示范校	非国家示范校
人力资本	政治面貌	党员	-0.021	-0.034	-0.007	-0.098
	奖学金	获得	0.011	0.004	0.145	0.037
家庭背景	家庭所在地	省会城市或直辖市	-0.034	0.058	0.067	-0.157*
		地级市	0.010	0.022	0.285*	-0.021
		县级市或县城	-0.038	0.011	0.046	-0.024
		乡镇	-0.029	0.034	-0.176	0.051
	家庭人均年收入	3001—5000元	0.009	-0.068*	0.127	-0.106
		5001—10000元	0.053	-0.006	0.105	0.069
		10001—20000元	0.049	-0.023	0.084	0.033
		20001—50000元	0.085	-0.030	0.254*	-0.091
		50001元及以上	0.119	-0.011	0.131	0.013
	父亲受教育年限		0.001	0.004	0.012	0.006
	父母职业	父亲为管理技术人员	0.061	-0.078**	0.101	-0.075
		母亲为管理技术人员	-0.088	0.077*	-0.385**	0.085
学生参与	学业性参与	学习时长	0.003	-0.001	0.024**	0.010
		有辅修/双学位	0.126***	0.045	-0.043	0.066
		获得资格证书	-0.013	0.004	0.025	-0.073
	社会性参与	实习时间分配	0.002***	0.001**	0.003*	0.000
		社团活动时间分配	0.001	0.001	0.004	-0.001
		网络社交时长	-0.007	0.001	-0.012	-0.013
		担任学生干部	-0.068**	0.020	-0.123	-0.053
		有实习经历	0.013	-0.029	0.170**	0.053
常量			-0.170*	-0.124*	-0.790***	-0.057

注：*** 表示 $p<0.01$，** 表示 $p<0.05$，* 表示 $p<0.1$。

表 4-27B 不同高职院校类型毕业生就业力发展的影响因素分析

变量			软技能发展		基础技能发展	
			国家示范校	非国家示范校	国家示范校	非国家示范校
院校培养	专业性教育		0.134*	0.090*	0.279***	0.220***
	可迁移性教育		-0.033	-0.079*	0.392***	0.308***
	教学资源支持		0.215***	0.398***	-0.080	-0.016
人口统计学特征	性别	男性	-0.080	0.028	0.257***	0.046
	家庭结构	非独生子女	-0.069	-0.033	0.036	0.018
人力资本	学科大类	资源环境	0.055	-0.181*	0.074	-0.060
		生物医药	0.029	-0.091	-0.068	-0.130
		电子制造	-0.017	-0.100	-0.183	-0.090
		文化教育	-0.154	0.057	-0.134	0.019
	学习成绩	专业排名中间 25%—50%	0.031	0.056	0.208*	-0.013
		专业排名前 25%	0.190	0.142*	0.038	0.037
	政治面貌	党员	-0.042	-0.041	0.019	0.064
	奖学金	获得	0.073	0.040	-0.194**	-0.123**
家庭背景	家庭所在地	省会城市或直辖市	-0.359***	0.320***	0.084	0.063
		地级市	-0.319**	0.061	0.057	0.010
		县级市或县城	-0.129	0.048	-0.101	0.056
		乡镇	-0.078	-0.119	0.067	0.174**
	家庭人均年收入	3001—5000 元	-0.082	-0.126	0.003	-0.040
		5001—10000 元	-0.029	-0.001	0.040	-0.064
		10001—20000 元	0.131	-0.142	0.034	-0.012
		20001—50000 元	0.267*	0.106	-0.183	-0.096
		50001 元及以上	0.085	-0.005	0.309**	-0.043
	父亲受教育年限		-0.013	-0.001	0.000	0.003
	父母职业	父亲为管理技术人员	0.045	-0.234***	-0.047	-0.009
		母亲为管理技术人员	0.286*	0.041	-0.041	0.139*

续表

变量			软技能发展		基础技能发展	
			国家示范校	非国家示范校	国家示范校	非国家示范校
学生参与	学业性参与	学习时长	0.001	0.004	−0.008	−0.015 *
		有辅修/双学位	0.350 ***	−0.075	0.189 *	0.037
		获得资格证书	−0.039	−0.013	0.031	0.095
	社会性参与	实习时间分配	0.002	0.002 *	0.003 *	0.001
		社团活动时间分配	−0.003	0.003	0.000	0.002
		网络社交时长	−0.034 ***	0.007	0.024 *	0.000
		担任学生干部	−0.212 **	0.087	0.179 **	0.047
		有实习经历	−0.037	−0.044	−0.034	−0.078
常量			0.390	−0.198	−0.469 *	−0.095

注：*** 表示 p<0.01，** 表示 p<0.05，* 表示 p<0.1。

高职院校专业性教育关注毕业生聚焦专业工作过程的系统化项目任务学习、以市场为导向的实践技能和创新能力的培养，以及通过课题或项目的参与、专业的转换增强毕业生的综合实践能力和知识的融合与迁移，是高职院校人才培养的重中之重。从影响程度来看，高职院校专业性教育对毕业生的职业技能的强化效果相对有限，在培养毕业生的基本工作能力及发展工作能力方面，特别是培养毕业生成为一名优秀的职业人和基于职业生涯发展的主动学习者上尚有很大的提升空间。同时，在进入高职院校学习之前，学生对工作实践相关的职业道德、人文情怀、岗位要求等知识的理解还不够深刻，未能扎实掌握跨组织、跨专业、跨岗位所需的基础能力，以及毕业生的社会适应能力和组织统筹能力有待加强，因此专业性教育在培养毕业生基础技能方面的弹性较强、作用更大。

2. 可迁移性教育

国家示范性高职院校和非国家示范性高职院校的可迁移性教育对毕业生综合能力和基础技能的发展均有显著正向影响，特别是对基础技能发展的影响均为 0.3 以上（国家示范校为 0.392、非国家示范校为 0.308），正向作用显著。

具体来看，可迁移性教育强调从多学科视角培养毕业生的"跨界"

思维与"应用交叉"能力，利用开设注重职业道德、人文情怀、科学素养培育的通识课程，开展聚焦专业素养、人际交往、组织管理、应变创新、复杂问题解决等能力提升的实习实践、社团活动及跨学科课程等，开阔学生的专业"眼界"及跨学科能力。国家示范校与当地优势产业结合的整体人才培养定位较明确，为提供广阔的实践平台、充裕的师资配置、优质的产教融合项目，相较于非国家示范校，会进行较多的人力、物力、财力投入。因此，国家示范校的可迁移性教育相较于非国家示范校，会对毕业生基础技能的发展有更强的促进作用，并进一步发展毕业生的综合能力。

3. 教学资源支持

在两类高校中，教学资源支持对毕业生的综合能力、职业技能和软技能发展均有显著正向影响，且影响程度相较于专业性教育和可迁移性教育整体上更深，特别是在软技能发展上，国家示范校为 0.215，非国家示范校为 0.398。同时，非国家示范校教学资源支持对毕业生的综合能力及软技能发展的影响均高于国家示范校。

依据前文的分析，教学资源支持侧重向毕业生提供结合国家、产业、自身需求的个性化就业指导与立体式的实践辅助，以及为毕业生配备具有职教特色的图书、实物模型等学习资料和结合"双师型"教师与企业导师一体的柔性教学团队，构建软硬件交互的教育资源支持体系。相对而言，国家示范校毕业生的学习自主性和规划性比较强，毕业生通过积极参与并投入院校提供的学习实践项目，能促成较好的一般性知识和专业性知识的迁移，并掌握较好的外语、计算机、数据处理等通用能力和基于工作过程的社会能力，所以国家示范校的就业指导、物力人力投入、实习实训等资源辅助并未能促进毕业生的基础技能的发展。然而，教学资源支持促使非国家示范校毕业生的职业素养、管理能力及沟通表达能力的提升，引导毕业生具备精益求精、务实进取的工匠精神，通过社团及竞赛等实践活动加强自我认知及团队建设能力，并重视工作内容、岗位规范表达的实用性和职业性，实现更深层次的软技能发展，为实现劳动力市场上的职业持续打下坚实的基础。

综上所述，高职院校的专业性教育和可迁移性教育对两类高校毕业生的基础技能发展和综合能力发展均有显著促进作用，且国家示范校在对基础技能发展上的影响力高于非国家示范校；同样，两类高校的专业性教育和教学资源支持对毕业生的职业技能发展和综合能力发展均有显著正向作用，非国家示范校通过专业性教育和教学资源支持获取更多的发展，国家示范校毕业生得到教学资源支持自身职业技能更多的发展；值得关注的是，更多地促进了院校的教学资源支持高职毕业生软技能的发展，而且非国家示范校的促进作用更大。基于此，两类高职毕业生综合能力的发展与专业性教育、可迁移性教育以及教学资源支持都是息息相关的。对国家示范校而言，专业性教育和可迁移性教育对毕业生的基础技能发展、教学资源支持对毕业生的职业技能发展和软技能发展都十分重要；对非国家示范校而言，专业性教育更多地发展了职业技能发展和基础技能，教学资源支持是促进毕业生软技能和职业技能发展的重要基石，可迁移性教育对毕业生基础技能发展的促进作用不容忽视。由此，在控制人口统计学特征、人力资本、家庭背景的情况下，高职院校培养（本书指专业性教育、可迁移性教育和教学资源支持）对毕业生就业力的发展有显著正向影响，且三种院校培养的影响维度有所不同，假设4.1成立。

五 学生参与对就业力发展的影响

1. 时间投入

从两类院校毕业生的时间投入上看，如表4-27A和表4-27B所示，国家示范校毕业生的网络社交时间投入，对软技能发展（$p<0.01$）有显著负向影响（-0.034），但对国家示范校毕业生的基础技能发展有显著正向影响（0.024）。国家示范校毕业生的实习时间投入对自身的综合能力发展、职业技能发展和基础技能发展均有显著正向影响（分别为$p<0.01$、$p<0.1$和$p<0.1$），非国家示范校毕业生的实习时间投入对自身的综合能力发展和软技能发展有显著正向影响（分别为$p<0.05$和$p<0.1$），但相较于国家示范校的影响作用稍微小一些。因此，研究表明参与专业、岗位相关的实习、实践活动能促进高职毕业生就业力的提升，非国家示范校毕业生的职业技能、软技能、基础技能及综合能力发展相对来说有更大的空间。

2. 辅修/双学位

从回归结果来看，非国家示范校生参与辅修或第二学位对毕业生自身的就业力发展没有显著影响；然而，国家示范校生参与辅修或第二学位对自身的综合能力发展（$p<0.01$）、软技能发展（$p<0.01$）和基础技能发展（$p<0.1$）均有显著的正向影响，影响系数分别为 0.126、0.350 和 0.189，说明国家示范校毕业生参与专业的拓展学习、跨学科学习能很好地促进就业力的发展。

3. 担任学生干部

研究发现，在国家示范校中，担任学生干部对软技能发展（$p<0.05$）呈负向影响，影响系数为 -0.212，且对综合能力发展也有负向作用（$p<0.05$），影响系数为 -0.068；但在非国家示范校中，担任学生干部能促进基础技能发展（$p<0.05$），影响系数为 0.179。在培养毕业生就业力发展时，始终凸显与行业、企业具体的岗位标准、职业规范相匹配，如此才能引导高职学生更好地掌握与市场需求对接的软技能。相反，基础技能更多的是强调学生对通用性知识和能力的掌握，担任学生干部是一项复杂、系统的事务性工作，在处理糅合人、事、物一体的任务时，更多地锻炼了高职毕业生的基本工作能力和社会统筹能力，由此，担任学生干部能促进毕业生基础技能的发展，为进入劳动力市场储备好社会能力。

4. 实习经历

从回归结果来看，在国家示范校中，毕业生参与实习可以显著促进自身的职业技能发展（$p<0.05$），影响系数为 0.170，与国家示范校生投入实习时间对职业技能的发展有促进作用相呼应；但对非国家示范校而言，有实习经历对毕业生的就业力发展没有显著影响。

5. 资格证书

对于国家示范校和非国家示范校而言，毕业生是否获取计算机类、外语类、职业类等相关证书，对自身的就业力发展没有显著影响。

综上所述，相比非国家示范校而言，国家示范校毕业生的学生参与对就业力发展的影响程度更大，显著性更高；具体来看，国家示范校毕业生参与学业性活动的时间与精力，更多地作用于自身综合能力、软技能和职业技能的发展；参与社会性活动，如参与实习的时间与精力，更多地作用于综合能力、职业技能和基础技能的发展与提升上。由此，在控制人口统计学特征、人力资本、家庭背景的情况下，高职毕业生的学生参与（本书指学业性参与和社会性参与）对就业力发展有显著正向影响，且国家示范校毕业生的学生参与对就业力发展的促进作用更为明显，假设4.2成立。

六 家庭背景对就业力发展的影响

1. 家庭所在地

如表4—27A和表4—27B所示，比较来自农村家庭的毕业生，不同家庭所在地对高职毕业生综合能力发展均无显著影响。国家示范校里，来自地级市家庭的毕业生对自身职业技能发展（$p<0.1$）有显著正向影响，却对软技能发展（$p<0.05$）的影响呈显著负向作用；非国家示范校里来自省会城市与直辖市家庭的毕业生对自身软技能发展（$p<0.01$）有显著正向影响，却对国家示范校毕业生的软技能发展（$p<0.01$）和非国家示范校毕业生的职业技能发展（$p<0.1$）均呈显著负向作用；来自乡镇家庭的非国家示范校毕业生的基础技能发展（$p<0.05$）比农村家庭的毕业生均显著更强，即展现出更高的知识水平、通用能力和社会能力。

2. 家庭人均年收入

研究发现，家庭人均年收入，即家庭经济背景对国家示范校毕业生的职业技能发展、软技能发展和基础技能发展均存在正向影响，但对非国家示范校毕业生的综合能力发展存在负向影响。从影响趋势上看，相较于家庭人均年收入为3000元以下的国家示范校的毕业生，经济条件越好，对其软技能发展（$p<0.1$）、基础技能发展（$p<0.05$）和职业技能发展（$p<0.1$）的影响程度显著越强，特别是家庭人均年收入为50001元及以上的家庭对国家示范校毕业生的基础技能发展呈非常显著的正向作用，影响系数为0.309。

3. 父母受教育年限

数据显示，相比母亲，高职毕业生父亲的受教育年限对国家示范校和非国家示范校毕业生综合能力发展、职业技能发展、软技能发展和基础技能发展均没有显著影响。

4. 父母职业

在父母职业方面，来自非国家示范校的毕业生，其父亲为管理技术人员时，对毕业生的综合能力发展和软技能发展均有显著的负向作用（分别为 $p<0.05$ 和 $p<0.01$），限制了毕业生综合能力和软技能的发展。母亲为管理技术人员的非国家示范校毕业生的综合能力和基础技能发展更好，且促进了国家示范校毕业生软技能的发展，但限制了国家示范校毕业生职业技能的发展。

结合前文所述，国家示范校毕业生更多来自农村，家庭所在地、父母学历、父母职业，相较于非国家示范校毕业生，并未对国家示范校毕业生的就业力发展呈现明显的优势，但国家示范校毕业生的家庭经济环境对其职业技能、软技能和基础技能发展存在优势。由此，在控制人口统计学特征的情况下，家庭经济背景越好的高职毕业生就业力呈现更好的发展，即家庭背景对高职毕业生就业力发展存在正向影响，假设 4.3 成立。

七 个人特征对就业力发展的影响

1. 性别

与女性相比，见表 4-27A 和表 4-27B 所示，国家示范校和非国家示范校的男性毕业生的综合能力（影响系数分别为 0.130 和 0.051）比女性均得到更多的提升。其中，国家示范校男性的职业技能（$p<0.1$）和基础技能（$p<0.01$）的发展水平更强；非国家示范校的男生职业技能（0.180）和基础技能（0.257）的发展水平也更高（分别为 $p<0.05$ 和 $p<0.01$）；软技能发展没有受到政治面貌的影响。因为职业技能与基础技能，相较于软技能，强调更多的是处理数理、逻辑、关系的能力训练，掌握就业力市场必备的职业能力、实践能力和创新能力，是外向性相对强一些的能力；软技能更多的是一种内隐形能力，注重思想、动机、洞悉力等维度的发展。由此说明，性别对高职毕业生就业力发展的影响存在差别，即高职院校男性更擅长逻辑分析、思维拓展，女性更擅长沟通、共情与表达。

2. 家庭结构

高职院校的毕业生所在家庭的子女结构对就业力发展没有显著

影响。

3. 学科大类

在学科大类比较上，国家示范校毕业生的职业技能、软技能和基础技能发展均没有显著差异；与财经商贸类毕业生相比，国家示范校电子制造类毕业生综合能力发展呈显著弱势（$p<0.01$）；在非国家示范校中，与财经商贸类毕业生相比，生物医药类（均为 $p<0.05$）毕业生的职业技能发展呈显著优势，影响系数为 0.202，但资源环境类毕业生综合能力发展存在显著弱势（$p<0.1$），影响系数为 -0.181。

4. 学习成绩

与专业排名后 50% 的毕业生相比，在国家示范校中，专业排名中间 25%—50% 的毕业生对综合能力发展（$p<0.01$）、职业技能发展（$p<0.1$）和基础技能发展（$p<0.1$）有显著正向影响，影响系数分别为 0.113、0.202 和 0.208；专业排名前 25% 的国家示范校毕业生和非国家示范校毕业生分别对其综合能力和软技能发展呈现优势，影响系数分别为 0.090 和 0.142（均为 $p<0.1$）。

5. 奖学金

获得奖学金的国家示范校和非国家示范校毕业生，他们的基础技能发展（均为 $p<0.05$）均受到限制。分析原因，目前高职院校奖学金的评定是一项综合性考评，大致涵盖专业课程的学习成绩（占 60%，含学习科目、英语四六级考试和学科竞赛）、文体分（10%）和德育分（30%）相加的综合排名，一方面是所在专业的知识、技能的掌握程度和文体项目考核，另一方面是毕业生参与学生组织管理、社团等生师、生生互动项目的综合表现，是基于量化分数的评定。而基础技能关注的是毕业生具备的行业性知识、不同岗位间的通用能力和工作过程中的社会能力，在某种程度上来说，不是院校专业课程考核的主体内容；且获得奖学金的毕业生在专业课程学习及校内工作上投入的时间和精力更多，在基础技能发展方面的投入相对会少一些，因此影响基础技能发展。

基于探索性因子分析，本书将高职毕业生就业力分为职业技能、软技能和基础技能三个维度，并进行了信效度检验。依照职业技能发展、软技能发展和基础技能发展的方差贡献率作为权重得出高职毕业生综合能力发展的取值。本章从学科类型、性别、家庭三个方面，对不同高职毕业生群体的三项就业力发展进行了比较与统计分析。发现高职资源环境学科大类在职业技能、软技能和基础技能发展方面，得分都是最高，表现最优异。同时，高职男性毕业生的职业技能、软技能和基础技能发展均优于女性，且来自乡镇和省会城市或直辖市的高职毕业生在就业力发展相对于其他地区毕业生表现更好，特别是乡镇家庭毕业生的基础技能表现突出。

通过识别影响高职毕业生的综合能力、职业技能、软技能和基础技能发展的因素，发现院校培养的作用最大。以此，将高职院校划分为国家示范校与非国家示范校，并比较不同院校类型毕业生的就业力发展、院校培养、学生参与程度、人力资本、家庭背景等发展水平差异，并进一步采用多元线性回归方法，得出以下四个方面的结论：

一是，高职院校的专业性教育和可迁移性教育对两类高职院校毕业生的基础技能和综合能力发展均有显著促进作用，两类院校的专业性教育、教学资源支持对毕业生的职业技能和综合能力发展均有显著正向作用，软技能发展更多地受教学资源支持的影响。同时，两类高职院校毕业生综合能力发展与专业性教育、可迁移性教育和教学资源支持都是息息相关。

二是，相比非国家示范校，国家示范校毕业生的参与与投入对就业力发展的影响程度更大、更显著；国家示范校毕业生参与学业性活动的时间与精力，更多地作用于综合能力、软技能和职业技能的发展；参与社会性活动，如参与实习的时间与精力，更多地作用于综合能力、职业技能和基础技能的发展与提升上。

三是，国家示范校毕业生更多来自农村，家庭所在地、父母学历、父母职业，相较于非国家示范校毕业生而言，并未对国家示范校毕业生的就业力发展呈现明显的优势。但国家示范校毕业生的家庭经济环境对其职业技能、软技能和基础技能发展存在优势。

四是，个人特征对就业力的影响存在差别。高职院校男性毕业生更擅长逻辑分析，女性毕业生更擅长沟通表达。在学科大类比较上，国家示范校毕业生的职业技能、软技能和基础技能发展均没有显著差异；与财经商贸类毕业生相比，国家示范校电子制造类毕业生综合能力发展呈显著弱势；在非国家示范校中，生物医药类毕业生的职业技能发展呈显著优势，但资源环境类毕业生综合能力发展存在显著弱势。此外，学习成绩为专业排名前25%和中间25%—50%毕业生的就业力发展水平显著更高，然而，获得奖学金的毕业生的基础技能发展却受到一定程度的限制。

高职院校有着独特的高等教育属性，应体现出区别于普通本科院校不一样的职教性、跨界性和实践性，关键是院校的人才培养方案要与国家经济发展趋向一致，培育市场导向的复合型、创新型技术技能人才。面对日益严峻的大学生就业市场，作为对高职毕业生就业力发展影响作用最大的因素，高职院校培养的实施面临着巨大的挑战，院校培养的有效性和教学资源配置的先进性是否能与新兴产业领域的劳动力市场需求相匹配，是高职教育教学改革与创新的关键。由此，接下来本书的研究将目光聚焦在高职院校产教融合，从微观层面，即校企协同育人角度，结合案例研究的方法，分析校企协同育人促进毕业生就业力发展及保障高质量就业的路径，以提出有针对性的建议。

第五章　毕业生视角的学以致用评估

毕业生在具备了一定综合职业能力之后，最终希望能寻得理想的就业结果，院校培养及学生参与对就业力发展的促进作用与高校成功教学实践（Good Teaching Practice）① 对学生学业成就的作用一致。毕业生进行职业决策时，一方面考虑自身的就业力情况和可支配的资源，更重要的是会对已具备的就业力带来的就业结果进行预测与检验。然而，不同就业力发展是否一定会带来更为满意的就业结果，则无定论。原因在于就业结果有多种衡量的维度，不同的就业人群对期待的就业诉求也各不相同，更为重要的是缺乏系统全面的实证研究经验。

高职毕业生在毕业后的方向选择上各有差异，单位就业与灵活就业是当前市场经济背景下出现的主要就业类型。随着新经济的发展，新产业、新岗位的出现，灵活就业比例呈逐年上升的趋势。因此，本章首先考察的是就业类型。其次，不管是教育经济学研究范畴抑或劳动力市场角度，就业起薪待遇体现的是对毕业生就业能力素质的考察，更是衡量毕业生就业质量的重要指标。最后，就业满意度关乎毕业生的职业生涯发展，是毕业生对所找工作满意程度的主观评价，更是衡量就业质量的重要指标。

本章从毕业生在劳动力市场中的就业类型、就业起薪和就业满意度三个角度对就业结果进行衡量，分析高职毕业生不同的就业类型、就业起薪和就业满意度受就业力发展的影响程度。

---

① Ernest T. Pascarella and Patrick T. Terenzini, *How College Affects Students* (*Vol. 2*): *A Third Decade of Research*, San Francisco, CA: Jossey-Buss, 2005.

采用描述统计方法，对不同类型高职毕业生的就业结果进行分析，观察不同类型高职院校毕业生的就业类型、就业起薪和就业满意度的差别。其中，就业类型的频数单位为个，比例单位为%；就业起薪的单位是元/月。在删除收入缺失值样本并保留税前月收入为正常值（500—50000元/月）的样本后共获得有效样本2094个。

在有效样本中，单位就业毕业生占78.1%，灵活就业毕业生占21.9%；男性占46.4%，女性占53.6%；国家示范性高职院校占37.8%，非国家示范性高职院校占62.2%。就收入而言，单位就业群体的税前月收入均值为3634.14元，灵活就业群体的税前月收入均值为3727.77元，比单位就业群体收入多约2.6%。在就业满意度方面，单位就业群体对就业结果的总体满意度中"非常满意"和"满意"的占比更高。

将"非常满意""满意"合并为"就业满意"，2019年高职毕业生"就业满意"占比80.3%；将"一般""不太满意""很不满意"合并为"就业非满意"，占比19.7%。同时，毕业生对各项具体指标感到"就业满意"的比例由高到低依次为工作稳定性71.8%、工作地点70.5%、工资福利67.9%、独立自主性67.0%、个人发展空间66.7%和社会地位62%（表5-1）。

表5-1　　2019年高职毕业生就业满意度　　单位：%

	总体满意度	工资福利	工作地点	工作稳定性	个人发展空间	社会地位	独立自主性
（1）非常满意：5分	36.4	24.6	28.7	27.7	28.7	25.4	29.6
（2）满意：4分	43.9	43.3	41.8	44.1	38.0	36.6	37.4
（3）一般：3分	17.6	27.1	24.5	23.8	27.0	31.6	26.3
（4）不太满意：2分	1.7	4.4	4.1	3.8	5.4	5.6	5.1
（5）很不满意：1分	0.5	0.6	0.9	0.6	0.9	0.8	1.6
就业满意：选项（1）+（2）	80.3	67.9	70.5	71.8	66.7	62.0	67.0
就业非满意：选项（3）+（4）+（5）	19.7	32.1	29.5	28.2	33.3	38.0	33.0

经过变量的统计描述发现，高职毕业生的就业类型存在显著差异（显著性水平0.01）。与非国家示范校相比，国家示范校毕业生选择灵活就业的比例更高（国家示范校25.0%，非国家示范校20.0%），选择单位就业的比例相较于非国家示范校要低（国家示范校75.0%，非国家示范校80.0%）。就业类型的不同，除了个人意愿之外，更多的应是受到自身能力水平的影响。正如学者发现毕业生的内因，如学校性质、学历层次、知识水平等是决定就业竞争力的关键[1][2]，且工作能力、工作或实习经历、求职技巧等因素对就业的影响大[3]。与单位就业相比，灵活就业意味着毕业生在劳动力市场上面临更多的挑战，需要具备较强的适应能力、抗压能力、应变力及学习力，才能有效应对灵活就业过程中可能遇到的各种风险与不确定因素。

比较就业起薪差异，本章分析包含单位就业和灵活就业的毕业生样本，发现国家示范校毕业生起薪略高于非国家示范校毕业生，且呈现显著差异。国家示范校毕业生的实际起薪均值为3822.57元/月，略高于非国家示范校毕业生的3552.67元/月，从劳动力市场上看，国家示范校毕业生的就业力被用人单位认可且劳动价值更高。为了探明就业起薪在多大程度上受不同院校类型的影响，进而理解院校培养及毕业生就业力发展水平对就业起薪的影响，本书将进一步使用回归方法对其进行分析。

比较就业满意度，如表5-2所示，7项统计指标按"非常满意：5分"至"很不满意：1分"得分发现，两类高职毕业生在总体满意度上呈现显著差异。具体在"社会地位"满意度上，国家示范校平均得分为3.85，非国家示范校为3.76，存在显著差异；在"工资福利"满意度上，国家示范校平均得分为3.91，非国家示范校为3.85，存在显著差异；在"工作稳定性"满意度上，国家示范校平均得分为3.99，非国家示范校为3.92，存在显著差异；在"工作地点""个人发展空

---

[1] 岳昌君：《求职与起薪：高校毕业生就业竞争力的实证分析》，《管理世界》2004年第11期。

[2] 闵维方、丁小浩、文东茅、岳昌君：《2005年高校毕业生就业状况的调查分析》，《高等教育研究》2006年第1期。

[3] 岳昌君、周丽萍：《中国高校毕业生就业趋势分析：2003—2017年》，《北京大学教育评论》2017年第4期。

间""独立自主性"评价上不存在统计学意义上的差异。

表 5-2 就业满意度的描述统计

变量	统计指标	国家示范性高职院校		非国家示范性高职院校		显著性
		平均值（分）	标准差	平均值（分）	标准差	
就业满意度	总体满意度	4.19	0.768	4.11	0.805	0.046**
	工资福利	3.91	0.829	3.85	0.866	0.097*
	工作地点	3.96	0.881	3.91	0.877	0.211
	工作稳定性	3.99	0.846	3.92	0.847	0.082*
	个人发展空间	3.93	0.907	3.86	0.924	0.102
	社会地位	3.85	0.899	3.76	0.910	0.038**
	独立自主性	3.92	0.916	3.86	0.961	0.157

注：**表示 $p<0.05$，*表示 $p<0.1$。

由此本书认为，国家示范校毕业生的社会地位、工作稳定性和工资福利相较于非国家示范校更符合毕业生的预期，被劳动力市场的接纳程度相对较高，总体满意度也更高。与"工作因素"如国有单位就业、在大中城市工作、高收入的工作、从事管理岗位工作、能解决户口和档案的工作等对就业满意度有显著正向作用的发现一致[1]。因此，为探明就业满意度在多大程度上受毕业生就业力发展的影响，本书将进一步使用回归方法对其进行分析，进而理解不同院校类型高职院校产教融合实践的差异。

第一节 就业力发展对就业类型的影响

一 研究假设

人力资本是个体在知识、技能及培训方面的投资。新人力资本理论认为能力是人力资本的核心，影响知识、技能的获得，并转化为人力资

---

[1] 岳昌君：《中国高校毕业生就业满意度的影响因素分析》，《北京大学教育评论》2013年第2期。

本收益。人力资本的数量和质量水平反映了毕业生作为劳动者能力上质的差异,人力资本影响毕业生求职结果、起薪和工作满意度①,且人力资本越丰富的毕业生,越倾向于选择社会地位和资源含量较高的单位就业②。根据前文的理论分析与描述统计结果,本节提出以下假设:

假设 5.1:

在控制人口统计学特征、学生参与、人力资本、家庭背景的情况下,就业力发展越好的高职毕业生越容易获得单位就业的机会。

二 研究方法

当因变量为分类变量且为二分类时,一般采用二元 Logistic 回归,可试图从多个自变量中选出对因变量有影响的因素。为了探寻不同院校类型毕业生就业力发展对就业类型的影响,本节以就业类型为因变量,通过二元 Logistic 回归模型,研究在控制人口统计学特征、人力资本、家庭背景的情况下,不同类型高职院校毕业生就业力发展如何影响毕业生就业类型,回归方程为:

$$\text{Logit}(P_i) = \ln\left(\frac{P_i}{1-P_i}\right) = \beta_{i0} + \sum \beta_{ij} X_{ij} + \varepsilon \quad (5-1)$$

以式(5-1)研究高职毕业生的就业力发展如何影响就业类型,其中,P_i 表示选择 i 类就业类型的概率,$P_i/1-P_i$ 是第 i 就业类型选择与未选择的概率之比,即优势比(Odds Ratio),理解为选择此类就业类型的机会比率,Logit(P_i)定义为机会比率的对数。解释变量 X_{ij} 是指影响 i 就业类型的毕业生的第 j 个就业力发展,β_{ij} 是相应解释变量的回归系数,表示第 j 个解释变量对第 i 类毕业就业类型选择的影响,其取值等于机会的变化率,正的系数表示该项就业力发展会促进毕业生选择此类就业类型,且系数越大表示概率越大。β_{i0} 为截距项,ε 为随机扰动项。其中,单位就业=0,灵活就业=1。

---

① 岳昌君、杨中超:《我国高校毕业生的就业结果及其影响因素研究——基于 2011 年全国高校抽样调查数据的实证分析》,《高等教育研究》2012 年第 4 期。
② 李黎明、张顺国:《影响高校大学生职业选择的因素分析 基于社会资本和人力资本的双重考察》,《社会》2008 年第 2 期。

三 变量说明

结合以上研究，两类高职院校的专业性教育、可迁移性教育和教学资源支持与毕业生就业力发展息息相关，国家示范校毕业生的学生参与对就业力发展的影响程度比非国家示范校更大。本节将在前文的研究基础上，分析两种院校类型高职毕业生就业力发展对就业类型的影响，变量说明如表 5-3 所示。

表 5-3　　　　就业力发展对就业类型影响的变量说明

因素	变量		说明
就业结果	就业类型		单位就业（对照组），灵活就业
院校特征	院校类型		国家示范性高职院校，非国家示范性高职院校（对照组）
就业状况	就业力发展	职业技能发展	因子得分
		软技能发展	因子得分
		基础技能发展	因子得分
人力资本		学科大类	资源环境，生物医药，电子制造，财经商贸（对照组），文化教育
		学习成绩	专业排名前 25%，专业排名中间 25%—50%，专业排名后 50%（对照组）
		政治面貌	党员，非党员（对照组）
		奖学金	获得，未获得（对照组）
学生参与	学业性参与	学习时长	连续变量
		辅修/双学位	是，否（对照组）
		资格证书	获得，未获得（对照组）：外语、计算机、职业三类
	社会性参与	实习时间分配	连续变量
		社团活动时间分配	连续变量
		网络社交时长	连续变量
		担任学生干部	担任学生干部，非学生干部（对照组）
		实习经历	有，没有（对照组）
家庭背景		家庭所在地	省会城市或直辖市，地级市，县级市或县城，乡镇，农村（对照组）

续表

因素	变量	说明
家庭背景	家庭人均年收入	50001元及以上，20001—50000元，10001—20000元，5001—10000元，3001—5000元，3000元及以下（对照组）
	父母受教育年限	根据父母教育程度推算
	父母职业	管理技术人员，非管理技术人员（对照组）
人口统计学特征	性别	男，女（对照组）
	家庭结构	独生子女（对照组），非独生子女

四 就业力发展对毕业生就业类型的影响

基于模型（5-1）分析高职毕业生就业力发展对就业类型的影响（表5-4）。共有1555（国家示范校509个，非国家示范校946个）个样本观测值进入回归方程，整体来看，模型的拟合程度较好，可信度较高。

表5-4 不同类型高职院校毕业生就业力发展对就业类型的影响

变量			国家示范校毕业生就业			非国家示范校毕业生就业		
			系数	显著性	Exp（B）	系数	显著性	Exp（B）
就业状况	就业力发展	职业技能发展	-0.175	0.250	0.839	-0.059	0.571	0.943
		软技能发展	-0.159	0.308	0.853	-0.070	0.511	0.933
		基础技能发展	0.030	0.854	1.030	-0.086	0.470	0.918
人口统计学特征	性别	男性	-0.431	0.249	0.650	0.560**	0.033	1.750
	家庭结构	非独生子女	0.894**	0.030	2.444	-0.147	0.555	0.863
学生参与	学业性参与	学习时长	0.086*	0.093	1.090	0.003	0.923	1.003
		有辅修/双学位	0.407	0.303	1.502	-0.058	0.874	0.944
		获得资格证书	0.422	0.260	1.525	0.422	0.308	1.524
	社会性参与	实习时间分配	-0.017**	0.011	0.983	-0.002	0.655	0.998
		社团活动时间分配	0.006	0.677	1.006	-0.001	0.916	0.999
		网络社交时长	0.025	0.583	1.026	0.030	0.451	1.030
		担任学生干部	0.199	0.565	1.220	-0.052	0.828	0.949
		有实习经历	0.347	0.309	1.416	-0.026	0.917	0.974

续表

变量			国家示范校毕业生就业			非国家示范校毕业生就业		
			系数	显著性	Exp（B）	系数	显著性	Exp（B）
人力资本	学科大类	资源环境	1.408	0.017	4.089	1.037***	0.008	2.820
		生物医药	1.159*	0.068	3.187	0.664*	0.078	1.942
		电子制造	1.090**	0.040	2.974	1.310***	0.000	3.706
		文化教育	-0.035	0.959	0.965	1.228***	0.000	3.415
	学习成绩	专业排名中间25%—50%	0.550	0.204	1.733	-0.003	0.991	0.997
		专业排名前25%	0.049	0.923	1.050	-0.224	0.489	0.799
	政治面貌	党员	0.367	0.323	1.444	-0.097	0.760	0.907
	奖学金	获得	-0.448**	0.216	0.639	0.316	0.219	1.372
家庭背景	家庭所在地	省会城市或直辖市	-0.242	0.637	0.785	-0.055	0.894	0.946
		地级市	0.592	0.246	1.807	0.075	0.846	1.078
		县级市或县城	0.315	0.408	1.370	-0.001	0.996	0.999
		乡镇	-1.337	0.126	0.263	0.150	0.681	1.162
	家庭人均年收入	3001—5000元	-0.867*	0.055	0.420	-0.731*	0.091	0.481
		5001—10000元	-0.444	0.320	0.641	0.081	0.819	1.084
		10001—20000元	-0.136	0.796	0.872	-0.414	0.281	0.661
		20001—50000元	-1.539**	0.015	0.215	-0.861*	0.045	0.423
		50001元及以上	-0.679	0.235	0.507	-0.813*	0.056	0.443
	父亲受教育年限		-0.019	0.767	0.981	0.023	0.583	1.023
	母亲受教育年限		0.089	0.164	1.094	-0.005	0.904	0.995
	父母职业	父亲为管理技术人员	0.370	0.454	1.448	0.873***	0.007	2.394
		母亲为管理技术人员	-1.175	0.116	0.309	-0.375	0.349	0.687
常量			-3.347***	0.003	0.035	-2.837***	0.000	0.058

注：***表示 $p<0.01$，**表示 $p<0.05$，*表示 $p<0.1$。

该研究模型系数的综合检验结果表明模型总体显著性水平为 0.000，基于不同院校类型毕业生就业类型的二元 Logistic 回归模型中 Hosmer-

Lemeshow Test 拟合优度检验值均超 0.05，说明拟合值和观测值之间拟合较好。多重共线性检验结果显示所有解释变量的方差膨胀因子均低于 10，模型中解释变量之间不存在严重的多重共线性。

高职毕业生就业力发展越好，预示着就业选择越多，在就业宽度和深度上或许比就业力发展相对较弱的毕业生群体有更好的表现。回归数据表明，国家示范校和非国家示范校毕业生的就业类型与就业力发展包含的职业技能发展、软技能发展和基础技能发展均无显著关系。这说明在控制了人口统计学特征、学生参与、人力资本、家庭背景时，就业力发展越好的高职毕业生并不必然越容易获得单位就业的机会。假设 5.1 不成立。结合相关领域的研究，高职毕业生的求职定位相对较低，与本科生相比更偏向于收入较低、福利保障较好、个人发展前景较好的民营或"三资"企业工作[1]。董子静发现对于高校本科毕业后进入劳动力市场的毕业生，软技能发展水平越高，越倾向于选择稳定的职业；与重点大学相比，普通院校毕业生软技能发展水平越高，选择灵活职业的概率越大[2]。夏洁发现就业观念影响毕业生具体的就业去向，重视前景待遇的就业观念有助于单位就业，重视就业自由舒适、城市规模和社会规模的毕业生就业观念会增加自由职业的概率[3]。此外，家庭背景中"与经济状况强相关"的指标因素（或称"经济资本"）、毕业生掌握"偏应用型导向"的知识和能力（包含人力资本指标中的学生干部经历、计算机资格证书获得情况、辅修/双学位经历等因素）、高质量的创业教育（学生评价较好）都会对毕业生的自主创业选择产生积极作用[4]。由此，院校培养、人力资本、家庭背景、就业观念等都是影响毕业生倾向选择不同就业类型的因素，今后可以尝试在高等职业教育领域进行更为细致的毕业生就业类型影响因素研究。

本节围绕毕业生就业力发展对不同就业类型的影响进行了讨论，在控制人口统计学特征、学生参与、人力资本、家庭背景的情况下，就业

---

[1] 杨钋、郭建如、金铁男：《高职高专毕业生就业质量分析》，《教育发展研究》2013 年第 21 期。
[2] 董子静：《高校本科生就业能力发展的实证研究》，博士学位论文，北京大学，2019 年。
[3] 夏洁：《就业观念对高校毕业生求职的影响》，博士学位论文，北京大学，2021 年。
[4] 祝军：《高校毕业生自主创业及其影响因素研究——基于家庭背景、人力资本和就业观念等因素的实证分析》，博士学位论文，北京大学，2020 年。

力发展越好的毕业生并不必然越容易获得单位就业的机会。结合之前的分析，特别是示范校毕业生更多是来自农村，家庭经济背景对就业力发展存在正向作用，但作用力不强，毕业生仍需凭借自身积极投入学习实践，发展就业力，以此获得理想的就业。

第二节 就业力发展对就业起薪的影响

一 研究假设
假设 5.2：
在控制人口统计学特征、学生参与、人力资本、家庭背景、就业类型的情况下，高职毕业生就业力发展越好，就业起薪则越高。

二 研究方法
为了探明不同院校类型毕业生就业力发展对就业起薪的影响，同时使就业起薪数据分布更趋向于正态分布，满足回归分析的条件，减小异方差，即避免极大值和极小值对回归结果的影响，本节以高职毕业生"就业起薪"为因变量，采用单对数模型，即常增长率模型，研究在控制人口统计学特征、学生参与、人力资本、家庭背景、就业类型的情况下，不同类型高职毕业生就业力发展如何影响就业起薪。

$$\ln Y = \beta_0 + \sum \beta_j X_j + \varepsilon \qquad (5-2)$$

在该模型中，每个参数等于因变量的平均变化率，即解释变量绝对量的一单位变化所引起的因变量的变化率，Y 为被解释变量就业起薪，单位是"元/月"，对解释变量 X_j 来说，其一个单位的变化将导致高职毕业生起薪平均变化 β 个百分点。β_0 为截距项系数，ε 为随机扰动项。

三 变量说明
研究发现，国家示范校毕业生就业起薪（均值为 3822.57 元/月）高于非国家示范校毕业生（均值为 3552.67 元/月），且呈现显著差异。为了探明就业起薪在多大程度上受不同院校类型的影响，进而理解院校培养及毕业生就业力发展对就业起薪的影响，本节将进一步使用回归方法对其进行分析，具体变量说明如表 5-5 所示。

表 5-5　　就业力发展对就业起薪影响的变量说明

因素	变量		说明
就业结果	就业起薪		连续变量，取就业起薪对数
院校特征	院校类型		国家示范性高职院校，非国家示范性高职院校（对照组）
就业状况	就业力发展	职业技能发展	因子得分
		软技能发展	因子得分
		基础技能发展	因子得分
	就业类型		单位就业（对照组），灵活就业
人力资本	学科大类		资源环境，生物医药，电子制造，财经商贸（对照组），文化教育
	学习成绩		专业排名前 25%，专业排名中间 25%—50%，专业排名后 50%（对照组）
	政治面貌		党员，非党员（对照组）
	奖学金		获得，未获得（对照组）
学生参与	学业性参与	学习时长	连续变量
		辅修/双学位	是，否（对照组）
		资格证书	获得，未获得（对照组）：外语、计算机、职业三类
	社会性参与	实习时间分配	连续变量
		社团活动时间分配	连续变量
		网络社交时长	连续变量
		担任学生干部	担任学生干部，非学生干部（对照组）
		实习经历	有，没有（对照组）
家庭背景	家庭所在地		省会城市或直辖市，地级市，县级市或县城，乡镇，农村（对照组）
	家庭人均年收入		50001 元及以上，20001—50000 元，10001—20000 元，5001—10000 元，3001—5000 元，3000 元及以下（对照组）
	父母受教育年限		根据父母受教育程度推算
	父母职业		管理技术人员，非管理技术人员（对照组）
人口统计学	性别		男，女（对照组）
	家庭结构		独生子女（对照组），非独生子女

四 就业力发展对毕业生就业起薪的影响

基于模型（5-2）对不同高职院校类型毕业生确定工作后的就业起薪进行分析，使用常增长率模型，即对就业起薪数据取对数。最终进入回归方程的样本观测值有 999（国家示范校 304 个，非国家示范校 695 个）个，模型系数的综合检验结果表明模型总体显著性水平为 0.000，多重共线性检验结果显示所有解释变量的方差膨胀因子均小于 10，模型中解释变量之间不存在严重的多重共线性。整体来看，模型的拟合程度较好，可信度较高。去除母亲受教育年限，因为与父亲受教育年限存有共线性。表 5-6 显示国家示范性高职院校毕业生的职业技能发展和基础技能发展的回归系数分别是 0.084（$p<0.01$）和 0.042（$p<0.1$），说明在控制人口统计学特征、学生参与、人力资本、家庭背景、就业类型的情况下，毕业生职业技能和基础技能的发展会使得国家示范校毕业生就业起薪高于同条件的非国家示范校毕业生，平均比例分别为 8.4% 和 4.2%；然而，高职毕业生软技能发展对实际就业起薪并无显著影响。因此，高职毕业生就业力发展越好，就业起薪越高，假设 5.2 得到验证。

表 5-6　不同类型高职院校毕业生就业力发展对就业起薪的影响

变量			国家示范校毕业生就业起薪		非国家示范校毕业生就业起薪	
			系数	显著性	系数	显著性
就业状况	就业力发展	职业技能发展	0.084***	0.001	-0.004	0.800
		软技能发展	-0.022	0.364	0.009	0.544
		基础技能发展	0.042*	0.100	0.006	0.747
	就业类型	灵活就业	-0.087	0.118	-0.053	0.222
人口统计学特征	性别	男性	-0.004	0.944	0.155***	0.000
	家庭结构	非独生子女	-0.053	0.398	-0.011	0.748
学生参与	学业性参与	学习时长	0.003	0.690	-0.002	0.627
		有辅修/双学位	0.038	0.551	0.015	0.763
		获得资格证书	-0.027	0.656	-0.012	0.803

续表

变量			国家示范校毕业生就业起薪		非国家示范校毕业生就业起薪	
			系数	显著性	系数	显著性
学生参与	社会性参与	实习时间分配	0.002**	0.040	-0.001	0.271
		社团活动时间分配	0.003	0.135	-0.000	0.963
		网络社交时长	0.014*	0.054	0.002	0.765
		担任学生干部	-0.029	0.593	0.060*	0.069
		有实习经历	-0.126**	0.025	0.046	0.193
人力资本	学科大类	资源环境	-0.013	0.888	0.035	0.553
		生物医药	-0.057	0.577	-0.026	0.599
		电子制造	0.123	0.135	-0.056	0.326
		文化教育	-0.082	0.397	-0.120***	0.005
	学习成绩	专业排名中间25%—50%	0.005	0.941	0.021	0.623
		专业排名前25%	0.051	0.518	0.126***	0.006
	政治面貌	党员	0.001	0.982	0.120***	0.005
	奖学金	获得	0.034	0.564	0.031	0.395
家庭背景	家庭所在地	省会城市或直辖市	0.158**	0.046	-0.030	0.605
		地级市	-0.033	0.702	-0.080	0.149
		县级市或县城	-0.036	0.574	-0.027	0.500
		乡镇	-0.017	0.878	-0.035	0.501
	家庭人均年收入	3001—5000 元	0.000	0.995	-0.037	0.513
		5001—10000 元	-0.113	0.145	-0.001	0.980
		10001—20000 元	0.069	0.433	-0.005	0.929
		20001—50000 元	0.124	0.194	0.043	0.456
		50001 元及以上	0.051	0.591	0.116**	0.045
	父亲受教育年限		0.002	0.390	0.008	0.230
	父母职业	父亲管理技术人员	0.278***	0.001	0.057	0.251
		母亲管理技术人员	-0.140	0.195	-0.053	0.359
	常量		7.946***	0.000	7.880***	0.000

注：①起薪单位，元/月。② *** 表示 p<0.01，** 表示 p<0.05，* 表示 p<0.1。

基于前文分析结果，不管是国家示范校还是非国家示范校，高职院校的专业性教育和教学资源支持对毕业生的职业技能和综合能力发展均产生非常显著的促进作用，毕业生职业技能包含基本工作能力和发展工作能力两部分，毕业生具备较强的职业技能体现的是更强的问题解决能力、学习能力、创新能力、团队合作能力以及更好的时间管理、压力下的自我调节与评价等状态。毕业生基础技能发展同样受两类高职院校的专业性教育和可迁移性教育的正向影响，基础技能包含毕业生的知识水平、通用能力和社会能力，只有在职场中胜任充满挑战与风险的工作，敢于适应新环境、新变化，并展现一定的自我职业发展潜力，毕业生才会更易得到用人单位的认可与支持，获取更高的就业起薪。软技能发展仅受教学资源支持的影响。两类高职院校毕业生的综合能力发展与专业性教育、可迁移性教育和教学资源支持都是息息相关。

在此，随着国家示范校毕业生的职业技能和基础技能的发展，相较于非国家示范校，国家示范校毕业生的就业起薪高，试分析原因大致可分为三个方面：

一是从用人单位的角度，国家示范校的毕业生比非国家示范校应该接受过更为系统的院校培养，毕业生的工作专业性、职业性更强，应该匹配相对更高的待遇。同时，国家示范校在院校培养过程中，对毕业生的学习习惯、职业规范会有更高的标准与要求，必定会展现出较强的工作能力和业务素质。由此，愿意支付更高的薪酬。

二是从毕业生自身的角度，毕业生求职时对于就业结果的偏好具有差别，结合之前的发现，国家示范校毕业生通过参与实习、实践，增强就业力，会倾向求职于更稳定、更规范、更体面、福利报酬相对较好的工作；且职业技能及基础技能与软技能相比，在求职过程中更易被识别且认定，能更好地"说服"雇主肯定毕业生展现出的自立、灵活性及可塑性。

三是从高职院校的角度，高职院校在成为国家示范校之后，在与企业对接实施人才招聘的过程中，会对企业进行筛选，并对薪酬进行最低标准的设定，认为自身院校培养的毕业生有更好的发展潜力，其职业技能和基础技能能给企业带来更多的绩效与利润。因此，国家示范校对毕业生的期待，结合用人单位对国家示范校毕业生的职业信心，使得毕业生能获取更高的薪资报酬。

在研究高职毕业生就业力发展对就业起薪的影响是否因院校类型的不同存在差异，且是否出现就业劳动力市场上易发生的性别作用差异、城乡作用差异、政治面貌偏向及职业代际传递等现象之后，接下来在常增长率回归模型中引入院校类型、性别、家庭所在地、政治面貌、父母职业和就业力发展三个维度的交互项，见表5-7所示。

表 5-7　就业力发展与不同交互项共同作用对就业起薪的影响

变量			就业起薪	
			系数	显著性
就业状况	就业力发展	职业技能发展	−0.032	0.264
		软技能发展	−0.017	0.575
		基础技能发展	0.002	0.958
	就业类型	灵活就业	−0.065*	0.058
人口统计学特征	性别	男性	0.100***	0.002
	家庭结构	非独生子女	−0.008	0.786
学生参与	学业性参与	学习时长	0.001	0.852
		有辅修/双学位	0.041	0.306
		获得资格证书	−0.025	0.501
	社会性参与	实习时间分配	0.000	0.658
		社团活动时间分配	0.001	0.362
		网络社交时长	0.012***	0.010
		担任学生干部	0.038	0.173
		有实习经历	−0.002	0.952
人力资本	学科大类	资源环境	0.005	0.915
		生物医药	−0.039	0.384
		电子制造	0.036	0.376
		文化教育	−0.121***	0.002
	学习成绩	专业排名中间25%—50%	0.022	0.553
		专业排名前25%	0.102***	0.010
	政治面貌	党员	0.079**	0.026
	奖学金	获得	0.013	0.666

续表

变量			就业起薪	
			系数	显著性
家庭背景	家庭所在地	省会城市或直辖市	0.035	0.462
		地级市	−0.085*	0.069
		县级市或县城	−0.026	0.444
		乡镇	−0.025	0.595
	家庭人均年收入	3001—5000 元	−0.013	0.780
		5001—10000 元	−0.034	0.438
		10001—20000 元	0.018	0.693
		20001—50000 元	0.060	0.225
		50001 元及以上	0.084*	0.089
	父亲受教育年限		0.007*	0.093
	父母职业	父亲为管理技术人员	0.126***	0.003
		母亲为管理技术人员	−0.061	0.239
就业力发展与院校类型交互		职业技能发展×国家示范校	0.080***	0.005
		软技能发展×国家示范校	−0.036	0.223
		基础技能发展×国家示范校	0.022	0.466
就业力发展与性别交互		职业技能发展×男性	−0.008	0.773
		软技能发展×男性	0.008	0.784
		基础技能发展×男性	−0.008	0.793
就业力发展与政治面貌交互		职业技能发展×党员	−0.011	0.751
		软技能发展×党员	−0.012	0.708
		基础技能发展×党员	−0.013	0.736
就业力发展与家庭所在地交互		职业技能发展×省会城市或直辖市	0.033	0.451
		职业技能发展×地级市	0.069*	0.090
		职业技能发展×县级市或县城	0.016	0.662
		职业技能发展×乡镇	0.090**	0.050
		软技能发展×省会城市或直辖市	−0.004	0.933
		软技能发展×地级市	0.035	0.440
		软技能发展×县级市或县城	0.047	0.172
		软技能发展×乡镇	0.028	0.508
		基础技能发展×省会城市或直辖市	0.080	0.112

续表

变量		就业起薪	
		系数	显著性
就业力发展与家庭所在地交互	基础技能发展×地级市	−0.041	0.367
	基础技能发展×县级市或县城	0.020	0.585
	基础技能发展×乡镇	0.003	0.949
就业力发展与父母职业交互	职业技能发展×父亲为管理技术人员	0.069*	0.077
	职业技能发展×母亲为管理技术人员	−0.070	0.151
	软技能发展×父亲为管理技术人员	0.045	0.217
	软技能发展×母亲为管理技术人员	−0.049	0.337
	基础技能发展×父亲为管理技术人员	0.009	0.823
	基础技能发展×母亲为管理技术人员	−0.040	0.447
常量		7.848***	0.000

注：①起薪单位：元/月。②＊＊＊表示 $p<0.01$，＊＊表示 $p<0.05$，＊表示 $p<0.1$。

五 就业力发展对毕业生就业起薪影响的院校类型差异

为了探明不同院校类型是否与高职毕业生就业力发展对就业起薪的影响产生交互作用，本节加入就业力发展与院校类型这一交互项，讨论其对就业起薪的常增长率回归模型，回归模型变量设置及结果如表5-7所示。毕业生职业技能发展对国家示范校毕业生就业起薪的影响比非国家示范校的影响更为显著（0.080），在0.01水平下显著。说明在控制人口统计学特征、学生参与、人力资本、家庭背景、就业类型的情况下，职业技能发展会使得国家示范校毕业生就业起薪高于同等条件的非国家示范校毕业生，即就业起薪有更为显著的提升，也可以理解为，当毕业生就业起薪提高同等额度时，非国家示范校毕业生需要实现更多的职业技能发展，以实践中的复杂问题为载体提升自身的基本工作能力和发展工作能力。然而，软技能发展和基础技能发展对高职毕业生就业起薪无显著影响。

六 就业力发展对毕业生就业起薪影响的个体背景差异

为了探明不同个体背景是否与高职毕业生就业力发展对就业起薪的影响产生交互作用，本节加入就业力发展与性别和政治面貌的交互项，讨论其对就业起薪的常增长率回归模型，回归模型变量设置及结果如表5-7所示。从就业力发展与个体背景如性别、政治面貌交互项的回归系数看，在毕业生性别方面，性别差异并没有扩大毕业生就业力发展对就业起薪的影响，即高职毕业生的职业技能、软技能和基础技能发展对就业起薪的影响并不会因其性别差异而有明显的区别，就业力发展对毕业生起薪的影响没有出现性别作用差异。

七　就业力发展对毕业生就业起薪影响的家庭背景差异

为了探明不同家庭背景是否与高职毕业生就业力发展对就业起薪的影响产生交互作用，本节加入就业力发展与家庭所在地、父母职业的交互项，讨论其对就业起薪的常增长率回归模型，回归模型变量设置及结果如表5-7所示。

从就业力发展与家庭背景，即与家庭所在地和父母职业交互项的回归系数看，职业技能发展对来自乡镇家庭和地级市家庭的高职毕业生就业起薪的影响比来自农村家庭毕业生的影响更为显著（分别为0.090和0.069），分别在0.05和0.1的显著性水平下显著。说明在控制人口统计学特征、学生参与、人力资本、家庭背景、就业类型的情况下，职业技能发展会使得来自乡镇和地级市家庭的高职毕业生就业起薪高于同等条件的来自农村家庭的高职毕业生，即就业起薪有更为显著的提升，也可以理解为，当毕业生就业起薪提高同等额度时，来自农村家庭的高职毕业生需要实现更多的职业技能发展。就业力发展对毕业生就业起薪的影响在一定程度上体现出城乡差异。

在父母职业方面，职业技能发展对父亲为管理技术人员家庭的高职毕业生就业起薪的影响比父亲为非管理技术人员家庭毕业生的影响更为显著（0.069），在0.1的显著性水平下显著。说明在控制人口统计学特征、学生参与、人力资本、家庭背景、就业类型的情况下，职业技能发展会使得来自父亲为管理技术人员家庭的高职毕业生就业起薪高于同条件的来自父亲为非管理技术人员家庭的高职毕业生，即就业起薪有更为显著的提升，也可理解为，当毕业生就业起薪提高同等额度时，来自父亲为非管理技术人员家庭的高职毕业生需要实现更多的职业技能发展。就业力发展对毕业生就业起薪的影响在一定程度上体现职业代际传递。

本节使用常增长率模型，研究不同类型高职毕业生就业力发展是否影响其就业起薪。整体看，在控制人口统计学特征、学生参与、人力资本、家庭背景、就业类型的情况下，高职毕业生就业力发展越好，就业起薪越高。统计结果发现，职业技能和基础技能的发展会使国家示范校毕业生的起薪高于同等条件的非国家示范校毕业生；职业技能发展使国家示范校毕业生的起薪高于同等条件的非国家示范校毕业生；然而，毕业生就业力发展对就业起薪的影响并未体现出性别差异和政治面貌偏向，但体现出一定的城乡差异和职业代际传递。

第三节 就业力发展对就业满意度的影响

一 研究假设

假设 5.3：

在控制人口统计学特征、学生参与、人力资本、家庭背景、就业类型的情况下，高职毕业生就业力发展越好，毕业生的就业满意度越高。

二 研究方法

本书将就业满意度处理为二分类变量，以就业满意度为因变量建立 Logit 模型：

$$\text{Logit}(P) = \ln\left(\frac{P}{1-P}\right) = \beta_0 + \sum \beta_j X_j + \varepsilon \qquad (5-3)$$

其中，P 表示就业满意的概率，$P/(1-P)$ 代表就业满意的概率与非满意概率的优势比（Odds Ratio），定义为就业满意的机会比例。解释变量 X_j 是指影响高职毕业生就业满意与否的因素，β_j 是相应解释变量影响毕业生就业满意度的回归系数，表示第 j 个解释变量对高职毕业生就业满意度的影响，其取值等于机会比例的变化率。β_0 为截距项，ε 为随机扰动项。其中，就业非满意=0，就业满意=1。

三 变量说明

经过变量整理（表 5-1 所示），本书中的毕业生就业总体评价"就业满意"占 80.3%,"就业非满意"占 19.7%,其中,"就业满意"排名前三位的为工作稳定性、工作地点和工资福利。上两节关于高职毕业生就业类型以及就业起薪的分析可以发现,两类院校就业力发展越好的高职毕业生并不能更易获取单位就业的形式;同时,毕业生的职业技能和基础技能发展越好,毕业生的就业起薪越高,且在职业技能发展维度,相较于非国家示范校,国家示范校毕业生的起薪高。

从某种程度上说,单位就业意味着工作带来的薪资、福利及未来发展的稳定性相对较好,且在面临纷繁多变的就业环境中能有较好的岗位支撑,不易出现频繁的工作变更、离职,甚至是失业。对于高职毕业生而言,能就职于相对工作环境稳定、薪资福利符合自身预期,且体现一定社会地位的企事业单位是他们的期待和向往。本节将进一步使用回归方法对高职毕业生就业力发展对就业满意度的影响进行分析,变量说明如表 5-8 所示。

表 5-8　　就业力发展对就业满意度影响的变量说明

因素	变量		说明
就业结果	就业满意度		就业非满意(对照组),就业满意
院校特征	院校类型		国家示范性高职院校,非国家示范性高职院校(对照组)
就业状况	就业力发展	职业技能发展	因子得分
		软技能发展	因子得分
		基础技能发展	因子得分
	就业结果	就业类型	单位就业(对照组),灵活就业
人力资本	学科大类		资源环境,生物医药,电子制造,财经商贸(对照组),文化教育
	学习成绩		专业排名前 25%,专业排名中间 25%—50%,专业排名后 50%(对照组)
	政治面貌		党员,非党员(对照组)
	奖学金		获得,未获得(对照组)
学生参与	学业性参与	学习时长	连续变量
		辅修/双学位	是,否(对照组)
		资格证书	获得,未获得(对照组):外语、计算机、职业三类

续表

因素	变量		说明
学生参与	社会性参与	实习时间分配	连续变量
		社团活动时间分配	连续变量
		网络社交时长	连续变量
		担任学生干部	担任学生干部,非学生干部(对照组)
		实习经历	有,没有(对照组)
家庭背景	家庭所在地		省会城市或直辖市,地级市,县级市或县城,乡镇,农村(对照组)
	家庭人均年收入		50001元及以上,20001—50000元,10001—20000元,5001—10000元,3001—5000元,3000元及以下(对照组)
	父母受教育年限		根据父母受教育程度推算
	父母职业		管理技术人员,非管理技术人员(对照组)
人口统计学特征	性别		男,女(对照组)
	家庭结构		独生子女(对照组),非独生子女

四 就业力发展对毕业生就业满意度的影响

就假设5.3所述,在控制人口统计学特征、人力资本、家庭背景、就业类型的情况下,高职毕业生就业力发展越好,毕业生的就业满意度越高。本书选择模型(5-3)探究就业力发展对就业满意度的影响。进入回归方程的样本观测值有1439(国家示范校501个,非国家示范校938个)个,模型系数综合检验结果表明模型总体显著水平为0.000,多重共线性检验结果显示所有解释变量的方差膨胀因子均小于10,模型中解释变量之间不存在多重共线性。整体上模型的拟合程度较好,可信度较高。

由表5-9可见,分析不同类型高职院校毕业生就业力发展对就业满意度的影响,国家示范校毕业生就业满意度与职业技能发展、软技能发展和基础技能发展均呈正相关关系(显著性水平分别是0.01、0.01和0.05),且职业技能发展对就业满意度的作用最大;非国家示范校毕业生就业满意度与职业技能发展、软技能发展和基础技能发展也呈正相关关系(0.01水平下显著),且基础技能发展对就业满意度的作用最大。可见，在控制人口统计学特征、学生参与、人力资本、家庭背景、就业类型的情况下，高职毕业生就业力发展越好，毕业生的就业满意度越高，假设5.3得到验证。

表5-9 不同类型高职院校毕业生就业力发展对就业满意度的影响

变量			国家示范校毕业生就业满意度			非国家示范校毕业生就业满意度		
			系数	显著性	Exp（B）	系数	显著性	Exp（B）
就业状况	就业力发展	职业技能发展	0.713***	0.002	2.040	0.662***	0.000	1.938
		软技能发展	0.553***	0.005	1.739	0.438***	0.000	1.550
		基础技能发展	0.545**	0.014	1.725	0.839***	0.000	2.313
	就业类型	灵活就业	−0.162	0.726	0.851	0.045	0.885	1.046
人口统计学特征	性别	男性	−0.382	0.475	0.682	−0.383*	0.142	0.682
	家庭结构	非独生子女	0.702	0.227	2.017	−0.396**	0.112	0.673
学生参与	学业性参与	学习时长	−0.035	0.594	0.966	−0.054	0.128	0.947
		有辅修/双学位	0.638	0.307	1.894	0.805*	0.062	2.237
		获得资格证书	−0.295	0.561	0.744	0.272	0.412	1.313
	社会性参与	实习时间分配	0.009	0.341	1.009	0.005	0.267	1.005
		社团活动时间分配	0.012	0.533	1.012	−0.001	0.948	0.999
		网络社交时长	0.055	0.419	1.056	0.024	0.588	1.024
		担任学生干部	−0.229	0.619	0.795	0.287	0.218	1.332
		有实习经历	−0.357	0.481	0.700	0.235	0.338	1.265
人力资本	学科大类	资源环境	0.251	0.722	1.285	0.182	0.692	1.199
		生物医药	1.311	0.175	3.708	−0.186	0.606	0.831
		电子制造	1.484**	0.026	4.409	−0.591	0.122	0.554
		文化教育	0.651	0.393	1.918	−0.019	0.951	0.981
	学习成绩	专业排名中间25%—50%	−1.024	0.154	0.359	0.429	0.133	1.536
		专业排名前25%	−1.564*	0.053	0.209	0.329	0.281	1.390
	政治面貌	党员	−0.777	0.124	0.460	−0.174	0.573	1.190
	奖学金	获得	0.288	0.588	1.333	0.400	0.137	1.492

续表

变量		国家示范校毕业生就业满意度			非国家示范校毕业生就业满意度		
		系数	显著性	Exp（B）	系数	显著性	Exp（B）
家庭背景	家庭所在地 省会城市或直辖市	−0.001	0.999	0.999	−0.303	0.432	0.738
	地级市	0.405	0.617	1.500	−0.123	0.755	0.885
	县级市或县城	−0.179	0.747	0.836	0.013	0.963	1.013
	乡镇	−0.401	0.606	0.669	−0.140	0.700	0.870
	家庭人均年收入 3001—5000 元	−0.218	0.703	0.804	−0.631	0.112	0.532
	5001—10000 元	−0.257	0.690	1.293	−0.466	0.221	0.627
	10001—20000 元	1.383	0.112	3.986	0.101	0.803	0.904
	20001—50000 元	0.681	0.413	1.976	−0.563	0.164	0.569
	50001 元及以上	1.412	0.156	4.104	−0.934**	0.025	0.393
	父亲受教育年限	−0.123	0.160	0.884	−0.002	0.965	0.998
	母亲受教育年限	0.177**	0.018	1.194	0.050	0.200	1.051
	父母职业 父亲为管理技术人员	0.629	0.415	1.875	0.418	0.258	1.519
	母亲为管理技术人员	−0.483	0.638	0.617	0.071	0.875	1.073
常量		1.456	0.354	4.289	1.097	0.150	2.997

注：*** 表示 $p<0.01$，** 表示 $p<0.05$，* 表示 $p<0.1$。

接下来，讨论高职毕业生就业力发展对其就业满意度的影响是否因院校类型的不同存在差异，并尝试分析是否在就业过程中存在性别差异、城乡差异、政治面貌偏向及职业代际传递等现象。以下研究将在二元 Logistic 回归模型中加入院校类型、性别、家庭所在地、政治面貌、父母职业和就业力发展三个维度的交互项，主要回归结果见表 5-10 所示。回归分析发现 Hosmer-Lemeshow Test 拟合优度检验值均超 0.05，说明拟合值和观测值之间拟合较好。

表 5-10　就业力发展与不同交互项共同作用对就业满意度的影响

变量			就业满意度	
			系数	显著性
就业状况	就业力发展	职业技能发展	0.632***	0.002

续表

变量			就业满意度	
			系数	显著性
就业状况	就业力发展	软技能发展	0.426**	0.044
		基础技能发展	0.978***	0.000
	就业类型	灵活就业	0.042	0.865
人口统计学特征	性别	男性	−0.182	0.461
	家庭结构	非独生子女	−0.035	0.872
学生参与	学业性参与	学习时长	−0.045	0.129
		有辅修/双学位	0.770**	0.026
		获得等级证书	0.039	0.881
	社会性参与	实习时间分配	0.008*	0.055
		社团活动时间分配	0.002	0.824
		网络社交时长	0.052	0.157
		担任学生干部	0.055	0.784
		有实习经历	0.089	0.672
人力资本	学科大类	资源环境	0.125	0.722
		生物医药	0.152	0.646
		电子制造	0.248	0.405
		文化教育	0.082	0.778
	学习成绩	专业排名中间25%—50%	0.222	0.383
		专业排名前25%	0.033	0.903
	政治面貌	党员	−0.080	0.765
	奖学金	获得	0.194	0.393
家庭背景	家庭所在地	省会城市或直辖市	−0.222	0.556
		地级市	0.031	0.939
		县级市或县城	−0.127	0.625
		乡镇	−0.253	0.468
	家庭人均年收入	3001—5000元	−0.487	0.128
		5001—10000元	−0.300	0.335
		10001—20000元	0.025	0.943
		20001—50000元	−0.297	0.390
		50001元及以上	−0.486	0.174

续表

变量			就业满意度	
			系数	显著性
家庭背景	父母受教育年限	父亲受教育年限	−0.013	0.722
		母亲受教育年限	0.064*	0.058
	父母职业	父亲为管理技术人员	0.527	0.161
		母亲为管理技术人员	−0.135	0.757
就业力发展与院校类型交互		职业技能发展×国家示范校	−0.254	0.222
		软技能发展×国家示范校	−0.075	0.712
		基础技能发展×国家示范校	−0.525**	0.021
就业力发展与性别交互		职业技能发展×男性	0.006	0.978
		软技能发展×男性	0.039	0.849
		基础技能发展×男性	0.091	0.678
就业力发展与政治面貌交互		职业技能发展×党员	0.020	0.934
		软技能发展×党员	−0.112	0.610
		基础技能发展×党员	−0.536*	0.055
就业力发展与家庭所在地交互		职业技能发展×省会城市或直辖市	0.066	0.836
		职业技能发展×地级市	0.137	0.643
		职业技能发展×县级市或县城	0.117	0.653
		职业技能发展×乡镇	0.095	0.766
		软技能发展×省会城市或直辖市	0.228	0.530
		软技能发展×地级市	0.277	0.386
		软技能发展×县级市或县城	0.050	0.839
		软技能发展×乡镇	0.123	0.676
		基础技能发展×省会城市或直辖市	−0.329	0.348
		基础技能发展×地级市	−0.391	0.268
		基础技能发展×县级市或县城	−0.290	0.303
		基础技能发展×乡镇	−0.169	0.649
就业力发展与父母职业交互		职业技能发展×父亲为管理技术人员	0.263	0.381
		职业技能发展×母亲为管理技术人员	−0.816**	0.032
		软技能发展×父亲为管理技术人员	0.163	0.568
		软技能发展×母亲为管理技术人员	−0.342	0.362
		基础技能发展×父亲为管理技术人员	0.670*	0.053
		基础技能发展×母亲为管理技术人员	−0.018	0.967

续表

变量	就业满意度	
	系数	显著性
常量	0.978	0.129

注：＊＊＊表示 p<0.01，＊＊表示 p<0.05，＊表示 p<0.1。

五 就业力发展对毕业生就业满意度影响的院校类型差异

为了探明不同院校类型是否与高职毕业生就业力发展对就业满意度的影响产生交互作用，本节加入就业力发展与院校类型这一交互项，讨论其对就业起薪的回归模型，回归结果如表5-10所示。从基础技能发展上看，非国家示范校毕业生相比国家示范校每提升同等水平的基础技能发展，其就业满意度更高（p=-0.525，0.05的显著性水平下显著）。职业技能发展和软技能发展对毕业生就业满意度的影响在国家示范校和非国家示范校之间不存在显著差异。

六 就业力发展对毕业生就业满意度影响的个体背景差异

在讨论就业满意度的个体背景差异时，加入性别和政治面貌与就业力发展的交互项，回归结果见表5-10，在毕业生性别影响方面，男性毕业生、女性毕业生在就业力发展对其就业满意度上不存在显著差异，高职毕业生就业力发展对毕业生就业满意度的影响没有体现性别差异。在政治面貌影响方面，非党员毕业生相较于党员毕业生每提升同等水平的基础技能发展，其就业满意度更高（p=-0.536，0.1的显著性水平下显著），换言之，高职毕业生基础技能的发展对就业满意度的影响会因其政治面貌差异而有显著的区别，就业力发展对毕业生就业满意度的影响显示出一定程度的政治面貌偏向。

七 就业力发展对毕业生就业满意度影响的家庭背景差异

在分析就业满意度的家庭背景差异时，加入家庭所在地和父母职业与就业力发展的交互项。回归结果（表5-10）显示，在家庭所在地影响方面，不同家庭所在地没有影响职业技能发展、软技能发展和基础技能发展对毕业生就业满意度的影响，即省会城市或直辖市、地级市、县级市或县城、乡镇、农村的毕业生的职业技能、软技能和基础技能在同等发展程度下，对其就业满意度的影响无显著差异。由此发现，高职毕业生就业力发展对就业满意度的影响未体现城乡差异。

在父母职业影响方面，父亲为管理技术人员相较于父亲为非管理技术人员的毕业生每提升同等水平的基础技能发展，其就业满意度越高（$p=0.670$，在 0.1 的显著性水平下显著），即高职毕业生基础技能发展对就业满意度的影响会因父亲职业的不同而有显著的区别；母亲为非管理技术人员相较于母亲为管理技术人员的毕业生每提升同等水平的职业技能发展，其就业满意度越高（$p=-0.816$，在 0.05 的显著性水平下显著），即高职毕业生职业技能的发展对就业满意度的影响会因母亲职业的差异而有显著的区别。因此，高职毕业生就业力发展对就业满意度的影响存在一定程度的职业代际传递。

本节围绕高职毕业生就业力发展对就业结果的第三个方面，即就业满意度的影响进行了讨论。整体而言，毕业生就业力发展越好，其就业满意度越高。统计结果显示，国家示范校毕业生和非国家示范校毕业生的职业技能、软技能和基础技能发展越好，毕业生的就业满意度越高。同时，非国家示范校毕业生相较于国家示范校每提升同等水平的基础技能，其就业满意度更高，且就业力发展对毕业生就业满意度的影响未显示性别差异和城乡差异，但存在一定的政治面貌偏向和职业代际传递。

第六章　校企协同促进就业力提升机制分析

增强毕业生就业力是优质高等教育的主要功能[①]。中国职业教育迎来了前所未有的发展机遇，职业教育对人才的培养需要通过产教融合这样的平台得以实现。就业导向在高等职业教育中确定之后，为培育高职毕业生就业力，2005年以来，中国高职院校不断改革基于工作过程的课程开发、实习实训基地建设的人才培养模式[②]。2010年全国高等职业教育改革与发展会议明确"四合作"（合作办学、合作育人、合作就业、合作发展）是高职教育的发展方向，并明确将院校和企业的关系概括为"双主体"，标志着高等职业教育发展进入新阶段[③]。

作为高等教育的重要类型，强化高职教育特色、促进校企育人、深化产教融合是高职院校实现内涵式发展，促进教育链与产业链有机衔接、人才输出与市场需求有效匹配的突破口。高职毕业生就业力发展不能局限于高职院校的培养，而应是校企"双主体"共同作用的结果。正如《悉尼协议》国际范式专业建设的内容与成果导向的教育思想多年来一直是高职院校实施教学改革的关键指引[④]。高职院校专业建设聚

[①] Jim Stewart and Vanessa Knowles, "The Changing Nature of Graduate Careers", *Career Development International*, Vol. 4, No. 7, December 1999, pp. 370-383.

[②] 郭建如、邓峰：《院校培养、企业顶岗与高职生就业能力增强》，《高等教育研究》2014年第4期。

[③] 《教育部 财政部关于进一步推进"国家示范性高等职业院校建设计划"实施工作的通知》，2010年7月26日，http://www.gov.cn/gongbao/content/2010/content_1758221.htm，2024年3月15日。

[④] 李云松、卢珊、张国锋：《高职产教融合校企协同育人有效途径研究》，《职业技术》2021年第10期。

焦学生中心、成果导向和持续改进，服务于产教融合的院校和企业"双主体"（图6-1），以校企共同修订培养目标为起点，适时调整院校毕业要求；通过分解毕业生能力指标开展合理评价，完善课程目标并调整课程体系，以此绘制课程地图；在行动过程中，完善校企协同的支持机制并确定关键改进内容；最终开展校企协同人才培养，完成评价及反馈，始终立足高职专业的内涵建设，全面提升教育质量。

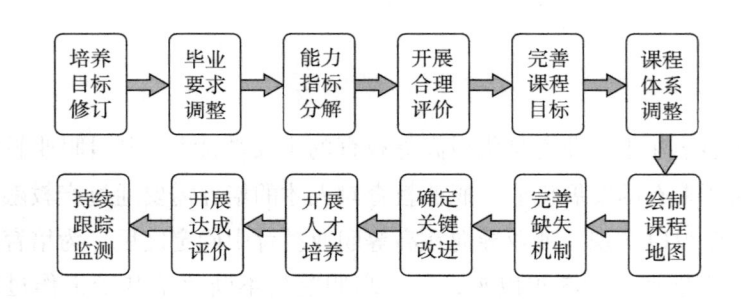

图6-1　《悉尼协议》国际范式专业关键行动领域

资料来源：李云松、卢珊、张国锋：《高职产教融合校企协同育人有效途径研究》，《职业技术》2021年第10期。

然而，2019年麦可思研究院公布了高职"红牌专业"，即失业量较大，就业率、月收入和就业满意度综合较低的专业，如语文教育、英语教育、法律事务、汉语和初等教育；"绿牌专业"，即需求增长型专业，包括电气化铁道技术、社会体育、软件技术、电力系统自动化技术、发电厂及电力系统、道路桥梁工程技术[①]，说明高职毕业生群体内部出现就业优势现象，应引起高职院校及相关行业、产业的高度关注。

基于前文对高职毕业生就业力发展影响因素的识别及验证，以及关于高职毕业生就业力发展对就业结果的影响，得出院校培养对毕业生就业力发展的影响作用最大，即院校培养包含的专业性教育、可迁移性教育和教学资源支持都对毕业生的就业力发展，即可迁移性能力、软技能

---

① 王伯庆、马妍主编：《2019年中国高职高专生就业报告》，社会科学文献出版社2019年版。

和基础技能产生一定程度的促进作用,学生参与的作用次之,以此进一步影响就业结果。然而,高职产教融合的内涵丰富、范围很广,是一个多层次、立体性的人才培养开发体系。

本章将聚焦高职产教融合,从能力本位职业教育和工作本位学习理论的技能培养角度试图理解校企协同育人如何有效促进毕业生就业力发展及实现高质量就业。结合定量方法与案例分析方法,在识别高职示范项目影响毕业生就业力发展的基础上,尝试理解基于校企协同育人的人才培养方案、课程设置、师资配置、实训实习实践、技能竞赛与考证等具体层面对高职毕业生就业力发展的作用和如何有效保障高质量就业,以期探明高职院校教学过程与企业生产过程的对接,以及学校、企业、教师及学生之间的有效互动,并提出针对性的建议。

第一节　产教融合示范项目

浙江大学 2019 年"全国高职院校教师教学发展指数"之产教融合数据,设置了"01 国家示范性高等职业院校""02 国家骨干高等职业院校""03 优质校(高等职业教育创新发展行动计划)""04 职业院校教学诊断与改进工作试点院校""05 中国特色高水平高职学校('双高'建设计划)"五个层次的综合类指标。

将浙江大学的产教融合数据与北京大学"全国高校毕业生就业状况调查"中的高职高专院校数据进行匹配,得出 7 所高职院校共 3023 份有效样本数据。其中,样本中没有"02 国家骨干高等职业院校",ZJFZFZ 也没有"综合类院校项目",同时,一所高校会入选多个"综合类院校项目",因此,得出不同类型高职院校综合类项目样本分布情况,见表 6-1。

表 6-1　不同类型高职院校综合类项目样本分布情况

院校名称	院校类型	个数
BJGY	01 国家示范性高等职业院校	1657
CSMZ		
NX		
SQ		

续表

院校名称	院校类型	个数
BJGY	03 优质校 （高等职业教育创新发展行动计划）	1606
CSMZ		
NX		
NMGSM		
TS	04 职业院校教学诊断与改进工作试点院校	491
BJGY	05 中国特色高水平高职学校 （"双高"建设计划）	1162
CSMZ		
NX		
ZJFZFZ	未有综合类院校项目	431

为便于统计，本书试图将优质校（高等职业教育创新发展行动计划）、职业院校教学诊断与改进工作试点院校、未有综合类院校项目归并为"非国家示范性高职院校"范畴，由此，研究共得出1657条国家示范校样本（45.2%）和1366条非国家示范校样本（54.8%）。进一步梳理得出，样本中共有4所国家示范校和3所非国家示范校，国家示范校包含综合类、理工类院校，分布在东部、中部和西部地区，以及非国家示范校包含综合类、理工类和财经类院校，分布在东部和西部地区，7所高职院校样本数据呈现一定的代表性。

一 高职产教融合示范项目指标分析

相较于宏观的高职产教融合综合类指标，浙江大学产教融合数据中的示范项目指标能更为细致、深入地解释了产教融合的内涵与本质，综合类指标侧重院校层面的分析，而示范项目则聚焦在中观层面，如实训基地、创新创业、专业建设、虚拟仿真中心等，对剖析高职毕业生就业力发展则更为直观有效，但也需要归纳合并相近的指标，以实现数据的可比性与有效性。结合两份数据，基于产教融合"示范项目"（见表6-2），7所高职院校都承担"01首批、第二批、第三批1+X证书制度试点院校"和"02中央财政支持的职业教育实训基地"两项示范项目，但样本中没有"07产学合作协同育人项目""08大学生创新创业训练计划""09国家高职高专学生实训基地"三个示范项目相关院校，且"04 虚拟仿真实训中心"和"11 创新创业荣誉类"都仅有一所院校数据，分别是 NX 和 CSMZ。由此，将 9 项指标归纳为四类，分别是试点院校、实训基地、校企协同和教师发展。

表6-2　　　　不同院校产教融合示范项目样本分布情况

学校名称		01	02	03	04	05	06	10	11	12
国家示范	BJGY	■	■	■			■			■
	CSMZ	■	■			■	■		■	■
	NX				■		■			
	SQ	■	■			■				
非国家示范	NMGSM	■								
	TS	■	■				■			
	ZJFZFZ	■	■	■			■			

项目维度	示范项目名称	频数（个）
试点院校	01 首批、第二批、第三批 1+X 证书制度试点院校	3023
	06 现代学徒制试点单位	2097
实训基地	02 中央财政支持的职业教育实训基地	3023
	03 生产型实训基地	2168
	04 虚拟仿真实训中心	343
校企协同	05 协同创新中心	1249
	10 校企合作项目	1593
教师发展	11 创新创业荣誉类	411
	12 国家级职业教育教师教学创新团队	819

四种类型项目的具体解释如下：

1. 试点院校

"01 首批、第二批、第三批 1+X 证书制度试点院校"是指围绕服务国家需要、市场需求、毕业生就业力发展，推进学历证书+职业技能等级证书（即"1+X"）的有机衔接，将证书培训内容有机融入专业人才培养方案，积极建设职业教育国家"学分银行"[①]。"06 现代学徒

---

① 《教育部等四部门印发〈关于在院校实施"学历证书+若干职业技能等级证书"制度试点方案〉》，http://www.moe.gov.cn/jyb_xwfb/gzdt_gzdt/s5987/201904/t20190416_378206.html，访问时间：2024 年 3 月 15 日。

制试点单位"指为推进校企一体化育人、开发优质人力资源的高职院校人才培养模式，有利于促进行业、企业参与职业教育人才培养全过程，注重企业各要素的融入和运用，实现专业设置、课程内容、教学过程、毕业证书等与行业、产业标准相对接，切实提高人才培养质量①。

2. 实训基地

"02 中央财政支持的职业教育实训基地"是指中央财政设立专项资金扶持职业教育实训基地建设，旨在培养市场就业导向的技能型人才②。"03 生产型实训基地"是指在校内或校外依照企业真实布局新建或改造实训室，参照行业、企业生产要求，实现实训过程与生产过程、教学标准和市场标准的并行发展，打造具有生产功能的学生学习实践场所③。"04 虚拟仿真实训中心"是依托示范性职业院校和大型企业，建设职业能力培养为核心的实训中心，采用前沿的虚拟现实技术和计算机仿真技术，培养毕业生的实践创新能力④。

3. 校企协同

"05 协同创新中心"作为高校创新能力提升计划（即"2011 计划"）的建设载体，高职院校应用技术协同创新中心聚焦技术研发和社会服务，以市场为导向，形成学校和行业企业共同推进的技术技能创新机制，服务经济社会发展。"10 校企合作项目"着眼于"精细化培养、高位化就业"的目标，强调高职院校与企业资源、信息的共享，实现学生在校学习与企业实践的有机统一。随着中国现代产业体系的不断壮大，高素质人才培养的供给侧（教育、学校）和需求侧（产业、企业）的相互适应显得尤为重要。为促进供需对接和流程再造，校企协同、合作育人长效机制的搭建是解决合作"两张皮"现象的根本。如

---

① 《教育部关于开展现代学徒制试点工作的意见》，http://www.moe.gov.cn/srcsite/A07/s7055/201408/t2014 0827_174583.html，访问时间：2024 年 3 月 15 日。

② 《财政部教育部关于印发〈职业教育实训基地建设专项资金管理暂行办法〉的通知》，http://www.moe.gov.cn/jyb_xxgk/gk_gbgg/moe_0/moe_1/moe_366/tnull_4336.html，访问时间：2024 年 3 月 15 日。

③ 《教育部等六部门关于印发〈职业学校校企合作促进办法〉的通知》，http://www.moe.gov.cn/srcsite/A07/s7055/201802/t20180214_327467.html，访问时间：2024 年 3 月 15 日。

④ 《教育部：国家职业教育智慧教育平台已有教师自建课程超 17.8 万门》，http://edu.people.com.cn/n1/2022/0329/c1006-32386910.html，访问时间：2024 年 3 月 15 日。

高职院校的学科专业（群）建设紧密对接产业链是以市场需求为导向的产教融合、校企合作的一种有效方式；同时拓宽企业的主体作用，实施"引企入教"改革，推进协同创新和成果转化[①]，推进行业发展。

4. 教师发展

"11 创新创业荣誉类"是高职院校教师在教书育人过程中所获取的与创新创业相关的荣誉，如在专业建设、教学改革、育人模式等方面的突出成就。"12 国家级职业教育教师教学创新团队"为全面提高复合型技术技能人才培养质量提供强有力的师资支撑，2019 年《深化新时代职业教育"双师型"教师队伍建设改革实施方案》指出，到 2022 年，职业院校"双师型"教师占比应超出专业课教师的 50%，并建成 360 个国家级职业教育教师教学创新团队[②]。

二　高职产教融合示范项目对就业力发展的影响

采纳产教融合示范项目 12 项指标中的 7 项指标，分别是 03、04、05、06、10、11 和 12。通过比较 7 项产教融合示范项目对毕业生就业力发展的影响（见表 6-3A 和表 6-3B），发现高职毕业生软技能的发展受产教融合示范项目的影响最为广泛。其中，"05 协同创新中心"（$p<0.01$）、"10 校企合作项目"（$p<0.05$）、"11 创新创业荣誉类"（$p<0.05$）和"12 国家级职业教育教师教学创新团队"（$p<0.05$）四项对毕业生的软技能发展均有显著的正向作用。特别是"05 协同创新中心"，在夯实毕业生职业素养、管理能力和沟通表达能力方面产生了积极的影响。同时，"12 国家级职业教育教师教学创新团队"对毕业生的综合能力发展有显著的促进作用，由此发现，校企协同（包含项目 05 和 10）和教师发展（包含项目 11 和 12）对高职毕业生的软技能及综合能力发展存在一定的正向影响。然而，"06 现代学徒制试点单位"（$p<0.01$）对软技能有显著负向影响，以及"03 生产型实训基地"对

[①]《国务院办公厅关于深化产教融合的若干意见》，http：//www.gov.cn/zhengce/content/2017-12/19/content_5248564.htm，访问时间：2023 年 9 月 21 日。

[②]《教育部等四部门关于印发〈深化新时代职业教育"双师型"教师队伍建设改革实施方案〉的通知》，http：//www.moe.gov.cn/srcsite/A10/s7034/201910/t20191016_403867.html，访问时间：2024 年 3 月 15 日。

毕业生的基础技能发展呈现弱势（p<0.5），某种程度上能否判断这两种产教融合示范项目在人才培养规格与预计目标上存有差距，其有效性需进一步分析。

表 6-3A　　基于产教融合示范项目就业力发展差异

变量	职业技能发展			软技能发展		
	国家示范校（均值±标准差）	非国家示范校（均值±标准差）	显著性	国家示范校（均值±标准差）	非国家示范校（均值±标准差）	显著性
03 生产型实训基地	0.048±1.006	0.063±0.988	0.755	0.017±0.986	−0.005±1.112	0.663
04 虚拟仿真实训中心	0.004±1.032	0.057±0.998	0.493	−0.066±1.071	0.019±1.016	0.280
05 协同创新中心	0.013±1.006	0.076±0.998	0.163	0.088±0.984	−0.036±1.041	0.007***
06 现代学徒制试点单位	0.068±1.013	0.018±0.974	0.293	−0.035±1.072	0.113±0.892	0.002***
10 校企合作项目	0.036±0.967	0.069±1.036	0.458	0.064±0.982	−0.044±1.058	0.015**
11 创新创业荣誉类	0.039±0.956	0.054±1.008	0.827	0.128±1.009	−0.005 1.022	0.046**
12 国家职业教育教师教学创新团队	0.044±0.978	0.055±1.010	0.825	0.096±1.007	−0.021±1.025	0.019**

注：＊＊＊表示 p<0.01，＊＊表示 p<0.05。

表 6-3B　　基于产教融合示范项目就业力发展差异

变量	基础技能发展			综合能力发展		
	国家示范校（均值±标准差）	非国家示范校（均值±标准差）	显著性	国家示范校（均值±标准差）	非国家示范校（均值±标准差）	显著性
03 生产型实训基地	0.001±1.018	0.111±1.009	0.027**	0.017±0.484	0.037±0.452	0.285
04 虚拟仿真实训中心	0.037±0.920	0.030±1.026	0.930	−0.005±0.408	0.026±0.483	0.260

续表

变量	基础技能发展			综合能力发展		
	国家示范校 (均值±标准差)	非国家示范校 (均值±标准差)	显著性	国家示范校 (均值±标准差)	非国家示范校 (均值±标准差)	显著性
05 协同创新中心	0.033±1.035	0.030±1.005	0.933	0.028±0.473	0.019±0.476	0.591
06 现代学徒制试点单位	0.030±1.022	0.033±1.006	0.950	0.016±0.446	0.038±0.516	0.238
10 校企合作项目	0.061±1.014	-0.001±1.018	0.162	0.036±0.456	0.008±0.495	0.109
11 创新创业荣誉类	0.090±1.070	0.022±1.009	0.310	0.054±0.426	0.018±0.482	0.149
12 国家职业教育教师教学创新团队	0.057±1.085	0.021±0.989	0.467	0.046±0.463	0.014±0.479	0.100*

注：**表示 p<0.05，*表示 p<0.1。

工作本位学习理论关注以人为本的思想，在"做中学"或实践学习中既注重培养人的潜能，也强调其职业性技能和综合性素养的形成。对高职院校来说，毕业生技能培养是关键，要实现做中学的教学理念，要加强产与教、企与校的融合，开展基于工作情境的行动学习、深层学习或经验学习等。同时，在高等教育影响力理论和学生参与理论的指导下，本书将关注校企协同及教师发展，将两者合称为校企协同育人，并将其视为产教融合实践的具体做法，在下面的质性研究中，进一步从院校层面分析校企协同育人有效促进高职毕业生就业力发展及实现高质量就业的路径。

第二节 毕业生实现高质量就业的路径

基于上一节得出的校企协同和教师发展对高职毕业生的软技能及综合能力发展的重要性。接下来的内容则是结合校企协同与教师发展，将其理解为校企协同育人，并做进一步的分析，主要采用案例分析方法，在梳理 20 所高职院校的优秀校企合作案例共性与特征的同时，分析 ZJZJD 具体实施路径，来探明校企协同育人哪些具体做法对毕业生就业力发展及保障高质量就业产生积极的影响，以此探明校企协同育人促进就业力发展的内在机制。

一　研究对象的选择

为推动高等教育内涵式发展，促进教育链、人才链与产业链、创业链的有机衔接。2020 年 11 月在湖南长沙举办的第 55 届中国高等教育博览会上展示了 179 项来自全国各地高校的"校企合作　双百计划"典型案例[①]。"校企合作　双百计划"是中国高等教育学会为推动产教融合、校企合作的行动实践，一方面旨在选出校企合作的典型高校和企业，起到示范引领的作用；另一方面积极探索校企合作机制的创新，破解产教融合发展的难题，夯实校企合作的深度与效度。本书采集了优秀项目展中的 20 项高职院校案例，作为高职院校校企协同育人样本，主要采用归类的方式对原始资料进行编码登录，然后进行类属分析。"编码登录"是指设置字母或数字用以表示资料最基础的意义单位并做好标注，登录过的资料可依照编码重新组合代表不同的概念与意义；"类属分析"是指在资料中寻找多频现象，用以解释这些现象的重要概念的过程[②]，以期探明高职院校校企协同与教师发展对毕业生就业力发展的影响机制。

二　研究方法与思路

本节资料编码主要由被研究院校所在区域、院校序号、专业大类代码和入选"双高"计划（中国特色高水平高职学校和专业建设计划）A 档或 B 档等组成。具体表现形式为 HB-1-1-B，第一部分为被研究院校所在区域代码分别是 HB（华北地区）、XB（西北地区）、ZN（中南地区）、XN（西南地区）和 HD（华东地区）；第二部分为院校序号 1-20；

---

① 《关于启动 2020 年度中国高等教育博览会"校企合作　双百计划"工作的通知》，https://www.cahe.edu.cn/site/content/13293.html，访问时间：2024 年 3 月 15 日。
② 陈向明：《社会科学中的定性研究方法》，《中国社会科学》1996 年第 6 期。

第三部分为专业大类代码，1—8分别对应为交通运输、能源动力与材料、医药卫生、装备制造、电子信息、食品药品与粮食、财经商贸和土木建筑8个高职院校专业大类（专业大类共19个）；第四部分为是否入选"双高"A档或B档，不是所有的院校都有A或B编号（见表6-4）。

表6-4　2020年高职院校校企合作20项优秀案例整理

序号	省份	院校名称	校企合作项目名称
1	山西	TYLY HB-1-1	以专业群为依托，探索校企混合所有制办学新模式
2	甘肃	JQ XB-2-2	"全方位、深层次"校企合作共建风力发电工程技术专业
3	湖北	XY ZN-3-3	深融合，谋双赢，医教协同育人才
4	河南	HN ZN-4-4	基于五方双元的"A+雏鹰计划"现代学徒制建设项目
5	广东	SZ ZN-5-5-A	物联网人工智能（AIOT）实训室
6	重庆	CQGC XN-6-5	共育5G技术人才，共同服务"一带一路"
7	重庆	CQDZGC XN-7-5-B	ICT产教融合实训基地建设探索与实践
8	重庆	CQGS XN-8-4	校企共建产教融合示范基地，创新"双元育人"人才培养模式，培养产业高端技术技能型人才
9	云南	YNJT XN-9-1	航空运输类专业校企合作办学实践
10	安徽	AHJT HD-10-4	深化校企合作 打造汽车工匠
11	山东	WH HD-11-4	基于"校企共赢、学工一体"实训平台人才培养模式改革与实践
12	山东	SDYPSP HD-12-6	校企深度融合"二元五双"办学模式探索与实践
13	山东	JN HD-13-4	学岗直通，产教互融，打造"山推模式"
14	山东	ZB HD-14-6-B	以"六进六化六融合"为特色的制药学院
15	江苏	CZGY HD-15-7	校企共建软通商贸产业学院

续表

序号	省份	院校名称	校企合作项目名称
16	江苏	NJLY HD-16-1	"产教融合、校企合作"混合所有制乘务学院探索与实践
17	江苏	JSJZ HD-17-8	校企融合双主体协同打造绿色建筑人才实践实训新高地
18	江苏	JSJZ HD-18-8	五进五化五融合——校企共建一流建筑装饰工程技术专业
19	江苏	CZJD HD-19-4	"引企入校、三层递进、分段实施"——高职数控类专业人才培养模式的探索与实践
20	江苏	SZS HD-20-4	电梯工匠涵养班 订单培养新探索

学者研究发现,虽然"双高"A档、B档院校在教学成果方面表现优异,但A档院校在产教融合以及教师培训基地两方面占比与B档,甚至C档接近,未能体现A档水准[①]。换言之,部分B档甚至C档的高职院校在产教融合、教师培训等方面的产出优于部分A档院校。因此,以下的分析仅关注校企协同育人的具体做法,不以院校类型的不同而进行差异比较。具体样本分布见表6-5,其中入选"双高"院校的有3所,院校所在区域为华东地区的有10所,有7所院校属于装备制造专业大类。

表6-5　　2020年高职院校校企合作20项优秀案例样本分布

院校所在区域	数量（项）	专业大类	数量（项）
HB	1	1-交通运输	3
XB	1	2-能源动力与材料	1
ZN	3	3-医药卫生	1
XN	4	4-装备制造	7
HD	10	5-电子信息	3
院校类型	数量（项）	6-食品药品与粮食	2
入选"双高"A档	1	7-财经商贸	1
入选"双高"B档	2	8-土木建筑	1

---

① 徐巧宁、赵春鱼、吴英策、顾琼莹:《全国高职院校教师教学发展现状、问题与建议——基于2020版教师教学发展指数的分析》,《中国高教研究》2021年第3期。

在对获取的每一所院校的案例资料进行对照、比较、分析的基础上，根据院校在开展产教融合、校企合作过程中所采用的方法或模式的不同，对它们进行分类，以期探明不同类型校企协同育人表现出的主要特点，分析校企协同育人对毕业生就业力发展的作用。在进一步抽象这些特性的基础上，形成对高职院校优秀校企协同育人案例特点的分析和归纳，形成较为系统的高职院校校企协同育人对毕业生就业力发展及就业结果的影响路径。

工作本位学习理论适用于产教融合的微观层面，即院校与企业的全方位合作。基于校企双方的深度融合，直接指导并解决教学过程与生产过程中的问题，通过搭建校企协同育人培养体系，保证毕业生知识、技能的获得与实际应用的相互适应，以此取得更好的就业结果。在上述理论和思路的引导下，本书对20个案例进行归纳、分析，得出四个方面的结论。

三 校企共建混合所有制"产业学院"，保障人才精准培养

实践中发现，单靠高职院校的力量，或是教育行政部门的力量开展产教融合项目是非常有限的，为突破产教融合瓶颈，必须强化企业的主体地位，促使企业为毕业生提供优质的实习实训[①]。同时，高职院校一直面临教学内容与就业市场需求之间的匹配度或适切性的考验。在20项全国性院校优秀产教融合案例中有3/5的院校与企业联合成立了二级产业学院，如JQ的"金风学院"（XB-2-2）、CQDZGC的"重电—华为ICT学院"（XN-7-5-B）、WH的"新北洋学院"（HD-11-4）、SDYPSP的"绿叶制药学院"（HD-12-6）等等。产业学院是中国职业教育办学的新生事物，基于共建共赢共享的理念，实质性地整合多方资源，集职业技能教育、技术研发、培训、生产、社会化服务为一体的产教融合联合体。校企双方深入寻找合作的突破口，借助区域优势产业，结合院校核心专业（群）或特色专业，实现办学、招生、培养、就业、发展等的多元化和实效化，在不断优化专业结构和企业需求契合度的基础上，打造高标准、领先型的产教融合人才培养模式。

---

① 郭建如：《完善职教体系 深化产教融合》，《山东高等教育》2018年第3期。

2016年，NJLY率先与北京广慧金通教育科技有限公司成立了混合所有制的乘务学院，校企双方在管理模式、人才培养、实训基地、师资队伍、学生管理等方面实现全过程—全订单的发展模式。企业为学院建设投入资金三百余万元，校企共建了国内一流的民航乘务技能实训基地，并成立吉祥、东航定向班，实现毕业生高升空率与高就业率。（HD-16-1）

软通商贸产业学院是CZGY与阿里启动的FBT（Fulfillment By Tmall 天猫一站式服务解决方案）项目，是为培养国际商贸人才而成立、打造集"产、学、研、转、创、用"六位一体的实体性教育创新平台。校企双方联合招生、双导师培育，成立现代学徒制试点班开展顶岗实训；组织学生参与"618"工学交替，在劳动实践中提升综合技能和职业素养；搭建"互联网+'1+X'证书+创新创业"的人才培养体系，促进人才培养供给侧和产业需求侧要素的全方位融合。（HD-15-7）

从上述院校校企协同育人实践案例中可以看出，混合所有制产业学院是高职院校深化产教融合、实现高质量产出的有力载体。毕业生就业力发展的落脚点是就业质量，对于毕业生来说，能否胜任职场工作并应对职场变化是其就业力展现的核心所在，仅凭借其具备的基本岗位知识和技能已无法满足产业更新迭代引发的技术人才需求。院校应承担起毕业生的专业知识与技能、表达与沟通能力、个人素养等方面的培养责任；企业实践通过加强专业对口、提高技术含量以及给予有效指导三个维度增强毕业生就业力发展[1]。产业学院模式是以市场需求为导向，设置院系组织模式、专业、课程、教学设计等，以提升学生的就业力，进一步印证了院校人才培养模式对毕业生就业力发展的积极影响。企业和院校应发生有效的"化学反应"，明确相关方利益保障，建立长效的合作机制，以此回应并解决企业参与校企协同育人过程中的动力不足、缺

---

[1] 郭建如、邓峰：《院校培养、企业顶岗与高职生就业能力增强》，《高等教育研究》2014年第4期。

乏机制保障、校企互动存在"两张皮""校热企不热"现象等问题。

四　校企共塑高素质专兼职教学团队，护航毕业生就业力发展

高校师资配置会影响大学生就业力的发展。高职院校"双师型"专职教师和企业兼职导师，肩负着指导学生学习实践的责任。教学团队的能力和素质水平，直接影响毕业生就业力的发展[1]。学生在课堂上学到的知识和技能不一定能与实际工作需求相匹配，如沟通表达能力、组织协调能力等很难在课堂中习得。只有在顶岗实习、校内外实践过程中，在学校教师和企业导师共同指导下，才能促使毕业生将理论与实践有机结合，提升就业力，这也是高等教育影响力理论中所强调的师生互动、课堂内外学习对学生发展的作用。

为推进人才培养质量持续提升，校企协同育人需要真正实现按照职业岗位（群）的能力要求，校企双方共同研讨与实际工作需求紧密相连的人才培养方案、共同制定市场导向的教学内容、共同研发以真实商业项目驱动的课程体系案例、共同促进"1+X"证书的相互融通等，更需要落实"双元育人"的教学模式培养。来自院校的"双师型"教师与来自企业的专家或工程师要通力合作，在教学实施过程中做到"教学做"合一，积极承担校企协同育人项目的实施、"1+X"证书的有机衔接以及科研项目的攻关。2019年6月，教育部印发的《全国职业院校教师教学创新团队建设方案》，旨在打造360个满足职业教育教学和培训实际需要的高水平、结构化的国家级团队[2]。其中，要凸显团队的专业特色优势，分类遴选校企合作基础良好，积极承担集团化办学、现代学徒制试点等工作的优秀团队，深化职业院校"三教"改革，不断完善院校教师团队的自我造血能力，保证高职院校优质毕业生输出。

山推机电学院是JN立足济宁、服务鲁西，与山推工程机械股

---

[1] 邓峰、郭建如：《高职院校培养方式变革与毕业生就业能力培养》，《教育学术月刊》2014年第5期。

[2] 《教育部关于印发〈全国职业院校教师教学创新团队建设方案〉的通知》，http://www.moe.gov.cn/srcsite/A10/s7034/201906/t201906 14_385804.html，访问时间：2024年3月15日。

份有限公司共建的校企共同体。共同构建"双平台、三模块"课程体系,形成"三级实训(课内实训、专项实训、综合实训)、三段实习(随岗见习、轮岗实习、顶岗实习)"的实践教学体系。该体系的有效运作离不开"双师型"教师培养发展平台的打造,实现了校企人员互嵌,构建了"名师引领、专兼一体、四强三化"教学团队。四强指的是教学能力强、实践能力强、科研能力强和服务能力强;三化指的是具备国际化视野、信息化应用和人文化素养。(HD-13-4)

SZ 与百度云智学院共建物联网人工智能实训室(AIOT 实训室),百度云智学院为学校提供师资培训、接纳教师进百度产业链企业进行顶岗实践及提供 ABC 人才认证考试,增强了教师实操能力和社会服务能力。通过丰富的基础实验和项目案例,实现毕业生从人工智能基础学习到应用实践的完整过程。(ZN-5-5-A)

A+雏鹰计划是面向现代电子产品制造企业搭建的"五方双元"的育人平台。HN 创新实践"2112 四段渐进式"人才培养模式,实施工学交替的学徒教育。围绕校企"双主体"育人机制,实现双元结构教师小组在企业生产线上开展双元合作教学;按工作流程,配置模块化课程,分工协作实施教学;行业专家指导开发活页式"教材"和"学材";并引入北京大学第三方"五阶段"教师评价机制,通过访谈或观摩等方法检验教学效果,为学徒培养和员工培训提供经验。(ZN-4-4)

所有样本院校都十分重视高素质教师团队的打造。构建高素质教学团队的主要原因在于:①老师是校企协同育人的设置者。不管是学校的教师抑或企业的工程师,在课程设置、教学内容、实践路径等方面都是最有力的"发声者"。②老师是面向毕业生最直接的技艺传授者。高职教育的目的是培养高素质、复合型技术技能人才,老师的职责是引导毕业生思考、动手、交流,并传递工匠精神、传承工艺文化。③老师是毕业生身边最真实的职场启蒙者。对于教师或工程师,校企协同育人都是一个职业项目，他们在这个项目上的投入与奉献、在技术上的钻研与创新、在自身终身学习上的热情与执着，都潜移默化地传递给毕业生，让他们体会到作为一位职场人应具有的能力与素养，开启他们自信、坚定的职场之路。

五　校企共筑工匠精神、企业家精神，提高毕业生综合职业素养

校企协同育人中的校园文化与企业文化的互通、互融不容小觑。高职院校的校园文化是学校在长期教育教学活动中逐步形成、师生认同的共有意识和观念，代表着学校精神、校风学风以及价值观等；企业文化是企业生产经营和管理活动中沉淀的组织道德规范、企业精神、行为准则以及职业意识等。在实现校企协同育人的过程中，文化价值引领的校企对话更能展现职业教育对工匠精神的高要求和高期待，影响毕业生职业价值观，进而影响学生在校期间的投入水平，发展就业力。

SDYPSP 2020 年入选全国职业院校产教融合 50 强。学院校企合作以解决人才供需矛盾问题为目标，从开展订单培养、学徒制联合培养、校企合作专业、共建基地到药物制剂技术专业组与山东绿叶制药有限公司共建"绿叶制药二级产业学院"，一直秉承"二元五双"校企一体化合作人才培养模式，其中，二元指的是校园文化和企业文化育人，构建校企命运共同体，并极力服务于山东经济、食品药品和医养健康产业发展，为"健康中国"战略作出贡献。（HD-12-6）

以"六进六化六融合"为特色的鲁南制药学院是 ZB 和鲁南制药集团共建的产业学院。在实施过程中，积极开展百名企业家、百名工匠（大师）进校园，加强企业与学校的交流、优势互补与资源共享，更是向毕业生传递了企业家精神、工匠精神；同时，组织毕业生赴鲁南制药集团参加暑期实践夏令营，进行了团队建设、职业规划及面试模拟等体验，毕业生的良好素质和拼搏精神受到集团公司的赞许，成为集团的重要青年力量。（HD-14-6-B）

软通商贸产业学院的另一大特色是思政进学院。2020年组织57名毕业生开展工学交替，助力复工复产，体会个人价值的获得感；在疫情防控期间举办云招聘，18级24名毕业实习生进行企业实践，培育工匠精神；防疫期间助力农户校企联合开展农产品的电商直播销售，坚持劳动精神的价值引领，更好地服务区域经济。（HD-15-7）

除文化价值引领的校企合作之外，SZS（HD-19-4）与苏州远志科技有限公司共办的"远志电梯工匠涵养班"依照"技能为本、专注敬业、终身涵养"的原则，从软、硬件两个方面锤炼打磨毕业生，全方面打造适合新时代的"大国工匠"。在人才培养过程中，院校教育不断强化毕业生的职业意识、质量意识、效益意识、创新意识等，毕业生在电梯行业企业实现高质量就业。可见，高职教育培养的技术技能型毕业生应是一批精益求精、技艺高超、专注敬业，既拥有知识和技能，又具备现代化职业素养的复合型人才，以此一代又一代传承中国工匠奋斗、拼搏的民族精神。

六 校企共助"以赛促学""以证促业"，落实毕业生高质量就业

基于对以上三个特点的理解，本书认为不管是校企共建混合所有制产业学院，校企共塑高素质教学团队，抑或是校企共融育人文化、共筑工匠精神，都是校企协同育人的"外力驱动"作用于人才培养，是一种输入；而以赛促学、以证促业则更多的是一种输出、一种成果，即高职毕业生在即将步入的劳动力市场上的职业胜任力和就业力的展现，这里的"赛"是指职业技能类大赛，"证"是指岗位技能类认证证书，实现岗—课—证—赛的融通。

CQGS与四川华迪信息技术有限公司共建产教融合示范基地、实施物联网应用技术高水平专业群建设、共建教师教学创新团队等。校企联合培养毕业生参加国家和省市竞赛获多项大奖，毕业生就业率和专业对口率持续提升。基于成果导向的人才培育方案，以赛促学、以赛促练，学院全面综合培养产业需要的高端技术技能人

才。(XN-8-4)

AHJT 与上汽大众汽车于 2013 年签约 SCEP（SVW College Education Project，即"上海大众—职业学校合作培养项目"）校企合作项目，采用上海大众设备、车辆、技术、课程，实施小班化教学（24 人）。正是由于理实一体，紧跟市场的新车型新技术的育人模式，毕业生在全国技能大赛中屡获佳绩，并获取上汽大众全国通用的基础级技师认证，为进一步就业打下扎实基础。同时，上汽校企合作基地成为服务技能大赛安徽地区选拔赛的常驻举办地。(HD-10-4)

经过校企"双导师"的指导，毕业生参加技能大赛和技能考证有了更加扎实的理论功底和实操积累，毕业生在竞赛和考证的过程中，实践技能和创新能力得到精准提升。如 SZ（ZN-5-5-A）和北京百度网讯科技有限公司联合举办面向区域或全国的人工智能+物联网大赛，并推广优秀项目为创新项目，促进毕业生的创新创业。北京广慧金通教育科技有限公司合作院校的毕业生一次性就业率达 98%，升空率达 74.7%，截至 2020 年 10 月，已将 8 万余名毕业生输送到国内外航空公司乘务员和安全员等岗位上，保证了毕业生的高质量就业。以上分析告诉我们，在基于毕业生技能培养的校企协同育人过程中，校企双方都要有充分的沟通与互动，承担各自的职责。即使学校与企业在组织目标、管理对象、运行机制上存在差异，但在促进服务国家发展战略、区域经济产业升级的职业场域中的人才培育以及需求侧与供给侧应达成平衡上有着共识，这形成了推动两者之间发生"化学反应"的主要动力。

七 校企协同育人实施路径

通过以上分析，本书试图梳理高职院校校企协同育人促进毕业生就业力发展及实现高质量就业的路径（如图 6-2 所示），在高职院校校企协同育人过程中，坚持以就业为导向、以学生为核心，"双主体"实施人才培养，试图达成人才供给侧与需求侧的平衡。

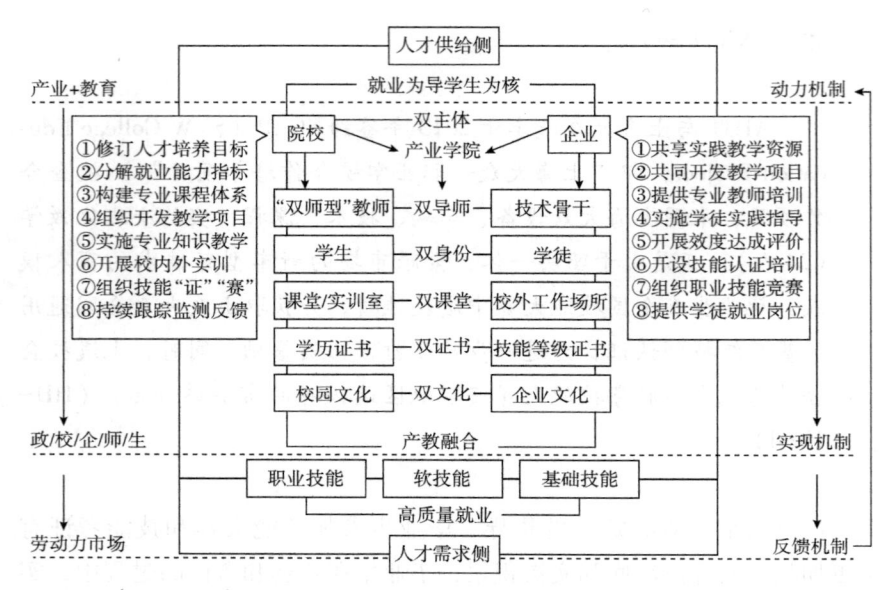

图 6-2　校企协同育人实施路径

通过建立产业学院，开展"双导师"教学指导，院校"双师型"教师侧重立德树人及专业技能的传授，企业技术骨干则重技艺传承及岗位技能的训练；学生和学徒的"双身份"促使学习者在课堂/实训室和校外工作场所"双课堂"中完成相应的项目任务，并践行校园文化和企业文化的"双文化"交融。此外，为顺应"1+X"职业技能人才认证，校企双方分别承担学历证书和技能等级"双证书"的指导与培训，保证人才输出质量。在产与教融合的背景下，在政府、院校、企业等多方合作与支持下①②，高职毕业生具备劳动力市场所需的职业技能、软技能和基础技能，并接受用人单位的检验，再反馈于供给侧前端，形成高职院校人才培养的良性循环。

结合第四章和第五章的计量统计分析结果，院校培养对毕业生就业力发展起着最为重要的作用，高职院校的专业性教育、可迁移性教育和教学资源支持是促进毕业生综合职业能力形成的关键，并进一步正向影

---

① 杨善江：《"产教融合"的院校、企业、政府角色新探——基于"三重螺旋"理论框架》，《高等农业教育》2014 年第 12 期。

② 邱晖、樊千：《推进产教深度融合的动力机制及策略》，《黑龙江高教研究》2016 年第 12 期。

响毕业生的就业起薪和就业满意度。同时，产教融合是高职院校人才培养的重要路径，基于第六章的实证结果，校企协同育人能有效促进毕业生软技能的发展，以此通过案例分析，聚焦校企共建的产业学院、师资配置、文化育人及"岗—课—赛—证"融通等关键因素，促使毕业生实现更多的学业性投入与社会性投入，进一步作用于就业力发展并获取较满意的就业结果。通过对获取的 20 所高职院校案例资料的对比分析，归纳不同类型校企协同育人的主要特点，形成较为抽象的校企协同育人实施路径。接下来将围绕 ZJZJD，从专业群组建逻辑、学徒制培养等方面给予更为细致、具体的案例分析，试图探明校企协同育人促进毕业生就业力发展和实现高质量就业的切实做法与成效。

第三节　案例的印证与赋能

ZJZJD 致力于培养先进制造业复合型高素质技术技能人才，经过 67 年的发展，建成与"浙江智造"高度契合的机械设计、智能控制等专业群，于 2019 年成功入选中国特色高水平高职学校建设单位 A 档前十名单，进入职业教育的"双一流"建设行列，成为引领现代职业教育发展的"样板"。

学校在国家"十三五"产教融合发展工程规划项目上投资 1.79 亿元，以企业项目引领，建成高水平智能制造实训基地，促进了制造业高质量发展。ZJZJD 教育质量报告[①]显示（表 6-6），学校的生师比为 14.36∶1，具有高级职务和研究生学位教师占专任教师的比例分别为 33.33% 和 69.02%，生均图书为 64.47 册等，学校办学基本条件得到大幅改善与提高，为人才培育创造了极好的条件和保障。

表 6-6　　　　　ZJZJD 办学基本条件一览

基本监测指标	数据
招生专业数（个）	23

---

① https://www.tech.net.cn/column_rcpy/art.aspx?id=13529&type=2，访问时间：2023 年 12 月 2 日。

续表

基本监测指标	数据
在校生总数（折合数/个）	11429.90
生均占地面积（平方米）	55.75
生均教学行政用房面积（平方米）	17.66
生均宿舍面积（平方米）	9.45
生师比	14.36∶1
具有高级职务教师占专任教师的比例（%）	33.33
具有研究生学位教师占专任教师的比例（%）	69.02
生均教学科研仪器设备值（元）	27216.23
新增教学科研仪器设备所占比例（%）	22.95
生均图书（册）	64.47
生均年进书量（册）	2.29
百名学生配教学用计算机台数（台）	49.73
阅览室座位数（个）	1,252
纸质图书总册数（万册）	73.69
电子专业期刊（种）	28271.00

资料来源：ZJZJD2018/2019 学年人才培养工作状态数据采集平台。

校企共建智能制造、3D 打印等全国领先的 25 个实训基地，228 个实训室，1 个国家级示范性实训基地，1 个省级高技能人才公共实训基地，6 个省级示范性实训基地以及 1 个省级产教融合示范实训基地。2019 年，校外实习实训基地 526 个，依托企业 485 家，实际参与学校各类教学活动的单位共有 1780 余家，其中，核心层企业 68 家，紧密层企业 300 余家。

截至 2019 年 12 月 30 日，ZJZJD 教职工 678 人，其中，专任教师 468 人，校内专任教师中具有"双师"资质 405 人，占校内专任教师总数的 90.38%，35 岁及以下专任教师全部具有硕士及以上学位；专任教师获技术专利（发明）数占专任教师总数的 51.28%，兼职教师承担校内实践技能课教学工作量占兼职教师的教学工作总量的 98.58%，师资建设经费支出 1440.14 万元，占学院总经费的 4.38%，其中，聘请兼职教师经费支出 807.98 万元，占学院日常教学经费的 2.46%。2019 年，学校机电一体化技术专业教学团队入选首批国家级职业教育教师教学创新团队，1 位老师入选"浙江省第六届师德先进个人"。

2018 年，学校"智能控制技术教师团队"荣获全国高校黄大年式教师团队称号，是浙江省唯一入选的高职院校。同时，学校通过 50 余个建在企业的"双师培养基地"为教师参与企业产品研发、工艺改进、经营管理、新产品研发、新技术学习开发等提供途径。

此外，学校还结合教师"画像库"、个体培训诉求等信息，为教师个性化定制年度培养计划，精心设计兼具时效性、实用性、多样性的培训课程，增强师资力量。

一 服务智能制造产业，明晰专业群组建逻辑

毕业生就业力发展与高职院校人才培养息息相关。ZJZJD 深耕专业群内涵建设，成功打造了一批服务地方经济、对接区域重点产业的高水平特色专业群，2 个专业群入选"双高计划"高水平专业群（A 档），7 个专业入选浙江省优势专业、5 个专业入选浙江省特色专业，3 个专业获评浙江省名专业。浙江省教育评估院调查显示，用人单位对该校毕业生的实践动手能力、专业水平、创新能力、合作与协调能力、人际沟通能力的评价得分均居全省高职院校前列。为了更好地对接战略性新兴产业，2019 年学校新增了工业机器人技术、云计算技术与应用、大数据技术与应用、汽车智能技术、商务数据分析与应用 5 个目录内专业，2020 年又新申报了智能制造技术、增材制造技术、工业互联网应用技术 3 个目录外专业。图 6-3 为 2020 年学校七大专业群布局，形成了以机械设计与自动化和智能制造技术为核心的"共建、共享、共用、互通"七大专业群教学资源配置体系，在课程体系建设、课程资源建设、"三教"改革工程、实践基地建设和社会服务方面实现各专业的优势互补与协调发展[①]。

本书通过收集学校网站数据和"双高"专业群建设相关资料，以机械设计与自动化专业群为例，分析 ZJZJD 基于校企协同的专业群组建逻辑。

---

① https://www.tech.net.cn/column_rcpy/art.aspx?id=14915&type=2，2024 年 1 月 1 日。

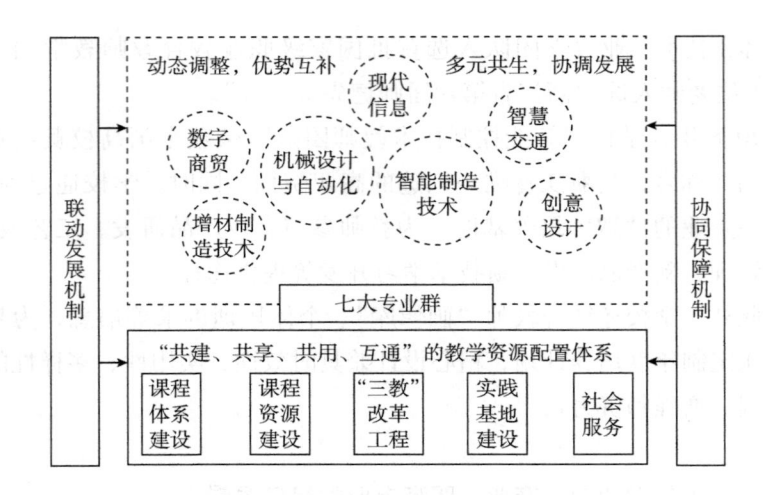

```
┌─────────────────────────────────────────────────┐
│  动态调整，优势互补    多元共生，协调发展           │
│         现代                                     │
│    数字  信息    智慧                            │
│    商贸        交通                              │
│       机械设计  智能制造                          │
│       与自动化   技术                            │
│    增材制        创意                            │
│    造技术        设计                            │
│                                                 │
│              七大专业群                          │
│  "共建、共享、共用、互通"的教学资源配置体系        │
│  课程  课程  "三教"  实践  社会                   │
│  体系  资源  改革  基地  服务                     │
│  建设  建设  工程  建设                          │
└─────────────────────────────────────────────────┘
```
(联动发展机制 ← → 协同保障机制)

图 6-3　ZJZJD 七大专业群布局

一是机械设计与自动化专业群建设定位于对接浙江智能制造产业链，以"人工智能+""信息技术+"升级专业群，准确服务产业链全生命周期主要环节。专业群由 5 个专业 16 个专业方向组成，以机械设计与自动化（智能制造）专业为核心，实施"双层次多方向+X 个职业技能等级能力"人才培育，双层次即技术、技能两个层次，新技术、复合技能、特色技能 3 个以上专业方向，X 个职业技能等级能力，即面向智能制造产业链的岗位群，精准培养懂技术、精操作、能革新的复合型高素质技术技能人才。

二是与海克斯康、北京精雕等名企合作，建成"1+N"混合所有制的"智能制造技术应用中心"等实践教学基地，创新校企协同育人创建社会服务品牌；推行工业机器人运维技术等"1+X"证书制度试点，构建"公共基础课程+专业群共享课程+专业核心课程+X 个职业技能课程"体系，实行学分银行、学习成果认证与转换。

三是积极打造国家级教学团队和科技创新团队，增强教师教育教学、专业实践和技术服务"三项能力"，聚焦"信息技术+""情境再现+""智能制造+"等能力提升。依托 AR/VR 等信息技术，开展翻转课堂、线上线下混合等课堂教学新方法，构建全方位、全程化学习评价系统,实现授课教师与AI助理的课堂教学新评价。并开发"符合技术模块特点、适合多导师教学、可模块化组合"的新形态教材及教学资源,如《虚拟仿真建构》数字活页式、《模具装配工艺》工单式教材,并与西门子、瑞士GF等联合开发智能制造技术类国家规划教材。

四是参照"悉尼协议",开发机械设计与自动化、模具设计与制造等专业国际互认的专业标准,向外输出"机电品牌"课程标准、教学标准和职业技能鉴定培训课程,并建设适合东南亚、非洲留学生培养的"职业素质+语言训练+智能制造课程+项目管理"模块化教学资源,助力共建"一带一路"国家智能制造技术应用提升。

二 助推新型学徒制培养

前文实证结果显示,基于产教融合的专业性教育和可迁移性教育能有效促进高职毕业生的基础技能和综合能力发展,专业性教育、教学资源支持能促使毕业生职业技能和综合能力的提升,且软技能的发展受教学资源支持和产教融合示范项目的影响。因此,高职院校培养要充分体现校企"双主体"育人的特征,加强企业的主体地位,促使学生"学",即注入更多的学生参与,共同推进毕业生就业力发展。

2019年ZJZJD成功举办了"中国长三角智能制造职教集团2019年代表大会",并通过《中国长三角智能制造职教集团章程》;2020年,学校与职教集团企业共建的"轨道交通与智能制造产教融合基地"被省教育厅推荐为"'十三五'国家级产教融合示范基地","3D打印应用技术实训基地"成功立项省级产教融合示范基地。更为重要的是,混合所有制培养模式的ZJNY新型学徒制班顺利开班,助力推进"双高"建设。

2019/2020学年,ZJZJD与浙江省能源集团合作,按混合所有制培养模式成立二级学院——ZJNY,增加了校企合作专业课程及企业"学徒工"标准实训课程,将企业内训体系引入学校、将企业项目化教学资源引入学校、将企业工程师引入课堂、将企业考评体系引入教学评价、将企业管理制度引入课堂，实现教学场所与工作岗位零距离对接，切实提高学生的培养质量。并与杭州西奥电梯有限公司联合组建西奥学徒制班（78人），联合企业内部大学——西奥大学合作培养，共同开发学徒制教材，开展双导师制订单式培养。同时，在浙江省铸造行业协会统一协调下，组成材型班铸造专业（方向）"杭氧学徒制"小型试点班，结合校企双方联合校内培养和杭州杭氧铸造有限公司顶岗实习实践，落实合作培养成效。

图 6-4 所示，校企协同育人新型学徒制培养机制以 ZJNY 为载体，签订用人企业、学校、管理培训公司、学生之间的四方新型学徒培养协议，构建多赢的双元育人合作机制。开发对接企业工作岗位、用人企业与学校分别实施的模块化课程体系，聚焦专业基础课、专业方向课和岗

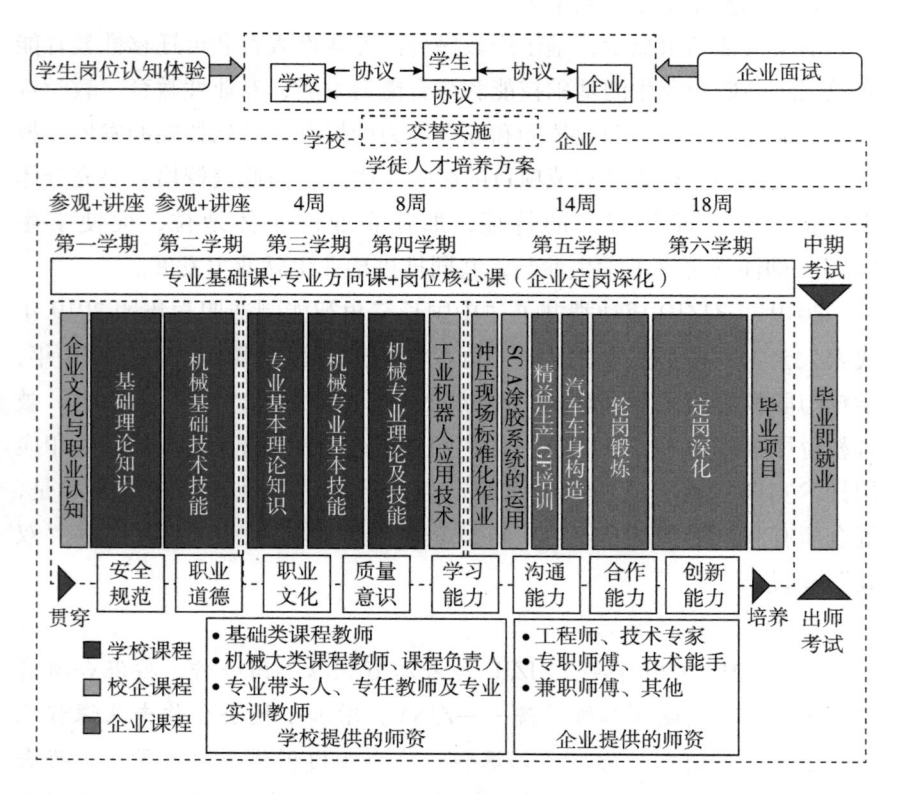

图 6-4　校企协同育人新型学徒制培养机制

位核心课。主要包括三个模块，一是学校实施模块，有通识模块、基础模块、基本能力模块；二是企业实施模块，即对接企业岗位的能力模块；三是校企合作课程模块。学校提供基础类课程教师、机械大类课程教师、专业实训教师等，企业提供工程师、技术能手、兼职师傅等，共同实施新型学徒制培养。毕业生毕业即就业，实现与劳动力市场的无缝对接①。

由此，ZJZJD 积极探索新型现代学徒制培养模式，形成"浙江范例"。此外，校企合作还组建"新型能源班""天然气运行班""电力工程技术班"等，解决了企业招工与用工难、毕业生技术技能水平与岗位需求不匹配等问题；建立校企"双元"分工合作机制，开发了对接企业实践的项目化、模块化课程体系，提升毕业生的职业持续发展能力，保证了校企协同育人人才输出规格。

三　以管理育人、服务育人、文化育人提升毕业生就业竞争力

能力本位职业教育理论强调市场需求导向的技术技能人才培养，既关注职业专业性，又关注毕业生的全面发展，促成院校人才输出与劳动力市场需求的衔接，使毕业生能胜任岗位工作并实现职业发展。可见，校企协同育人应贯穿院校培养始终，在培育毕业生就业力形成的同时，注重毕业生的可持续发展，以适应激烈的就业竞争。ZJZJD 以"立德树人"为根本任务，紧紧围绕"专业知识扎实、技术能力突出、综合素质优良"的人才培养目标，强化全员育人、全程育人和全方位育人，依托素质教育平台和就业指导平台，实现管理育人、服务育人、文化育人。

**案例 1　（学生素质发展类）：创建雅士学院，
　　　　　培养高素质"机电工匠"**

雅士学院遵循注重因材施教，坚持"全学程"育人模式。探索"三课堂·三主题·三文化"育人体系，培养"明德知礼、敦品励行、

---

① https://www.tech.net.cn/column_rcpy/art.aspx?id=14915&type=2，访问时间：2024年1月1日。

精技善工"的雅士队伍,打造一支具有高素质精英之师。至今已培养学生1500人,毕业后在各自岗位上展现工匠风范,得到社会各界的高度评价与认可。

案例2（新生始业教育类）:秀女学院——综合素质发展基地,培育秀雅气质

ZJZJD秀女学院从教育对象性别差异出发,立足中国女性优良传统与优良品格,融合机电特色的工匠文化,培养具有国际视野的高职院校精英女士。现代信息技术学院大力推进"鼎'芯'力"内涵式特色育人模式,组织大一全体女生参观、学习学校综合素质发展基地——秀女学院,将三全育人目标融入始业教育环节。通过体验、欣赏古琴弹奏、花艺设计与刺绣技艺,并学习职业礼仪、沟通礼仪、着装搭配、化妆造型、瑜伽等职业形象课程,深刻理解如何提升女士优雅气质,在职场展现个人魅力,养成基本职业素养①。

案例3（创新创业类）:自强自立的创新青年——FS

FS是ZJZJD机械技术系学生,担任系创新创业部部长。虽家境困难,但自强自立、乐观开朗、成绩优异。荣获2018年浙江省第十五届大学生机械设计大赛专科组一等奖等多项创业大奖,先后申请4项国家专利,3项创新课题。获得由共青团中央、中华全国学生联合会共同组织开展的2018年度"中国大学生自强之星"称号。

2019年,ZJZJD毕业生达3827人,调研显示,就业率为98.69%;就业行业流向较分散,集中于制造业行业,占毕业生就业人数的26.66%,其次是交通运输、仓储和邮政业以及信息传输、软件和信息技术服务业。

---

① http://www.zime.edu.cn/info/1101/6269.htm,访问时间:2023年12月11日。

四 实施"1+X"证书制度试点保障毕业生综合职业能力养成

工作本位学习是一种实践型、发现式学习,强调所学知识和经验的作用,并在不断实践、反思中提高解决问题的能力和创新能力。自2019年开始,为切实提升毕业生就业力,教育部会同国家发展改革委、财政部、市场监管总局启动了"1+X"证书制度试点工作,在开发职业技能等级标准的同时,将"1+X"证书制度试点融入专业人才培育全过程,实施高质量人才培养[1]。

2019/2020学年,ZJZJD先后出台了《学历证书+若干职业技能等级证书(简称"1+X"证书)制度试点工作实施方案》《"1+X"证书制度试点考核相关费用支出标准》《"1+X"证书制度试点绩效奖励办法》等文件,重构了专业人才培养方案,将"1+X"证书内容融入课程体系,开展"课证融通"同步教学。

如机电一体化专业将"工业机器人集成应用等级证书"标准(图6-5)通过"整合、优化、调整"等融入工业机器人技术专业人才培养体系等[2]。2020/2021学年,学校共有30个专业参与试点,涉及33个"1+X"证书,参与开发了国家"1+X"证书职业技能等级标准5个,组织了60余名教师开展"1+X"师资培训并获得"1+X"考评员资格,成功申报了数控车铣复合加工、数字创意建模等16个职业技能等级证书考核点,其中"工业机器人应用编程""数字创新建模"等成为省级考核管理中心。至2020年,已有230余名学生完成考证工作,考证通过率为100%,极大地提高了毕业生就业力和职场胜任力。

---

[1] 《教育部等四部门印发〈关于在院校实施"学历证书+若干职业技能等级证书"制度试点方案〉》,http://www.moe.gov.cn/jyb_xwfb/gzdt_gzdt/s5987/201904/t20190416_378206.html,访问时间:2024年3月15日。

[2] https://www.tech.net.cn/column_rcpy/art.aspx?id=14915&type=2,访问时间:2024年1月1日。

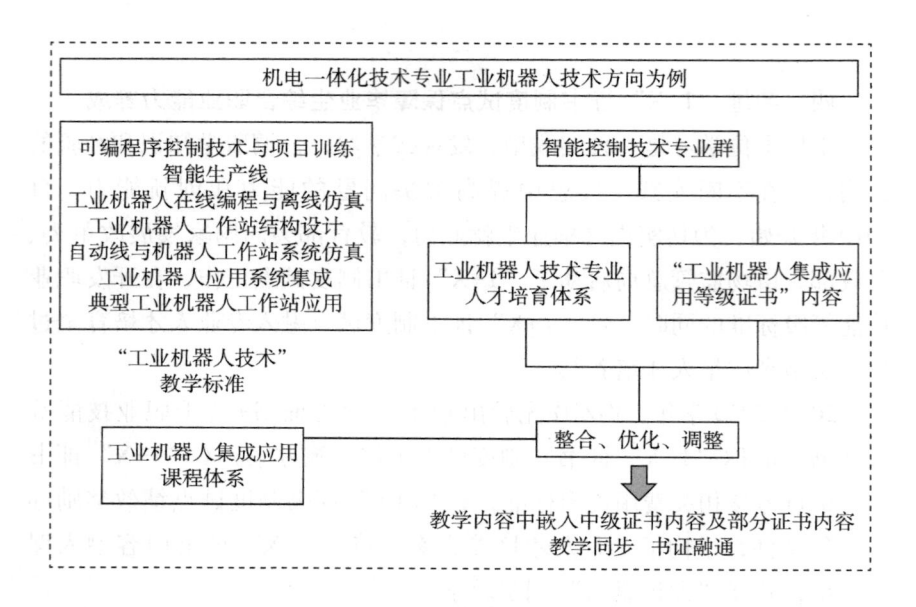

```
┌─────────────────────────────────────────────────────────────┐
│           机电一体化技术专业工业机器人技术方向为例           │
│                                                             │
│  ┌──────────────────────────┐      ┌──────────────────┐   │
│  │ 可编程序控制技术与项目训练│      │ 智能控制技术专业群│   │
│  │      智能生产线          │      └────────┬─────────┘   │
│  │ 工业机器人在线编程与离线仿真│             │             │
│  │ 工业机器人工作站结构设计  │    ┌─────────┴──────────┐  │
│  │ 自动线与机器人工作站系统仿真│  │           │         │  │
│  │ 工业机器人应用系统集成    │  ┌─┴────────┐ ┌┴─────────┐│
│  │ 典型工业机器人工作站应用  │  │工业机器人技│ │"工业机器人││
│  └──────────────────────────┘  │术专业人才培│ │集成应用等 ││
│      "工业机器人技术"            │育体系     │ │级证书"内容││
│        教学标准                  └────┬──────┘ └─────┬────┘│
│                                      │              │     │
│  ┌──────────────────┐               │              │     │
│  │工业机器人集成应用│───────────────┴──────┬───────┘     │
│  │   课程体系       │                      │             │
│  └──────────────────┘              ┌───────┴────────┐    │
│                                    │ 整合、优化、调整│    │
│                                    └───────┬────────┘    │
│                                            ▼             │
│              教学内容中嵌入中级证书内容及部分证书内容    │
│                    教学同步  书证融通                    │
└─────────────────────────────────────────────────────────────┘
```

图 6-5　以机电一体化技术专业工业机器人技术方向为例的
"1+X"人才培养体系

2020年，ZJZJD 组织实施了全省首批"智能网联汽车检测与运维'1+X'职业证书"考试，在短短 3 个月内稳步推进考评员培训、实施 128 个学时的学员证书（中级）培训、考试组织与申报等工作。同时，汽车专业实施了《汽车运用与维修职业技能证书》《智能网联汽车检测与运维职业技能证书》等多个"1+X"证书试点工作。作为智能汽车产业的职业证书考试，考试形式也十分"智能"，具有全过程虚拟仿真操作、大数据智能监控、语音答题智能分析、云端服务器智能操作、云计算智能测评、人机交互多维解析等特点，进一步考察了考生的信息技术运用能力和信息素养，保障了毕业生优良的综合职业能力形成。

梳理本小节内容可知，优质的毕业生应具备较强的就业力以适应日益严峻的就业挑战，基于产教融合的院校培养与毕业生就业力的发展及良好就业结果的获得息息相关。首先，ZJZJD 的发展积极对接区域优势产业升级，依托产业学院主动开展校企协同育人，培养面向生产、运行、管理、服务等相关领域的技术技能复合型人才。其次，打造基于区域优势产业的专业集群和高素质教师团队，于课程设置、教学项目开发、教学评价、实习实践、文化育人、创新创业等环节充分发挥企业的主体作用，促使毕业生的就业力发展水平与劳动力市场需求之间互为匹配。再次，将"1+X"证书制度试点融入专业人才培育全过程，通过与教学内容同步，进一步优化课程体系，实现课程融通。最后，在校企协同促进毕业生就业力发展和实现高质量就业的育人机制中，专业群建设、产业学院学徒制培养、师资配置、文化育人及"1+X"证书培训等都在人才培养过程中发挥了积极的作用。

结合以上内容，通过识别影响高职毕业生的综合能力、职业技能、软技能和基础技能发展的因素，发现院校培养的作用最大，且毕业生就业力发展会进一步影响就业结果。

本章主要将目光聚焦在高职院校培养，在能力本位职业教育理论和工作本位学习理论指导下，理解产教融合案例，做进一步的分析。前文定量分析结果发现，相较于非国家示范校，国家示范校在一定程度上会给予毕业生更优质的教学资源支持，同时，示范校毕业生的学习主动性和社会活动积极性更强，由此对毕业生就业力发展的影响更为明显。但这样的作用及国家示范校与非国家示范校之间的差异并不能深刻解释高职毕业生就业力发展的成因或路径，因为入选国家示范性高职院校本身会带来更为充足、更有优势的资源，如国家财政投入、培育政策倾向、改革项目优先等，且会吸引更为优质的生源进入示范校就读，示范校毕业生的学习态度、学业基础、学习能动性、发展动机、职业目标会处于相对更为优良的状态，以此对自身的就业力发展产生更为积极的影响。因此，第六章的实证分析部分并未以学校类型作为分析的维度，而是着重聚焦产教融合，即基于工作过程真实项目技能培养的校企协同育人。

本章的实证研究包含定量分析与案例分析。通过比较七项产教融合示范项目对高职毕业生就业力发展的影响，发现校企协同和教师发展示范项目对高职毕业生的软技能及综合能力发展有正向作用。结合案例分析，为强调高职毕业生的"学"，本节归纳出产业学院、高素质教学团队、工匠精神培育和"以赛促学""以证促业"能有效促进高职毕业生就业力发展及实现高质量就业。并进一步聚焦ZJZJD案例，分析通过设置高职院校教学过程与企业生产过程对接的技能培养协同育人模式，积极发挥企业在产教融合、校企合作中的作用，高职院校与企业通力合作，积极组建专业群，在人才培养目标、实践教学资源、教学项目开发、效度达成评价、校内外实训、职业技能认证培训、技能竞赛指导与组织、项目跟踪反馈、"1+X"证书培训等方面实现信息、数据的互通，以及政府、学校、企业、教师及学生之间的有效互动，促成"产"与"教"的互融、互创。

结 语

在终身雇用不断受到冲击的今天，就业充满变化与风险，大学生的职业发展面临更大的挑战。从产教供求来看，中国高等职业教育进入了提质培优的阶段，就业竞争愈发激烈。作为一项复杂的系统性工程，高职院校培养深刻影响毕业生就业力的发展，企业与学校之间发生越实质性的合作，或者产与教的依赖程度越高，毕业生的就业力越有可能得到更多的发展。基于此，本书从高职毕业生就业力入手，首先尝试分析就业力的内涵，描述了高职毕业生就业力的现状；然后借鉴能力本位职业教育理论、工作本位学习理论以及教育学和经济学的相关理论，通过描述分析和计量回归、案例分析，探究了高职毕业生就业力发展的影响因素，以及就业力发展对就业结果的影响，并聚焦产教融合实践，尝试厘清校企协同育人有效促进毕业生就业力发展及实现高质量就业的路径，以回应现有研究所提出的高职毕业生就业率较高但就业力不强的现状所加剧的就业难问题。

第一节 研究收获

毕业生就业力是求职和就业过程中的核心要素，是他们获取就业以及实现职业发展所应具备的综合职业能力。通过因子分析并结合相关领域学者们的研究，本书将高职毕业生的就业力内涵划分为三个维度，分别是职业技能、软技能和基础技能。三个维度的得分反映了高职毕业生就业力的发展水平，在测量上具有良好的信度和效度，同时根据方差贡献率作为权重得出毕业生就业综合能力取值，并从高职教育培养复合型、技能型人才的目标出发，设置了产教融合视角相应的培育关键点。

在理解高职院校培养上，本书将院校提供的学习条件、机会和资源的12项划分为专业性教育、可迁移性教育和教学资源支持三个取向并通过 KMO 和 Bartlett 检验，具体分析了院校培养中产（企业）与教（院校）"双主体"关系。专业性教育聚焦毕业生基于工作过程的知识学习和技能习得，并在真实项目实践过程中提高知识的融合与应用能力；可迁移性教育则强调培育毕业生的职业道德、敬业精神、质量意识、创新意识等，在校内外实习、实践过程中聚焦专业素养、人际交往、多元思维、组织协调等能力的发展；教学资源支持包含了结合国家、产业、自身需求的就业指导，储备行业规范标准、产品使用手册、图纸、实物模型等的（电子）图书馆设施，打造优良的"双师型"教师和企业专家团队，以及较好的校企协同育人实习、实训辅助设施等，紧紧围绕高职"产"与"教"融合的育人路径，凸显高职类型教育特色。本书主要的研究结论如下：

一 高职毕业生就业力发展的现状

第一，高职毕业生整体上已具备工作岗位所需的知识水平，并掌握完成实践任务的工作能力和学习能力，但还需加强跨组织、跨专业所需的通用能力和管理能力。

第二，资源环境学科大类毕业生的整体就业力发展较好，财经商贸学科大类毕业生的职业技能和电子制造学科大类毕业生的基础技能有待进一步提升，艺术教育学科大类教育则比较重视毕业生软技能的发展。

第三，高职男性毕业生群体比女性毕业生群体表现出更好的基本工作能力和发展工作能力，以及聚焦职业、岗位所需的知识水平、通用能力和社会能力；省会城市或直辖市家庭毕业生的软技能发展和乡镇家庭毕业生的基础技能发展更好，国家示范校毕业生家庭经济背景好，其就业力发展更有优势。

第四，国家示范校毕业生的软技能和综合能力发展更优于非国家示范校毕业生，且国家示范校毕业生对院校培养水平评价更高，特别是在专业性教育和教学资源支持上，反映了国家示范校更加注重以工作问题为载体的毕业生综合实践能力和职业素养的培育。

第五，国家示范校毕业生来自农村的占比高，且男性占比高，他们在学习、社团活动方面的参与和投入比非国家示范校毕业生更多，反映了国家示范校毕业生对自身有着更高的期待，学习主动性更强。

二 高职毕业生就业力发展的影响因素

本书聚焦高职学生在校期间就业力的发展，根据人力资本理论、社会资本理论、高等教育影响力理论和学生参与理论，将影响就业力发展的因素划分为院校培养、学生参与以及家庭背景三类，通过识别高职毕业生就业力发展的影响因素，发现院校培养的影响作用最大，其次是学生参与，家庭背景的影响最小。

第一，国家示范校和非国家示范校的毕业生综合能力发展与专业性教育、可迁移性教育和教学资源支持息息相关。专业性教育更多地发展了毕业生的职业技能和基础技能，教学资源支持促进了职业技能和软技能的提升，可迁移性教育则发展了基础技能。

第二，国家示范校毕业生的学生参与对就业力发展的影响程度更大，国家示范校毕业生的学业参与更多地作用于综合能力、软技能和职业技能的发展，其社会性参与更多地作用于综合能力、职业技能和基础技能的提升。

第三，高职院校男性毕业生的职业技能和基础技能发展更好，体现出更强的逻辑分析与思维拓展能力，女性更擅长沟通、共情与表达；学习成绩专业排名前50%的毕业生就业力发展更好。

三 高职毕业生就业力发展对就业结果的影响

之前的研究发现，在院校培养过程中，产与教的依赖程度越高，即企业与学校开展越深层次的合作，毕业生就业力越有可能得到更多发展，就业结果更好。通过考察劳动力市场对高职毕业生就业力的检验，来分析高职毕业生的就业类型、就业起薪和就业满意度在多大程度上受毕业生就业力发展的影响，从而给予高等职业教育质量反馈。

第一，职业技能、软技能和基础技能发展越好的高职毕业生，并没能获得更多单位就业的机会，即高职毕业生就业力发展水平越高并不影响其单位就业的概率。

第二，相比非国家示范校毕业生，国家示范校毕业生的职业技能和基础技能发展越好，毕业生的就业起薪越高，同时体现一定的院校作用、城乡作用差异和职业代际传递。

第三，国家示范校与非国家示范校毕业生的职业技能、软技能和基础技能发展越好，毕业生的就业满意度越高，并体现一定的院校作用和职业代际传递。

四 以就业力发展为导向的校企协同育人实施路径

本书进一步在能力本位职业教育理论和工作本位学习理论的指导下，结合高职院校案例，着重分析了产教融合背景下的校企协同育人促进高职毕业生就业力发展的路径，试图使定量分析与案例分析的结果相互呼应，通过发展毕业生就业力，倒逼高职院校产教融合改革，促成毕业生高质量就业。

第一，借助区域优势产业，校企合力发展核心专业群，共建的混合所有制产业学院弥补了单靠高职院校的力量开展产教融合项目成效欠佳的不足。

第二，打造高素质专兼职教学创新团队，依托信息技术，实施更优质的实践指导与技术服务，将课堂学习与企业实践相融合，增强毕业生就业力，输出技能型人才。

第三，全学程育人是高等职业教育践行立德树人的路径，校园文化与企业文化的互通、互融能增强高职毕业生的职业荣誉感和综合职业素养。

第四，以岗为帆、以课为舟，以赛促学、以证促业，实施"岗—课—赛—证"融通人才培育，进一步推进内涵建设，助力毕业生高质量就业。

第二节 创新分析

校企协同促进高职毕业生就业力提升研究的创新可以归纳为以下三点：

第一，厘清了具有高职特色的毕业生就业力结构，研究了就业力发展的现状和影响因素，以及就业力发展对就业结果的影响，是聚焦高职毕业生就业力发展的较为全面、深入的分析，是对以就业为导向的世界职业教育研究的有益补充。

本书采用全国范围的调查数据，结合两份定量数据和一份案例数据，从分解高职毕业生就业力结构性内涵开始，探明发展现状并识别影响就业力发展的最主要因素，并以就业类型、就业起薪和就业满意度为变量，讨论高职毕业生就业力发展对其就业结果的影响，分析就业力发展在其中发挥的作用；同时，以院校培养为载体，聚焦产教融合，刻画高职毕业生就业力发展的有效路径。对于高职毕业生就业力内涵的考察，本书紧紧围绕产教融合的理念，将就业力理解为毕业生识别就业、获取就业并能支持今后就业发展所需的综合职业能力，并剖析了产（企业）和教（院校）的培养重心，将就业力发展作为核心要素，探索其影响因素、发展路径及对就业结果的影响，补充了过程性研究。因此，本书对高职毕业生就业力和就业结果的内涵和度量有较为全面、细致的分析，具有一定的创新性，为今后对高职毕业生就业力发展相关问题的研究提供了方法借鉴。

第二，借鉴能力本位职业教育、工作本位学习、高等教育影响力和学生参与理论，结合案例研究，探明了校企协同育人促进高职毕业生就业力发展及实现高质量就业的有效路径，架构了多主体、多维度的就业力发展机制，丰富了现有研究。

通过识别就业力发展的影响因素，本书将院校特征、个体特征、人力资本和家庭特征设置为促进就业力发展的主要"输入"要素；聚焦产教融合院校培养，即校企协同育人，将院校与企业作为产教融合的实践"双主体"，结合学生参与，主要从产业学院打造、教师队伍建设、工匠精神培育、以赛促学以证促业四个方面剖析院校培养的"环境"要素对毕业生就业力发展的作用，并将毕业生的学业性参与与社会性参与相结合，共同作用于就业力的发展；将就业结果分解为就业类型、就业起薪与就业满意度三个方面，理解毕业生就业力发展被劳动力市场认可及接纳的程度，即"输出"效果如何。由此，本书试图构建的高职毕业生就业力发展机制，是对现有的就业力发展理论框架的补充与丰富。

第三，试图构建的校企协同育人培养模式，帮助形成了以就业力发展为着力点、以工作本位学习为路径的高职内涵发展新生态，寻得实现高职教育高质量发展、毕业生高质量就业的突破口。

现有的研究大多侧重毕业生个体背景、人力资本对高职毕业生就业力发展及就业结果的影响，对就业力发展过程中结合院校培养的形成性、过程性因素关注不够，更少对产教融合实践做较为系统的考察和深入的实证分析；以就业为导向的高职教学改革尚未提出细致、有针对性的政策与方案，亟待将就业与高职内涵发展相连，构建以工作本位学习为路径的教育生态系统。本书以就业力发展为着力点，在工作本位学习理论的指导下，分析了产教融合视角的高职毕业生就业力发展重难点，以及就业力发展对就业结果的作用，寻得实现高职教育高质量发展的突破口。

第三节　政校企做什么？

高等职业教育作为高等教育的一种重要类型，有其特殊的内涵与表征，旨在培养高等教育技术技能人才，凸显应用技术的操作与创新。基于以上对研究结论的梳理与讨论，围绕高职毕业生就业力发展、推进校企协同育人、提高就业质量，本书提出以下建议。

第一，高职院校与企业"双主体"要开展以毕业生就业为导向的校企协同育人，以市场需求指导人才培养方案的制定、实施与反馈，特别是非国家示范校需进一步发挥院校优势与特色，吸引学生更多地参与与投入。

本书发现，高职院校的专业性教育发展了毕业生的职业技能和基础技能，教学资源支持促进了职业技能和软技能的提升，可迁移性教育则发展了基础技能。为契合《中华人民共和国国民经济和社会发展第十四个五年规划和2035年远景目标纲要》的部署，《职业教育专业目录（2021年）》的推出顺应了专业升级和数字化改造，为人才培养树立了新坐标，院校培养始终要坚持服务发展、促进就业为导向，落实教育供给侧改革[①]。校企协同育人"双主体"要聚焦毕业生专业知识的学习和

---

① 欧媚：《布局"十四五"推进专业升级——〈职业教育专业目录（2021年）〉解读》，《中国教育报》2021年3月23日第3版。

技能的习得、通过实施专业（群）建设开展课程教学改革和专业实训实习模式创新，引入企业真实项目开展"立地式"社会服务，并实施弹性、学分制专业课程模块，满足学生多元化、个性化学习需求，为高职毕业生踏进职场打下坚实的基础。特别是非国家示范性高职院校毕业生的学习主动性有待进一步加强，且毕业生的就业力相对来说有更大的发展空间，因此，非国家示范校需关注自身的人才培养定位，与区域优势产业紧密结合，实施有效且富有特色的校企协同育人策略，以此吸引毕业生能有更多的学业性参与和社会性参与，发展自身就业力并实现高质量就业。

值得借鉴的是，高职教育T型课程设计①符合就业导向和终身教育理念，以学习为中心促成全面发展，可运用于"订单人才培养模式"或"2+1"产学合作方式等。T型结构中的核心能力发展可以通过工具课、方法论课的学习实践得以提高；横向上，通过开设体育课增强体质、写作与演讲课提高表达能力和文化交流能力、思想品德与心理健康课增强心理承受能力和职业道德、经管类课程培养合作管理能力等；纵向上，在具备扎实的专业理论知识的同时，通过专业理论课和选修课提高专业转岗能力，并开设必要的创造学课程及技术讲座等培养毕业生的创新创业能力。当然，在实施过程中要处理好理论课与实践课、必修课与选修课的关系，遵循知识的实用性和先进性，以及校内教学与校外实践的联系，全面发展高职毕业生就业力。由此，高职院校应进一步解放思想，以就业为导向，多角度实施校企协同育人模式变革，彰显高职教育特色。

第二，进一步加强企业的主体地位，从校内实训、校外实践延伸至就业指导，提供在校上课与企业实践之间的灵活转换，贯通毕业生习得的技能与市场需求的对接。

不管是理论层面抑或实践层面，企业在产教融合过程中的地位和价值直接影响校企协同育人双方的联结程度。高职院校要与企业充分沟通，寻找育人的共同点，建成人才共育、过程共管、成果共享、责任共担的紧密型合作办学体制机制。在企业充分投入专业（群）建设、课

---

① 谭镜星：《论高职T型人才培养模式的构建》，《高等教育研究》2005年第10期。

程设置、实习实训、学习评价与反馈等过程的同时，高职院校要借鉴国际经验，实施高质量的职业生涯规划教育①，有效贯通高职毕业生在校期间习得技能与劳动力市场需求之间的对接。高职毕业生的自我认知和职业定位能力相对较弱，院校应将入学教育和职业规划相结合，开展系统化就业指导，强化毕业生的社会职场认知和职业规范意识；并将相关实践性训练与教学辅助资源相融合，构成体验式、情景式的职业规划进阶型培养体系；支持毕业生多渠道参与实习及鼓励创新创业，降低毕业生未来失业发生风险；积极开拓就业市场，精选、推介优质企业或用人单位，实施基于数据平台的更为精准的双向就业匹配。

《职业教育提质培优行动计划（2020—2023 年）》深刻诠释了深化产教融合和高素质人才培养模式改革是提升职业教育质量的关键②。高职院校不仅要精准研制产教融合谱系图，优化产教合作专业布局，更要建设一批高水平产教融合实训基地，一方面培养高素质应用型、复合型、创新型高职人才，另一方面提升高职院校服务产业转型升级能力，探索产业链、创新链、教育链的有效衔接。正如《现代产业学院建设指南（试行）》中明确提出的，将人才培养、教师专业化发展、实训实习实践、学生创新创业、企业服务科技创新功能有机结合，打造集产、学、研、转、创、用于一体的实体性创新平台。从企业的角度看，培育一批产教融合型企业③，充分发挥自身的教育功能并提供教育要素，积极承担现代学徒制、"1+X"证书制度试点，与高职院校开展实质性的合作，解决创新的来源与去向问题。此外，院校应积极探索以赛促学、以证促业的实践活动，充分利用好实训基地、图书馆、校企创新平台等教学资源，大力开展技能大赛及推行"1+X"证书制度试点，打造技术技能型人才培育高地，落实人才培养效果。

---

① 杜冰、王庆环：《后疫情时代 系统谋划高校毕业生就业扶持》，《光明日报》2021年3月16日第15版。

② 《教育部等九部门印发〈职业教育体制培优行动计划（2020-2023年）〉——职业教育进入体制培优新阶段》，2020年9月30日，http：//www.moe.gov.cn/jyb_xwfb/s5147/202009/t20200930_492576.html，访问时间：2024年3月15日。

③ 《教育部办公厅 工业和信息化部办公厅关于印发〈现代产业学院建设指南（试行）〉的通知》，2020年8月28日，https：//www.tech.net.cn/news/show-92021.html，访问时间：2024年3月15日。

第三，高职院校要强化师资队伍培育，使之成为推进高职院校内涵建设的有力抓手，落实校企协同育人成效。

本书研究发现，院校培养是高职院校学生就业力发展最主要的影响因素，而教师是院校培养改革实施的第一资源。教师发展能积极推进毕业生的人格、学习品质、职业素养的发展，对于大多数依靠自身努力参与学业及社会活动的高职毕业生而言，教师的引导与鼓励尤为重要。2021年1月教育部等六部门发布的《加强新时代高校教师队伍建设改革的指导意见》，为高等职业院校加强教师队伍建设提供了重要的实践指导[①]。正如前文理解的就业力是识别就业、获取就业、就业持续与就业转换过程中所应具备的能力，并不仅是某一类型或某项任务特定的能力，毕业生的道德、动机、责任感、包容力、领导力、自信等个性特质是自身可持续性职业发展的重要基石。

一方面，高职教师的理论教学与实践教学能力提升是师资培育的核心，更是毕业生习得技能的关键。高职院校应积极探讨国外职业教育的先进经验，加强"1+X"证书制度，积极开展校企合作培育"双师型""社会服务型"教师，建立教师企业实践流动站，深化"三教"（教师、教法、教材）改革，让教师成为企业与学校的桥梁并助力毕业生的就业及成长。如打造交融式校企教师团队、开展专兼并用的柔性教学、设计立足区域市场需求的人才培养专业课程体系、编写基于岗位能力的实践性活页教材等。另一方面，高职教师的职业道德与敬业精神的传递是一种职业榜样。高职教师展现的工匠精神、师德和师风，会潜移默化地给予毕业生更多的情感滋养与精神指导，帮助毕业生在就业过程中的自我教育与自我完善。因此，高职院校要切实提高高职教师的专业化水平，丰富生涯规划指导的内容与形式，以此夯实毕业生职业道德、职业素养、职业行为习惯的养成。

第四，要加强政—校—企三方的通力合作，合理配置国家示范校与非国家示范校的院校建设资源，为不同类型高职院校毕业生提供更有针对性、更为公平的就业支持。

---

① 《教育部等六部门关于加强新时代高校教师队伍建设改革的指导意见》，2021年1月4日，http://www.moe.gov.cn/srcsite/A10/s7151/202101/t20210108_509152.html，访问时间：2024年3月2日。

本书发现，随着就业力发展，高职毕业生的就业起薪更高，就业满意度更高。在就业压力凸显的劳动力市场上，毕业生实现高质量就业离不开政府、院校、企业的多方合作和支持。一方面，教育部、人力资源和社会保障部、财政部等多部委要系统设计毕业生就业支持体系①，提供全过程、多渠道的就业机会信息的识别与获取；系统布局精细化的就业支持政策，整合就业和创业过程中的培训、资金、渠道等相关资源，体现公平性与均衡性。另一方面，企业是高职毕业生就业的关键部门，特别是国家产教融合型企业的布局，更是为教育供给侧结构性改革与行业需求侧的精准对接提供了强有力的保障。同时，企业要高度参与高职毕业生在校就读期间、求职期间、职业发展初期到职业持续过程的各个环节，积极配合政府部门相关就业支持工作，与高职院校并肩在实践中不断试错纠正，寻求高职毕业生高质量就业的最佳路径。数字经济的发展促使新业态、新职业的萌生，以及自主就业等多样化就业类型的出现，国家应出台相关就业政策并搭建信息化平台，引导毕业生更好、更便捷地开展创业就业，激发他们的创新潜力和活力。此外，在国家示范性高职院校与非国家示范性高职院校、"双高"与"非双高"院校的财政经费投入、资源配置、政策扶持、信息流通上给予更为公平的分配，让不同类型院校各尽其能，合力输出高素质、复合型技术技能人才。

第四节 对毕业生说的话

第一，高职毕业生要积极参与基于工作过程的综合性项目实践，用企业标准、岗位规范促进自身的工作适应与职业发展。

高职毕业生就业力中的"谈判与决策能力""压力下工作的能力""国际视野""领导力""外语能力""财经素养能力"有待进一步提高，回应了高职毕业生就业力发展不仅包含基于职业岗位标准基本的工作能力、学习能力提升，更要注重职业素养和"高阶能力"的发展，如处理复杂工作实践问题时应具备组织、统筹、协商能力，以及应对变

---

① 杜冰、王庆环：《后疫情时代　系统谋划高校毕业生就业扶持》，《光明日报》2021年3月16日第15版。

化、挑战需具备的抗压能力和知识迁移能力等等,如此才能使自己更快、更好地适应新岗位、新工作,更顺利地推进职业发展,进而提高就业起薪及获取更高的就业满意度。

第二,高职毕业生要树立正确的职业目标,参与适宜的学业性投入和社会性投入,综合发展就业力。

不同类型院校、学科大类、个体特征、家庭背景、人力资本的高职毕业生的就业力发展存在差异。如国家示范校毕业生的学术性参与能有效促进软技能和基础技能的发展,社会性参与则更好地发展了综合能力和职业技能。高职毕业生要充分识别自身的优劣势及学习特点,平衡好学术性投入和社会性投入的时间与精力,从职业的专业性和人的全面性的角度发展自身就业力,提高就业质量。

第三,高职毕业生要加强跨学科、跨专业的知识与技能应用,充分利用校内外实习、实训资源,实现"做中学"。

本书指出,高等职业院校培养是促进毕业生就业力发展最重要的因素,高职院校的专业性教育、可迁移性教育和教学资源支持从不同维度发展毕业生就业力。因此,毕业生要充分理解高职教育职教性、跨界性、实践性的特点与优势,勤动脑、动口、动手,在实践中习得技能,更重要的是,毕业生应加强自身在职业持续、职业转换过程中的迁移应用能力的发展。

第五节 未来值得关注什么?

一是就业力发展及院校培养评价的客观性尚不足。本书对就业力发展和院校培养水平的评价是依据毕业生的自我感知,以此评定两者现有发展的情况,难免存在主观性。若能将院校管理部门、教师、用人单位、企业等设置为评价主体,探索适宜毕业生就业力发展的多维评价体系,则更能体现客观性与有效性。

二是就业过程不同阶段的就业力界定有待进一步扩充。本书未针对就业过程中所需的就业力进行分阶段研究,而是着重于高职毕业生在获取就业前的就业力形成。虽然本书将就业力分解为三个不同的维度,但实际情况是不同高职毕业生在院校就读期间、求职期间、职业初期、职业持续过程中、职业转换时会有不同的就业能力展现。由此，今后的研究或许可以将就业阶段进行更为细致的划分，研究不同阶段高职毕业生就业力发展的影响因素及对就业结果的作用。

三是校企协同育人成效分析尚不够细致。本书分析的校企协同育人未按专业大类、院校所在地、院校类型、产教融合项目性质等要素进行，只是从整体角度归纳、梳理优秀产教融合案例的共性与特征，同时，定量分析与案例分析的糅合不够自然，以此在把握校企协同育人效果与发展趋势方面尚且不够精准。未来在剖析产教融合实践项目时，可将其进行分类，从而提出更有针对性的政策与建议。

四是就业力发展实证研究的差异分析不够新颖。本书大体上围绕国家示范性高职院校与非国家示范性高职院校进行了差异分析，未深入挖掘其他维度，如学科、专业、院校所在地等开展的就业力发展实证研究。同时，高职毕业生就业质量的认识或许可以从毕业生的就业观念出发，比较就业观念和实际求职结果差异的大小，使得今后的研究更有层次性与创新性。

除此之外，2024年《政府工作报告》指出2024年高校毕业生将超过1170万人，为促进青年就业，"要突出就业优先导向，加强财税、金融等政策对稳就业的支持，加大促就业专项政策力度……要加强对就业容量大的行业企业支持……"① 因此，毕业生要注重自身就业力的发展，政府、高校、企业、社会要协同合作，齐心协力为中国乃至世界输送源源不断的生力军。

---

① 《政府工作报告 强化促进青年就业政策举措》，https://m.eeo.com.cn/2024/0305/641701.shtml，访问时间：2024年3月12日。

附 录

全国高校毕业生就业状况调查问卷

亲爱的同学：

  为全面准确了解我国高校毕业生的就业状况，为完善相关决策和高校人才培养机制改革提供咨询意见，我们特组织本次调查。我们将严格遵守《中华人民共和国统计法》，不会以任何形式公开您的个人信息。请把您的真实情况和想法填写在相应的横线上或在选项编号上打"√"（如果没有特殊说明，均为单选）。

  衷心感谢您的支持和合作！

北京大学"全国高校毕业生就业状况调查"课题组
2019 年 5 月

第一部分 基本信息

1. 您毕业后的去向：_____
（1）已确定就业单位；（2）升学（国内）；（3）出国、出境；（4）自由职业；（5）自主创业；（6）灵活就业；（7）待就业；（8）不就业拟升学；（9）其他暂不就业；（10）其他（请说明）。

2. （灵活就业、自由职业、自主创业者回答）
  A. 您的具体工作是：_____ B. 您为什么选择灵活就业/自由职业/自主创业？（可多选）_____
（1）工作单位的工资太低；（2）有自由的时间；（3）工作方式灵活；（4）对单位的工作不感兴趣；（5）没有被心仪的单位录用；（6）能获得政府的政策支持；（7）工作单位的福利不够好；（8）工作单位的个人发展前景不够好；（9）其他（请说明）。

3. 毕业学校名称：_____（若是独立学院，请注明学校及学院名称）。

4. 您所主修的专业名称：_____，属于：_____学科门类。
（1）农林牧渔类；（2）资源环境与安全类；（3）能源动力与材料

类；(4) 土木建筑类；(5) 水利类；(6) 装备制造类；(7) 生物与化工类；(8) 轻工纺织类；(9) 食品药品与粮食类；(10) 交通运输类；(11) 电子信息类；(12) 医药卫生类；(13) 财经商贸类；(14) 旅游类；(15) 文化艺术类；(16) 新闻传播类；(17) 教育与体育类；(18) 公安与司法类；(19) 公共管理与服务类。

5. 您的出生年月：_____年_____月。

6. 您的性别：_____ (1) 男；(2) 女。

7. 您的民族：_____ (1) 汉族；(2) 少数民族。

8. 您的学历是：_____ (1) 专科生；(2) 本科生；(3) 学术硕士生；(4) 专业硕士生；(5) 博士生。

如您是研究生，您的本科毕业学校是：_____。

9. 您是否独生子女：_____ (1) 是；(2) 否：共有_____个兄弟姐妹。

10. 您参加高考的年份为：_____年。

11. 您高中就读的学科类别为：_____ (1) 文科生；(2) 理科生；(3) 其他。

12. 您的大学入学选拔形式是：_____ (1) 普通招生；(2) 自主招生；(3) 保送生；(4) 特长生；(5) 其他。

13. 您的高考总成绩为（不含加分）：_____分；该成绩为_____：(1) 原始分；(2) 标准分。

您高考成绩中加分为：_____分（没有则填0分）。

14. 您高考时的家庭所在地为：_____ (1) 省会城市或直辖市；(2) 地级市；(3) 县级市或县城；(4) 乡镇；(5) 农村。

家庭所在地是：_____省（自治区、直辖市）_____市_____县（区）。

15. 您高考前的户口为：_____ (1) 城镇户口；(2) 农村户口。

16. 您父母目前的工作状况：父亲_____，母亲_____ (1) 国家机关、党群组织、事业单位管理人员；(2) 企业管理人员；(3) 专业技术人员；(4) 办事人员和有关人员；(5) 商业和服务人员；(6) 农、林、牧、渔、水利业生产人员；(7) 生产、运输设备操作人员及有关人员；(8) 军人；(9) 农村进城务工人员；(10) 离退休；(11) 无业、失业、半失业；（12）其他。

17. 您的家庭人均年收入大约为：_____（1）3000元及以下；（2）3001—5000元；（3）5001—10000元；（4）10001—20000元；（5）20001—50000元；（6）50001—100000元；（7）100001元及以上。

18. 您父母的最高学历：父亲_____，母亲_____（1）研究生；（2）本科；（3）专科；（4）高中或中专；（5）初中；（6）小学；（7）文盲或半文盲。

19. 您父母目前的政治面貌：父亲_____，母亲_____（1）中共党员；（2）民主党派或无党派人士；（3）群众。

20. 您父母目前的行政级别：父亲_____，母亲_____（1）无行政级别；（2）副科级及以下；（3）正科级；（4）副处级；（5）正处级；（6）副局级；（7）正局级及以上。

21. 如果您的毕业去向为升学，若有一份月收入为_____元的工作，您会放弃升学而选择就业。

第二部分　求职过程（有求职经历者必填）

22. 您开始找工作的时间是：20____年____月。

23. 您开始求职时，期望的就业起薪为：_____元/月，可以接受的最低起薪为：_____元/月。

24. A. 如果您已经获得工作，所用信息途径的主要来源是以下哪一选项？

B. 您使用获得工作的相关信息途径的情况：（在相应栏内画√）

途径	经常使用	比较常用	不太常用	从没用过
1. 学校（包括院系）就业指导机构发布的需求信息	4	3	2	1
2. 从企业得到的招聘广告	4	3	2	1
3. 在人才洽谈会获得信息	4	3	2	1
4. 父母、亲戚介绍的信息	4	3	2	1
5. 网络招聘信息	4	3	2	1
6. 从职业介绍机构获得的信息	4	3	2	1
7. 专门性的人才招聘信息刊物	4	3	2	1

续表

途径	经常使用	比较常用	不太常用	从没用过
8. 新闻媒介的招聘广告	4	3	2	1
9. 朋友或熟人介绍的信息	4	3	2	1
10. 实习单位提供的信息	4	3	2	1

25. 在求职过程中,您大约向_____个单位递交过求职简历,共接受过_____个单位的面试,愿意接收您的单位为_____个,其中,实习过的单位有_____个。您获得的第一个愿意接收您工作的时间是在_____月份。

26. 您主要向以下哪两类单位求职?第一位_____;第二位_____(1)国家机关;(2)学校、科研单位;(3)其他事业单位;(4)国有企业;(5)三资企业;(6)民营企业;(7)其他。

27. 在您选择或确定工作单位时,下列因素的重要程度如何?(在相应栏内画√)

	非常重要	比较重要	不太重要	不重要
1. 工作单位在大城市	4	3	2	1
2. 工作单位的规模大	4	3	2	1
3. 工作自由	4	3	2	1
4. 福利待遇好	4	3	2	1
5. 符合自己的兴趣爱好	4	3	2	1
6. 工作舒适、劳动强度低	4	3	2	1
7. 能获得各类资源	4	3	2	1
8. 能够解决户口问题	4	3	2	1
9. 工作单位的声誉好	4	3	2	1
10. 工作稳定	4	3	2	1
11. 经济收入高	4	3	2	1
12. 发展前景好	4	3	2	1
13. 利于施展个人的才干	4	3	2	1
14. 可兼顾亲友关系	4	3	2	1
15. 对社会发展有重要意义	4	3	2	1

续表

	非常重要	比较重要	不太重要	不重要
16. 专业对口	4	3	2	1
17. 帮助他人	4	3	2	1
18. 有助于社会可持续发展	4	3	2	1

28. 您认为下列因素对就业结果的影响程度如何？（在相应栏内画√）

	非常重要	比较重要	不太重要	不重要
1. 学习成绩好	4	3	2	1
2. 相关的实习经历	4	3	2	1
3. 实习经历丰富	4	3	2	1
4. 形象气质好	4	3	2	1
5. 学历层次高	4	3	2	1
6. 是党员	4	3	2	1
7. 学校名气大	4	3	2	1
8. 学校老师的推荐	4	3	2	1
9. 朋友的帮助	4	3	2	1
10. 院系毕业生推荐或帮助	4	3	2	1
11. 就业信息多	4	3	2	1
12. 了解自己，扬长避短	4	3	2	1
13. 工作能力强	4	3	2	1
14. 性别为男性	4	3	2	1
15. 热门专业	4	3	2	1
16. 应聘技巧好	4	3	2	1
17. 学生干部	4	3	2	1
18. 往届毕业生的声誉好	4	3	2	1
19. 父母或家族亲友的帮助	4	3	2	1
20. 拥有就业地户口	4	3	2	1
21. 了解求职岗位的要求及特点	4	3	2	1

29. 到目前为止，您为求职而花费的相关费用约为：_____元，其中：
（1）简历制作_____元；（2）交通费_____元；（3）招聘会门票

等_____元;(4)通信费用_____元;(5)置装费_____元;(6)其他有关费用_____元。

30. A. 您是否参加过学校开设的就业指导课或讲座?_____(1)否;(2)是,共_____小时。

   B. 您觉得学校开设的就业指导课或讲座对您的帮助如何?
   (1)帮助很大;(2)帮助较大;(3)有一定帮助;(4)帮助较小;(5)没有帮助。

31. A. 您是否参加过学校开设的专门的创业指导课或讲座?_____(1)否;(2)是,共_____小时。

   B. 您觉得学校开设的创业指导课或讲座对您的帮助如何?
   (1)帮助很大;(2)帮助较大;(3)有一定帮助;(4)帮助较小;(5)没有帮助。

   C. 您认为学校的创业教育最应该为学生提供哪些方面的知识内容?(可多选)
   (1)创业风险识别;(2)创业商机搜寻;(3)创业团队管理;(4)公司财务;(5)商业模式分析;(6)其他。

32. 您认为目前影响大学生自主创业活动的障碍是什么?(请排序前三位)
   1_____2_____3_____(1)社会关系缺乏;(2)缺乏好的创业项目/方向;(3)资金不足;(4)缺乏专门的创业教育/指导;(5)缺乏工作经验;(6)其他。

第三部分 最终就业签约状况(已经确定就业单位者必答)

33. 您的职业名称是:_____(例:中学老师、会计、程序员等)。

34. 您已经确定的就业单位所在地位于:_____(1)省会城市或直辖市;(2)地级市;(3)县级市或县城;(4)乡镇;(5)农村。
   单位地址是:_____省(自治区、直辖市)_____市_____县(区)

35. 您找到的这份工作的月收入平均(税前)大约是_____元/月。

36. 您确定这份工作的时间是:20____年____月。

37. 您找到的这份工作与您所学专业的相关程度如何?_____(1)非常对口;(2)基本对口;(3)有一些关联;(4)毫不相关;(5)不

清楚。

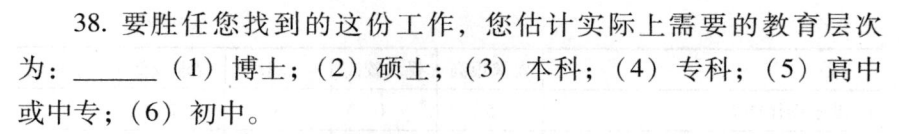

38. 要胜任您找到的这份工作，您估计实际上需要的教育层次为：_____（1）博士；（2）硕士；（3）本科；（4）专科；（5）高中或中专；（6）初中。

39. 您这份工作的单位性质是：_____（1）党政机关；（2）国有企业；（3）民营企业；（4）三资企业；（5）其他企业；（6）科研单位；（7）高等学校；（8）中小学；（9）医疗卫生单位；（10）其他事业单位；（11）其他：_____。

40. 您这份工作的行业属于：_____（1）农林牧渔；（2）采矿业；（3）制造业；（4）建筑业；（5）电力、煤气和水的生产和供应业；（6）批发零售；（7）交通运输、仓储和邮政；（8）金融业；（9）住宿餐饮；（10）信息传输、计算机服务、软件业；（11）房地产；（12）租赁和商务服务业；（13）水利环境公共设施管理；（14）科学研究、技术服务、地质勘查；（15）居民服务；（16）教育；（17）卫生、社会保障与福利；（18）文化体育娱乐；（19）公共管理与社会组织；（20）其他：_____。

41. 您这份工作的单位规模为（指与您签约的那一级单位）_____人。

42. 您与工作单位的雇用（签约）形式：_____ A. 是否解决当地户口：

（1）是；（2）否；（3）不需要（如已有当地户口）。

B. 合同期限为：_____（1）一年及以下；（2）一年到三年；（3）三年及以上；（4）未说明。

C. 工作单位是否提供"五险一金"：_____（1）有；（2）部分有；（3）完全没有；（4）不清楚。

D. 工作单位是否提供住房补贴：_____（1）是；（2）否；（3）不知道。

43. 您这份工作的职业类型属于：_____（1）国家机关、党群组织、事业单位管理人员；（2）企业管理人员；（3）专业技术人员；（4）办事人员和有关人员；（5）商业和服务人员；（6）农、林、牧、渔、水利业生产人员；（7）生产、运输设备操作人员及有关人员；（8）军人；（9）其他：_____。

44. 您签约的工作对以下能力的要求（在相应栏内画√）

	要求很高	要求较高	一般	要求较低	要求很低
1. 动手操作能力	5	4	3	2	1
2. 原创能力	5	4	3	2	1
3. 社会洞察力	5	4	3	2	1
4. 手指的灵活程度	5	4	3	2	1
5. 艺术审美能力	5	4	3	2	1
6. 谈判能力	5	4	3	2	1
7. 协助和关心他人	5	4	3	2	1
8. 工作所需空间	5	4	3	2	1
9. 说服他人的能力	5	4	3	2	1

45. 您对找到的这份工作的满意程度（在相应栏内画√）

	非常满意	满意	一般	不太满意	很不满意
1. 总体满意度	5	4	3	2	1
2. 工资福利	5	4	3	2	1
3. 工作地点	5	4	3	2	1
4. 工作稳定性	5	4	3	2	1
5. 个人发展空间	5	4	3	2	1
6. 社会地位	5	4	3	2	1
7. 独立自主性	5	4	3	2	1

46. 在未来的一到两年内，您会去学习编程技术吗？_____（1）会；（2）不会，之前已学过；（3）之前没学过，但没打算学；（4）还没想好。

47. 在未来的一到两年内，您会去提高以下什么能力？（可多选）_____（1）创造力；（2）沟通能力；（3）解决复杂问题的能力；（4）专业知识；（5）都不需要提高。

48. 您觉得在未来，人工智能会让您有失业的风险吗？_____（1）有很大的风险；（2）有一点风险；（3）没有风险；（4）不清楚，不了解人工智能。

第四部分　接受高等教育状况

49. 您的学习成绩在本专业属于：_____（1）前 25%；（2）中上 25%；（3）中下 25%；（4）后 25%。

50. 您是否有不及格或重修的科目？_____（1）否；（2）有，共_____门。

51. 您在学习期间担任学生干部的情况（可多选）：_____（1）校级干部；（2）院、系级干部；（3）班级干部；（4）没有。

52. 您是否为中共党员？_____（1）否；（2）是。

53. 您是否为学校某一社团的成员？_____（1）否；（2）是，为：_____①一般成员；②负责人。

54. 您是否参加过全国英语四级考试？_____（1）否；（2）是，成绩是_____分。

55. 您是否获得过以下等级证书？（可多选）_____（1）外语类；（2）计算机类；（3）职业类；（4）其他。

56. 您所学专业与您的兴趣的吻合状况：_____（1）非常吻合；（2）基本吻合；（3）不太吻合；（4）相去甚远；（5）不知道。

57. 您是否辅修过其他专业或第二学位？_____（1）否；（2）是。

58. 在本阶段学习期间，A. 您是否获得过奖学金？_____（1）没有；（2）有，合计_____元；

B. 您是否获得过助学金？_____（1）没有；（2）有，合计_____元。

C. 您是否获得过助学贷款？_____（1）没有；（2）有，合计_____元。

59. 您通常每天睡眠_____小时；每天学习（上课/作业/实验等）_____小时；每天网络社交（微信/QQ 等）_____小时。

60. 您通常的课余时间安排：实习占_____%；社团活动等占_____%；锻炼身体占_____%；娱乐占_____%。

61. 本阶段学习期间的实习经历及评价：_____A. 您是否有实习经历？_____（1）有，共_____次；（2）没有（请直接跳至第 62 题）。

B. 实习最早开始于20 ＿＿＿＿＿年＿＿＿＿＿月。到目前为止，实习时间总计＿＿＿＿＿月，平均每月＿＿＿＿＿天，平均每天＿＿＿＿＿小时。

C. 在您参与的实习总量中，学校安排的实习量约占＿＿＿＿＿%；自主选择的实习量约占＿＿＿＿＿%。

D. 您自主实习最主要的目的是？（按重要性排序前三位）
1. ＿＿＿＿＿ 2. ＿＿＿＿＿ 3. ＿＿＿＿＿（1）留聘实习单位；（2）提高就业竞争力；（3）了解职场；（4）完成课程、毕业需要；（5）了解自己，促进职业规划；（6）获得经济报酬；（7）获得工作技能；（8）其他。

请根据您认为的最重要的一次实习经历填写以下问题：

E. 此次实习属于：＿＿＿＿＿（1）院校安排；（2）自主选择。

F. 此次实习开始于20＿＿＿＿＿年＿＿＿＿＿月。到目前为止，实习时间总计＿＿＿＿＿月，平均每月＿＿＿＿＿天，平均每天＿＿＿＿＿小时。

G. 您此次实习单位的性质是？＿＿＿＿＿（1）党政机关；（2）国有企业；（3）民营企业；（4）三资企业；（5）其他企业；（6）科研单位；（7）高等学校；（8）中小学；（9）医疗卫生单位；（10）其他事业单位；（11）其他。

H. 此次实习单位与最终签约就业单位的匹配程度：＿＿＿＿＿［可多选。未确定单位的同学请填（5）］；（1）相同单位；（2）相同行业；（3）相同或相似岗位；（4）无关；（5）未确定单位。

I. 关于此次实习，您是否同意以下说法？（在相应栏内画√）

	非常同意	同意	不同意	非常不同意
1. 此次实习提高了自己的就业能力	4	3	2	1
2. 该实习单位是自己期待的就业单位	4	3	2	1
3. 实习内容与专业内容十分对口	4	3	2	1
4. 提供的实习指导充分且有用	4	3	2	1
5. 对此次实习经历非常满意	4	3	2	1

62. 本阶段学习期间的境外交流经历及评价（国外或我国港澳台地区学校的校际交流、暑期学校、联合培养等）

A. 您是否有境外交流经历：＿＿＿＿＿（1）有，累计＿＿＿＿＿天

（2）没有（请直接跳至题 63）

请根据最重要的一次境外交流经历填写以下问题：

B. 对方学校所在的国家或地区：_____对方学校的世界排名为：

（1）50 名以前；（2）51—100 名；（3）101—200 名；（4）201—500 名；（5）501 名及以后。

C. 您此次境外交流内容为（可多选）：_____。

（1）修习课程；（2）参与科研；（3）其他_____。

D. 您此次境外交流是否为了升学/就业？

（如建立联系、准备进入外企/国际组织）_____（1）否；（2）是。

E. 关于此次经历，您认为自己在以下几个方面的收获如何？（在相应栏内画√）

	很大	较大	一般	较小	很小
1. 国际视野	5	4	3	2	1
2. 创新能力	5	4	3	2	1
3. 专业知识	5	4	3	2	1
4. 对求职/升学有帮助	5	4	3	2	1
5. 总体评价	5	4	3	2	1

63. 您如何评价院校提供的学习条件和机会？（在相应栏内画√）

	很好	较好	一般	较差	很差
1. 通识教育课程（含课程设置与教学质量）	5	4	3	2	1
2. 专业技能培养	5	4	3	2	1
3. 校外实习机会	5	4	3	2	1
4. 参与校内社团活动的机会	5	4	3	2	1
5. 就业指导	5	4	3	2	1
6. 专业转换机会	5	4	3	2	1
7. 专业知识学习	5	4	3	2	1
8. 跨学科学习	5	4	3	2	1
9. 图书馆设施和藏书量	5	4	3	2	1

续表

	很好	较好	一般	较差	很差
10. 教师队伍整体的教学水平	5	4	3	2	1
11. 教学辅助设施与实验、试验或实训条件	5	4	3	2	1
12. 参与课题或项目的机会	5	4	3	2	1

64. 本阶段您自己在以下几个方面的发展（增值）如何？（在相应栏内画√）

	很大	较大	一般	较小	很小
1. 广泛的一般性知识	5	4	3	2	1
2. 专业知识	5	4	3	2	1
3. 方法上的知识	5	4	3	2	1
4. 外语能力	5	4	3	2	1
5. 计算机能力	5	4	3	2	1
6. 财经素养能力	5	4	3	2	1
7. 对复杂的社会、组织和技术系统的了解	5	4	3	2	1
8. 计划、协调和组织能力	5	4	3	2	1
9. 梳理观点和信息处理的能力	5	4	3	2	1
10. 统计与数据处理能力	5	4	3	2	1
11. 解决问题的能力	5	4	3	2	1
12. 学习能力	5	4	3	2	1
13. 自我评价能力	5	4	3	2	1
14. 创新能力	5	4	3	2	1
15. 批判性思维能力	5	4	3	2	1
16. 谈判与决策能力	5	4	3	2	1
17. 压力下工作的能力	5	4	3	2	1
18. 关注细节	5	4	3	2	1
19. 时间管理	5	4	3	2	1
20. 工作的适切性	5	4	3	2	1
21. 专业领域的动手能力	5	4	3	2	1
22. 独立工作能力	5	4	3	2	1

续表

	很大	较大	一般	较小	很小
23. 团队合作能力	5	4	3	2	1
24. 灵活性	5	4	3	2	1
25. 自信、果断、坚定	5	4	3	2	1
26. 注意力的集中	5	4	3	2	1
27. 忠诚、正直	5	4	3	2	1
28. 国际视野	5	4	3	2	1
29. 语言表达能力	5	4	3	2	1
30. 书面沟通能力	5	4	3	2	1
31. 阅读理解能力	5	4	3	2	1
32. 包容力	5	4	3	2	1
33. 领导力	5	4	3	2	1
34. 责任感	5	4	3	2	1

问卷结束,再次谢谢您的合作!

参考文献

一 中文文献

鲍威：《未完成的转型：高等教育影响力与学生发展》，教育科学出版社2014年版。

边燕杰、张顺：《社会网络与劳动力市场》，社会科学文献出版社2017年版。

马庆发：《当代职业教育新论》，上海教育出版社2002年版。

王伯庆、马妍主编：《2019年中国高职高专生就业报告》，社会科学文献出版社2019年版。

张其仔：《社会资本论——社会资本与经济增长》，社会科学文献出版社1997年版。

[英]马歇尔：《经济学原理》，朱志泰、陈良璧译，商务印书馆2019年版。

[美]拉尔夫·泰勒：《课程与教学的基本原理》，罗康、张阅译，中国轻工业出版社2014年版。

[美]林南：《社会资本——关于社会结构与行动的理论》，张磊译，上海人民出版社2004年版。

陈光辉：《无边界职业生涯理论与高职就业能力培养》，《职教论坛》2011年第5期。

陈年友、周常青、吴祝平：《产教融合的内涵与实现途径》，《中国高校科技》2014年第8期。

陈熔、桂文龙、胡海婧：《农业职业院校产教融合协同育人研究》，

《教育与职业》2017 年第 19 期。

陈向明：《社会科学中的定性研究方法》，《中国社会科学》1996 年第 6 期。

陈志杰：《职业教育产教融合的内涵、本质与实践路径》，《教育与职业》2018 年第 5 期。

邓峰、郭建如：《高职院校培养方式变革与毕业生就业能力培养》，《教育学术月刊》2014 年第 5 期。

邓峰、孙百才：《高校扩招后的毕业生就业影响因素的变动趋势研究：2003-2011》，《北京师范大学学报》（社会科学版）2014 年第 2 期。

邓志伟：《21 世纪世界职业教育方向——兼对能力本位的职教体系的质疑》，《外国教育资料》1998 年第 1 期。

丁金昌、陈宇：《高职院校"双高计划"建设问题与路径选择》，《中国职业技术教育》2020 年第 19 期。

丁小浩、马世妹、朱菲菲：《大学生实习参与方式与就业关系研究》，《华东师范大学学报》（教育科学版）2018 年第 5 期。

丁小浩：《人力资本与社会关系网络对高校毕业生工作找寻的影响》，《北大教育经济研究》（电子季刊）2004 年第 3 期。

董树功、艾頔：《职教集团与产教融合型企业的关系及转化》，《教育与职业》2021 年第 3 期。

杜桂英、岳昌君：《高校毕业生就业机会的影响因素研究》，《中国高教研究》2010 年第 11 期。

高洁：《工作本位学习理论的系统分析》，《职教论坛》2005 年第 21 期。

归达伟、贺国旗：《基于校企深度融合的人才培养模式研究与实践——以信息安全与管理专业实施 1+X 证书制度为例》，《陕西广播电视大学学报》2020 年第 3 期。

郭建如、邓峰：《院校培养、企业顶岗与高职生就业能力增强》，《高等教育研究》2014 年第 4 期。

郭建如：《完善职教体系　深化产教融合》，《山东高等教育》2018 年第 3 期。

胡相忠：《新常态下高校大学生就业能力提升探究》，《北京印刷学院学报》2017 年第 8 期。

黄文胜：《促进"教育+产业+就业"联动融合发展的重庆职业教育统筹发展对策研究》，《河北职业教育》2017 年第 6 期。

季俊杰：《高职学生就业能力的影响因素及其权重》，《职业技术教育》2012 年第 31 期。

季瑶娴：《高职院校产教融合"三链合一"人才培养模式探索——以浙江商业职业技术学院为例》，《职教论坛》2020 年第 1 期。

姜大源：《基于全面发展的能力观》，《中国职业技术教育》2005 年第 22 期。

解延年：《素质本位职业教育——我国职业教育走向 21 世纪的战略抉择》，《教育改革》1998 年第 2 期。

匡瑛、石伟平：《改革开放 40 年职业技术教育学科发展的回顾与思考》，《教育研究》2018 年第 10 期。

李黎明、张顺国：《影响高校大学生职业选择的因素分析 基于社会资本和人力资本的双重考察》，《社会》2008 年第 2 期。

李颖、刘善仕、翁赛珠：《大学生就业能力对就业质量的影响》，《高教探索》2005 年第 2 期。

李云松、卢珊、张国锋：《高职产教融合校企协同育人有效途径研究》，《职业技术》2021 年第 10 期。

刘帅霞、陈锋、张继伟：《基于产学研创"四位一体"协同推进产教融合发展模式研究》，《黑龙江教育》（理论与实践）2020 年第 11 期。

鲁昕：《切实加强产教结合，深入推进校企合作》，《职业技术教育》2011 年第 12 期。

吕媛：《创新创业教育对大学生短长期创业意愿的影响》，《高校辅导员学刊》2016 年第 6 期。

吕镇洋：《基于 KPI 理论的大学生就业胜任力模型研究》，《当代职业教育》2020 年第 4 期。

罗汝珍：《职业教育产教融合政策的制度学逻辑分析》，《职业技术教育》2016 年第 16 期。

马长世、温贻芳：《基于能力素质模型的高职学生就业与创业能力评价研究》，《职教论坛》2012 年第 12 期。

马福、吴越：《新时代大学生就业能力及其开发路径研究》，《未来与发展》2020年第11期。

马莉萍、丁小浩：《高校毕业生求职中人力资本与社会关系作用感知的研究》，《清华大学教育研究》2010年第1期。

马铮：《德、日、澳职业教育产教结合、校企合作的比较研究》，《教育与职业》2012年第33期。

闵维方、丁小浩、文东茅、岳昌君：《2005年高校毕业生就业状况的调查分析》，《高等教育研究》2006年第1期。

彭树宏：《大学生就业能力结构及其影响因素的实证研究》，《教育学术月刊》2014年第6期。

祁占勇、王羽菲：《改革开放40年来我国职业教育产教融合政策的变迁与展望》，《中国高教研究》2018年第5期。

钱景舫：《以人为本——职业技术教育的一个新视角》，《职教通讯》1998年第10期。

邱晖、樊千：《推进产教深度融合的动力机制及策略》，《黑龙江高教研究》2016年第12期。

邵坚钢：《基于利益相关者理论的职业教育产教融合路径探析》，《教育与职业》2017年第2期。

史静寰：《走向质量治理：中国大学生学情调查的现状与发展》，《中国高教研究》2016年第2期。

史秋衡、文静：《中国大学生的就业能力——基于学情调查的自我评价分析》，《北京大学教育评论》2012年第1期。

宋晓东、贾国柱、王天歌：《本科生就业起薪期望的影响因素研究》，《黑龙江高教研究》2013年第8期。

孙保营：《供给侧改革视域下当代大学生就业能力提升研究》，《当代经济》2019年第1期。

孙崇文：《陶行知的"生利主义"职业教育观》，《教育与职业》1991年第11期。

孙善学：《产教融合的理论内涵与实践要点》，《中国职业技术教育》2017年第34期。

孙阳、穆柏春、杨静：《职教集团背景下校企联合办学创新人才培养模式研究》,《淮南职业技术学院学报》2019年第2期。

孙志凤:《用人单位对高校毕业生就业能力的期望和评价——基于已就业毕业生的调查》,《湖南师范大学教育科学学报》2013年第1期。

谭镜星:《论高职T型人才培养模式的构建》,《高等教育研究》2005年第10期。

涂晓明:《大学毕业生就业满意度影响因素的实证研究》,《高教探索》2007年第2期。

汪怿:《就业能力:促进高校毕业生就业的重要方面》,《教育发展研究》2005年第7期。

王成荣、龙洋:《深化"三教"改革 提高职业院校人才培养质量》,《中国职业技术教育》2019年第17期。

王丹中:《基点·形态·本质:产教融合的内涵分析》,《职教论坛》2014年第35期。

王静波、王翡翡:《雇主视角下大学生就业能力状况探析》,《现代大学教育》2011年第4期。

王岚:《面向现代服务业的劳动力市场需要什么样的高职毕业生——基于2.6万条招聘信息的内容分析》,《高教探索》2021年第7期。

王晓伟:《高职学生就业能力影响因素研究》,《晋城职业技术学院学报》2020年第5期。

文东茅:《家庭背景对我国高等教育机会及毕业生就业的影响》,《北京大学教育评论》2005年第3期。

肖焰、王亚楠:《大学生就业能力维度结构探析》,《西安石油大学学报》(社会科学版)2018年第1期。

肖贻杰:《高职学生就业能力结构及高职教育对就业能力影响的研究》,《职业技术教育》2010年第13期。

谢科范、陈云、董芹芹:《我国产学研结合传统模式与现代模式分析》,《科学管理研究》2008年第1期。

徐国庆:《职业教育课程的普通论与专业论》,《华东师范大学学报》(教育科学版)2008年第3期。

徐静镠、陈彬:《通用能力培养:高职教育必须强化的目标》,《教育与职业》2008 年第 27 期。

徐巧宁、赵春鱼、吴英策、顾琼莹：《全国高职院校教师教学发展现状、问题与建议——基于 2020 版教师教学发展指数的分析》，《中国高教研究》2021 年第 3 期。

徐晓军：《论社会资本的运作空间》，《华中师范大学学报》（人文社会科学版）2003 年第 2 期。

阎凤桥、毛丹：《影响高校毕业生就业的社会资本因素分析》，《复旦教育论坛》2008 年第 4 期。

杨定成、张小冰：《现代学徒制校企合作协同育人机制研究——以电气自动化技术专业为例》，《今日财富》（中国知识产权）2020 年第 10 期。

杨丽波、李欣：《社会共生视域下职业教育社会伙伴关系发展研究》，《河北师范大学学报》（教育科学版）2013 年第 1 期。

杨钋、郭建如、金轶男：《高职高专毕业生就业质量分析》，《教育发展研究》2013 年第 21 期。

杨青云、汪小玲：《论高职生就业能力影响因素》，《山东商业职业技术学院学报》2009 年第 5 期。

杨善江：《"产教融合"的院校、企业、政府角色新探——基于"三重螺旋"理论框架》，《高等农业教育》2014 年第 12 期。

杨素红、杨钋：《应届本专科毕业生起薪的院校差异研究——基于分层线性模型的分析》，《复旦教育论坛》2014 年第 2 期。

杨文通、吴玫、谢钰石、杨婷婷：《高质量发展背景下贵州高职院校构建"五位一体"的产教融合校企合作平台之思考》，《佳木斯职业学院学报》2020 年第 6 期。

原长弘：《国内产学研合作学术研究的主要脉络：一个文献述评》，《研究与发展管理》2005 年第 4 期。

岳昌君、白一平：《2017 年全国高校毕业生就业状况实证研究》，《华东师范大学学报》（教育科学版）2018 年第 5 期。

岳昌君：《求职与起薪：高校毕业生就业竞争力的实证分析》，《管理世界》2004 年第 11 期。

岳昌君、文东茅、丁小浩：《求职与起薪：高校毕业生就业竞争力的实证分析》,《管理世界》2004 年第 11 期。

岳昌君、夏洁、邱文琪:《2019 年全国高校毕业生就业状况实证研究》,《华东师范大学学报》(教育科学版) 2020 年第 4 期。

岳昌君、杨中超:《高校毕业生就业起薪的部门差异研究》,《教育发展研究》2015 年第 11 期。

岳昌君、杨中超:《我国高校毕业生的就业结果及其影响因素研究——基于 2011 年全国高校抽样调查数据的实证分析》,《高等教育研究》2012 年第 4 期。

岳昌君、张恺:《高校毕业生求职结果及起薪的影响因素研究——基于 2013 年全国高校抽样调查数据的实证分析》,《教育研究》2014 年第 11 期。

岳昌君:《中国高校毕业生就业满意度的影响因素分析》,《北京大学教育评论》2013 年第 2 期。

岳昌君、周丽萍:《经济新常态与高校毕业生就业特点——基于 2015 年全国高校毕业生抽样调查数据的实证分析》,《北京大学教育评论》2016 年第 2 期。

岳昌君、周丽萍:《中国高校毕业生就业趋势分析:2003—2017 年》,《北京大学教育评论》2017 年第 4 期。

张丽华、刘晟楠:《大学生就业能力结构及发展特点的实验研究》,《航海教育研究》2005 年第 1 期。

张鑫、秦颖、窦伟:《硕士研究生就业能力的影响因素分析——以中国农业大学信电学院为例》,《高教学刊》2021 年第 8 期。

张瑶、罗国宇:《产教融合背景下职业教育"双主体"育人模式探讨》,《职业技术》2021 年第 10 期。

张云仙:《高职生就业能力结构及发展特点研究》,《中国大学生就业》2008 年第 14 期。

张志忠:《高校毕业生高质量就业的影响因素及提升路径》,《高校辅导员学刊》2020 年第 5 期。

郑晓明:《"就业能力"论》,《中国青年政治学院学报》2002 年第 3 期。

周明星:《论职业教育的出发点问题——兼评职业教育的三种基本

理念》,《职业技术教育》2003年第25期。

周培明、胡芳、张智敏:《影响高职学生就业能力的因素分析——对订单培养模式的调查》,《职教论坛》2009年第3期。

朱凯峰:《以就业质量提升为导引的地方本科院校产教融合模式研究》,《北华航天工业学院学报》2018年第2期。

庄西真:《产教融合的内在矛盾与解决策略》,《中国高教研究》2018年第9期。

陈洪余:《大学生就业能力模型的初步构建》,硕士学位论文,陕西师范大学,2011年。

成倩:《贵州省高职院校产教融合人才培养模式研究》,硕士学位论文,贵州师范大学,2017年。

葛晶:《大学毕业生就业能力与企业需求之比较分析——以上海地区为例》,硕士学位论文,华东师范大学,2009年。

贾利军:《大学生就业能力结构的研究》,博士学位论文,南京师范大学,2007年。

宋军平:《地方政府促进高职院校产教融合发展研究——以甘肃省为例》,硕士学位论文,西北师范大学,2015年。

徐立华:《基于地方产业需求的高职学生就业能力培养的研究》,硕士学位论文,厦门大学,2014年。

姚润玲:《基于利益相关者理论的应用型本科院校产教融合绩效评价研究》,硕士学位论文,哈尔滨工业大学,2018年。

欧媚:《布局"十四五"推进专业升级——〈职业教育专业目录(2021年)〉解读》,《中国教育报》2021年3月23日第3版。

邱开金:《产教如何才能水乳交融》,《中国教育报》2014年3月3日第7版。

二 外文文献

Arrow, Kenneth J., "Economic Welfare and the Allocation of Resources for Invention," in Universities-National Bureau Committee for Economic Research, Committee on Economic Growth of the Social Science Research Council, eds. *The Rate and Direction of Inventive Activity*: *Economic and Social Factors*, Princeton University Press, 1962.

Arthur, Michael B., "The Boundaryless Career: A New Perspective for Organizational Inquiry," *Journal of Organizational Behavior*, 1994, Vol. 15, No. 4.

Astin, Alexander W., "The Methodology of Research on College Impact, Part One," *Sociology of Education*, 1970, Vol. 43, No. 3.

Astin, Alexander W., "Student Involvement: A Development Theory for Higher Education," *Journal of College Student Development*, 1984, Vol. 25, No. 4.

Astin, Alexander W., *What Matters in College: Four Critical Years Revisited*, San Francisco: Jossey-Bass Publishers, 1993.

Barrick, Murry R. and Michael K. Mount, "Autonomy as a Moderator of the Relationships Between the Big Five Personality Dimensions and Job Performance," *Journal of Applied Psychology*, 1993, Vol. 78, No. 1.

Basit, Tehmina N., Alan Eardley, Rosemary Borup, Hanifa Shah, Kim Slack and Amanda Hughes, "Higher Education Institutions and Work-Based Learning in the UK: Employer Engagement within a Tripartite Relationship," *Higher Education*, 2015, Vol. 70, No. 6.

Becker, Gary Stanley, *Human Capital: A Theoretical and Empirical Analysis, with Special Reference to Education*. Second Edition, University of Chicago Press, 1975.

Blau, P. M. and O. D. Duncan, "The American Occupational Structure," The British Journal of Sociology, 1968, Vol. 19, No. 4.

Bourdieu, Pierre, "The Forms of Capital," in Richardson, J., ed. *Handbook of Theory and Research for the Sociology of Education*, New York: Greenwood Press, 1986.

Boydell, Tom, *Experiential Learning*, Manchester Monograph 5, University of Manchester Press, 1976.

Bridgstock, Ruth, "The Graduate Attributes We've Overlooked: Enhancing Graduate Employability through Career Management Skills," *Higher Education Research & Development*, 2009, Vol. 28, No. 1.

Burt, Ronald S., *Structural Holes: The Social Structure of Competition*, London: Harvard University Press, 1992.

Cain, Michael Scott, *The Community College in the Twenty-First Century: A Systems Approach*, Lanham, MD: University Press of America, 1999.

Clarke, Marilyn, "Rethinking Graduate Employability: The Role of Capital, Individual Attributes and Context," *Studies in Higher Education*, 2018, Vol. 43, No. 11.

Coleman, James S., "Social Capital in the Creation of Human Capital," *American Journal of Sociology*, 1988, Vol. 94, No. 5.

Cruce, Ty M., Gregory C. Wolniak, Tricia A. Seifert and Ernest T. Pascarella, "Impacts of Good Practices on Cognitive Development, Learning Orientations, and Graduate Degree Plans During the First Year of College," *Journal of College Student Development*, 2006, Vol. 47, No. 4.

McClelland, David C., "Testing for Competence Rather Than for 'Intelligence'," *American Psychologist*, 1973, Vol. 28, No. 1.

De Cuyper, Nele, Saija Mauno, Ulla Kinnunen and Anne Mäkikangas, "The Role of Job Resources in the Relation between Perceived Employability and Turnover Intention: A Prospective Two-Sample Study," *Journal of Vocational Behavior*, 2011, Vol. 78, No. 2.

De Cuyper, Nele, Sabine Raeder, Beatrice J. M. Van der Heijden and Anette Wittekind, "The Association between Workers' Employability and Burnout in a Reorganization Context: Longitudinal Evidence Building upon the Conservation of Resources Theory," *Journal of Occupational Health Psychology*, 2012, Vol. 17, No. 2.

D'Este, Pablo and Parimal R. Patel, 2007, "University – Industry Linkages in the UK: What Are the Factors Underlying the Variety of Interaction with Industry?" *Research Policy*, Vol. 36, No. 9.

De Vos, Ans, Beatrice I. J. M. Van der Heijden and Jos Akkermans, "Sustainable Careers: Towards A Conceptual Model," *Journal of Vocational Behavior*, 2020, Vol. 117, Article 103196.

Doeringer, Peter B. and Michael J. Piore, *Internal Labor Markets and*

Manpower Analysis. Lexington, MA: Heath Publishing, 1971.

Fallows, Stephen and Christine Steven, "Building Employability Skills into the Higher Education Curriculum: A University-Wide Initiative," *Education+Training*, 2000, Vol. 42, No. 2.

Florit, Eugenia Fabra and Luis E. Vila Lladosa, "Evaluation of the Effects of Education on Job Satisfaction: Independent Single-Equation vs. Structural Equation Models," *International Advances in Economic Research*, 2007, Vol. 13.

Fugate, Mel and Angelo J. Kinicki, "A Dispositional Approach to Employability: Development of a Measure and Tests of Implications for Employee Reactions to Organizational Change," *Journal of Occupational and Organizational Psychology*, 2008, Vol. 81, No. 3.

Granovetter, Mark, "Economic Action and Social Structure: The Problem of Embeddedness," *American Journal of Sociology*, 1985, Vol. 91, No. 3.

Groenewald, Thomas, Maureen Drysdale, Caitlin Chiupka and Nancy Johnston, "Towards a Definition and Models of Practice for Cooperative and Work Integrated Learning," *International Handbook for Cooperative and Work-Integrated Education*, World Association for Cooperative Education, Edition 2, Chapter 2, 2011.

Guilbert, Laure, Jean-Luc Bernaud, Brice Gouvernet and Jérôme Rossier, "Employability: Review and Research Prospects," *International Journal for Educational and Vocational Guidance*, 2016, Vol. 16, No. 1.

Hager, Paul, "The Competence Affair, or Why Vocational Education and Training Urgently Needs A New Understanding of Learning," *Journal of Vocational Education & Training*, 2004, Vol. 56, No. 3.

Hall, Douglas T., "The Protean Career: A Quarter-Century Journey," *Journal of Vocational Behavior*, 2004, Vol. 65, No. 1.

Heckman, James J. and Yona Rubinstein, "The Importance of Noncognitive Skills: Lessons from the GED Testing Program," *American Economic Review*, 2001, Vol. 91, No. 2.

Hillage, Jim and Emma Pollard. *Employability: Developing a Frame-

work for Policy Analysis, London: Department for Education and Employment, 1998.

Hirofumi, Uzawa, "Optimum Technical Change in An Aggregative Model of Economic Growth," *International Economic Review*, 1965, Vol. 6, No. 1.

Jackson, Denise, "Factors Influencing Job Attainment in Recent Bachelor Graduates: Evidence from Australia," *Higher Education*, 2014, Vol. 68.

Knight Peter T., "Complexity and Curriculum: A Process Approach to Curriculum-Making," *Teaching in Higher Education*, 2001, Vol. 6, No. 3.

Kuh, George D., Jillian Kinzie, Jennifer A. Buckley, Brian K. Bridges and John C. Hayek, *What Matters to Student Success: A Review of the Literature*, Commissioned Report for the National Symposium on Postsecondary Student Success: Spearheading a Dialog on Student Success, Washington, D. C., 2006.

Kuh, George D., Jillian Kinzie, Jennifer A. Buckley, Brian K. Bridges and John C. Hayek, *Piecing Together the Student Success Puzzle: Research, Propositions, and Recommendations*, ASHE Higher Education Report. San Francisco: Jossey-Bass, 2007, Vol. 32, No. 5.

Leana, Carrie R. and Harry J. Van Buren, "Organizational Social Capital and Employment Practices," *Academy of Management Review*, 1999, Vol. 24, No. 3.

Little, Brenda Margaret and John Brennan, *A Review of Work Based Learning in Higher Education*. London: Centre for Higher Education Research and Information, 1996.

Malley, Jeff and Jack Keating, "Policy Influences on the Implementation of Vocational Education and Training in Australian Secondary Schools," *Journal of Vocational Education and Training*, 2000, Vol. 52, No. 4.

Manley, Kim, Angie Titchen and Sally Elizabeth Hardy, "Work-Based Learning in the Context of Contemporary Health Care Education and Practice: A Concept Analysis," *Practice Development in Health Care*, 2009, Vol. 8, No. 2.

McQuaid, Ronald W. and Colin Lindsay, "The Concept of Employability," *Urban Studies*, 2005, Vol. 42, No. 2.

Mincer, Jacob, "Human Capital Responses to Technological Change in the Labor Market," *Social Science Electronic Publishing*, 1989, Vol. 31, No. 3.

Okay-Someriville, Belgin and Dora Scholarios, "Position, Possession or Process? Understanding Objective and Subjective Employability during University-to-Work Transitions," *Studies in Higher Education*, 2017, Vol. 42, No. 7.

Pace, C. Robert, *Achievement and the Quality of Student Effort*, Paper Presented at the National Commission on Excellence in Education, Washington D. C., 1982.

Pascarella, Ernest T., "College Environmental Influence on Learning and Cognitive Development: A Critical Review and Synthesis," in J. Smart, ed., *Higher Education: Handbook of Theory and Research*, NY: Agathon, 1985.

Pascarella, Ernest T. and Patrick T. Terenzini, *How College Affects Students* (Vol. 2): *A Third Decade of Research*, San Francisco, CA: Jossey-Buss, 2005.

Putman, Robert D., "The Prosperous Community: Social Capital and Public Life," *The American Prospect*, 1993, Vol. 4, No. 13.

Reeve, Fiona, Jim Gallacher and Robert Ingram, "A Comparative Study of Work-based Learning Within Higher Nationals in Scotland and Foundation Degrees in England: Contrast, Complexity, Continuity," *Journal of Education and Work*, 2007, Vol. 20, No. 4.

Reich, Michael, David M. Gordon and Richard C. Edwards, "Dual Labor Markets: A Theory of Labor Market Segmentation," *American Economic Review*, 1973, Vo. 63, No. 2.

Reinhard, Karin, Anna Pogrzeba, Rosemary Townsend, Carver Albertus Pop, "A Comparative Study of Cooperative Education and Work-Integrated Learning in Germany, South Africa, and Namibia," *Asia-Pacific Journal of Cooperative Education*, 2016, Vol. 17, No. 3.

Romer, Paul M., "Increasing Returns and Long-Run Growth," *Journal of Political Economy, 1986, Vol. 94, No. 5.

Rowe, Anna D. and Karsten E. Zegwaard, "Developing Graduate Employability Skills and Attributes: Curriculum Enhancement through Work-Integrated Learning," *Asia-Pacific Journal of Cooperative Education*, Special Issue, 2017, Vol. 18, No. 2.

Schomburg, Harald and Ulrich Teichler, *Higher Education and Graduate Employment in Europe*, *Results from Graduates Surveys from Twelve Countries*, Higher Education Dynamics 15, Springer, 2006.

Seagraves, Liz, Mike Osborne, Peter Neal, Richard Dockrell, Christina Hartshorn and Alison Boyd, *Learning in Smaller Companies (LISC) Final Report*. University of Stirling: Educational Policy and Development, 1996.

Smith, Adam, *An Inquiry into the Nature and Causes of the Wealth of Nations*, University of Chicago Press, 1977.

Smith, Jeremy, Abigail Mcknight and Robin Naylor, "Graduate Employability: Policy and Performance in Higher Education in the UK," *Economic Journal*, 2001, Vol. 110, No. 464.

Spence, Michael, "Job Market Signaling" *Quarterly Journal of Economics*, 1973, Vol. 87, No. 3.

Stewart, Jim and Vanessa Knowles, "The Changing Nature of Graduate Careers," *Career Development International*, 1999, Vol. 4, No. 7.

Storaï, Christophe and Laetitia Rinieri, "Sandwich Training in Higher Education as One Major Strategic Axis at the Heart of the Attractiveness of A Territory: Some Lessons Learned from the Pioneering Example of the University Institute of Technology Corsica," *Journal of e-Learning & Higher Education*, Vol. 2014, 2014.

Sullivan, Sherry E., "The Changing Nature of Careers: A Review and Research Agenda," *Journal of Management*, 1999, Vol. 25. No. 3.

Teichler, Ulrich, *Careers of University Graduates: Views and Experiences in Comparative Perspective*, Springer Science & Business Media, 2007.

Tinto, Vincent, *Leaving College: Rethinking the Causes and Cures of Student Attrition*. 2nd ed., Chicago: University of Chicago Press, 1993.

Trampusch, Christine, "Employers, the State and the Politics of Institutional Change: Vocational Education and Training in Australia, Germany and Switzerland," *European Journal of Political Research*, 2010, Vol. 49, No. 4.

Van Der Heijde, Claudia M. and Beatrice I. J. M. Van Der Heijden, "A Competence-Based and Multimensional Operationalization and Measurement of Employability," *Human Resource Management*, 2006, Vol. 45, No. 3.

Weidman, John C., "Undergraduate Socialization: A Conceptual Approach," in John C. Smart, ed., *Higher Education: Handbook of Theory and Research*, New York: Agathon Press, 1989.

Weinert, Patricia, Michèle Baukens, Patrick Bollèrot, Marina Pineschi-Gapènne and Ulrich Walwei, *Employability: From Theory to Practice*, 1stt Edition, Routledge, 2001.

Wright, Mike, Bart Clarysse, Andy Lockett and Mirjam Knockaert, "Mid-Range Universities' Linkages with Industry: Knowledge Types and the Role of Intermediaries," *Research Policy*, 2008, Vol. 37, No. 8.

后　　记

中国经济产业结构的改善和产业素质与效率的提高必将改变就业结构与方向，对人力资源开发提出新的要求。近年来，高职毕业生供给规模持续扩大，就业竞争愈发激烈。如何有效贯通毕业生在校期间习得技能与劳动力市场需求之间的对接，一直是高职院校教育实践改革的核心议题，更是全社会关注的焦点。

我对毕业生就业力的关注，始于自己多年来从事高等院校教育教学工作的实践和探索。从就业质量反观毕业生就业力发展状况，发现不管是毕业生视角或市场视角，毕业生就业既无法实现自身职业期待，也未能达到劳动力市场的职业与能力需求，就业力仍有很多提升空间。由此我将本书的研究问题设置为如何界定我国高等职业院校毕业生的就业力，哪些因素影响就业力的发展，以及就业力发展如何影响就业结果，并进一步聚焦高职校企协同育人，探明校企协同育人促进就业力发展及实现高质量就业的路径。通过采用 2019 年北京大学"全国高校毕业生就业状况调查"和浙江大学"全国高职院校教师教学发展指数"研究数据，结合 2020 年中国高等教育博览会"校企合作　双百计划"中的 20 所高职院校典型案例和 ZJZJD 案例，本书使用了因子分析、方差分析、多元线性回归、二元 logistic 回归、案例分析等多种实证研究方法，试图共同回答研究问题。由此检验、丰富并发展了高职毕业生就业力发展的相关理论，透视校企协同育人视角的高职毕业生就业力发展的逻辑和机制；更有助于了解中国高职毕业生就业力的内涵及影响因素，从毕业生视角"倒逼"校企协同育人改革，为教育改革政策制定提供参考。

这本专著的完成，我要特别感谢我的导师岳昌君教授，感谢他的倾力指导。感谢北京大学教育学院的丁小浩老师、郭建如老师、杨钋老师、朱红老师、马莉萍老师、卢晓东老师等，以及教育部教育发展研究中心马陆亭主任和北京科技大学的曲绍卫老师，感谢老师们的付出与关怀。当然，也要感谢我的家人、朋友、同学、同事给予我的支持，使我顺利完成本书的撰写。

黄翔

2025 年 2 月 10 日